AF501464

ESSAIS SUR LA SOCIABILITÉ

J.-M. PAUL RITTI

MEMBRE DE L'EXÉCUTION TESTAMENTAIRE D'AUGUSTE COMTE

De l'Intelligence

d'après

la méthode sentimentale

NOUVELLE
LIBRAIRIE NATIONALE
85, RUE DE RENNES
PARIS

De l'Intelligence

d'après la méthode sentimentale

A LA MÊME LIBRAIRIE

DU MÊME AUTEUR :

Une conversion, roman social, avec une préface du Dr G. Audiffrent. Paris, 1886, gr. in-18. . . . . . 3 »

Quelques vues théoriques sur la sympathie. Paris, 1899, in-12 . . . . 2 »

Les diverses phases de la sentimentalité. Paris, 1902, brochure in-8°. . . . . 1 »

De la méthode sentimentale. Paris, 1904, in-8°. . 6 »

De la sentimentalité chrétienne (*Annales de philosophie chrétienne*, numéro d'août-septembre 1901). In-8° . . . . 2 »

Sur la question religieuse (*Le Mercure de France*, numéro du 15 juin 1907). In-8°. 1 25

I SUR LA SOCIABILITÉ

J.-M. PAUL RITTI

MEMBRE DE L'EXÉCUTION TESTAMENTAIRE D'AUGUSTE COMTE

De l'Intelligence

d'après

la méthode sentimentale

NOUVELLE
LIBRAIRIE NATIONALE
85, RUE DE RENNES
PARIS

A

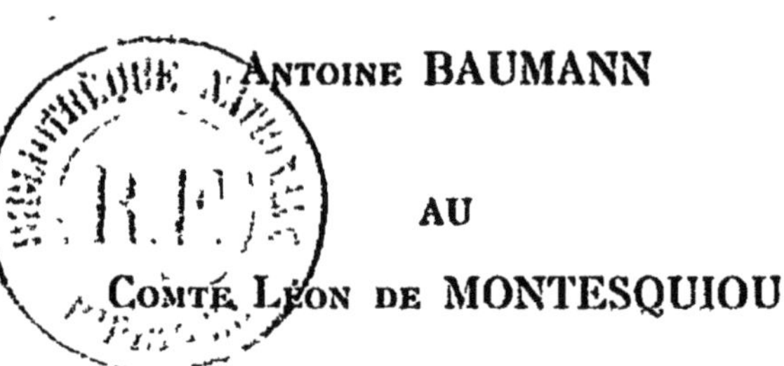

ANTOINE BAUMANN

AU

COMTE LÉON DE MONTESQUIOU

Mes chers amis,

En vous dédiant ce livre, je remplis un devoir, car s'il voit enfin le jour, c'est grâce aux précieux encouragements de votre touchante amitié. Puisse-t-il contenir d'assez utiles pensées pour attirer l'attention de l'avenir ! Ainsi pourrais-je également espérer qu'en réunissant ici vos noms, ma reconnaissance durera plus longtemps que la vie.

J.-M. PAUL RITTI.

AVANT-PROPOS

Les pages qui vont suivre sont destinées à montrer l'influence dominante que le sentiment exerce sur les opérations quelconques de notre intelligence ainsi que sur la conduite de nos actes. En les écrivant, j'ai eu surtout pour but de mettre en lumière la loi fondamentale de la psychologie positive, loi qui consiste dans la prépondérance du cœur sur l'esprit et sur le caractère. La découverte en est due à Auguste Comte, l'illustre fondateur de la sociologie et de la morale. Dans le développement de mes vues nouvelles sur le fonctionnement de l'âme, je me suis d'ailleurs constamment servi des conséquences décisives que le grand philosophe a tirées de ce principe. C'est ainsi que je me suis basé sur sa propre classification des fonctions cérébrales pour les coordonner d'après leur dépendance mutuelle dont la loi énoncée plus haut est la formule générale.

Pour bien comprendre la nécessité de la prépondérance du cœur sur l'esprit, il faut d'abord se rendre compte pourquoi l'une et l'autre de ces manifestations de l'âme ne sont devenues indispensables qu'à partir de l'animalité. De cette connaissance il sera dès lors possible de déduire les raisons qui justifient la subordination de l'un envers l'autre.

Il est évident que la nécessité de cette double intervention résulte des nouveaux besoins qui s'imposent au mode d'existence propre à l'être animé. C'est donc en comparant ce dernier mode avec l'ensemble des autres qui sont plus simples, que nous pourrons connaître les causes qui, dans ce cas, ont exigé la présence des fonctions cérébrales. Par là nous verrons que les êtres, pour exister, sont obligés de remplir certaines conditions essentielles dont la nature est identique pour tous. Il sera facile de constater ensuite que, si les êtres diffèrent entre eux, c'est uniquement par suite de la complication croissante des moyens que ces mêmes conditions emploient en vue de se réaliser. Lorsqu'elle atteint l'être animé, cette complication devient telle qu'il serait désormais impossible de satisfaire aux diverses conditions essentielles de l'existence, si l'on n'en avait pas préalablement conscience pour pouvoir en diriger l'accomplissement.

La notion de la graduelle complication des êtres m'a été directement fournie par la loi du classement des phénomènes dont la découverte est également due au génie d'Auguste Comte. L'attribution d'une seule nature à l'ensemble des êtres se trouve implicitement comprise dans cette même loi, ainsi que la conception d'une suprême existence dont toutes les autres ne doivent plus être que les parties composantes.

Par cela même qu'elle est sujette aux mêmes conditions essentielles que toute autre, cette existence suppose aussi des éléments qui soient disposés à les remplir. D'une semblable notion résulte donc enfin celle de la sympathie universelle. C'est ainsi que l'altruisme peut atteindre son complet développement, puisqu'il nous permet dès lors de prendre conscience du plus vaste objet d'affection qu'il nous est possible de concevoir.

L'altruisme ne saurait, en effet, se dégager entièrement de son origine purement égoïste d'abord tant qu'il conserve une destination partielle, ne visant qu'une collectivité plus ou moins nombreuse. C'est en le purifiant de tout alliage avec l'égoïsme qu'on entrevoit enfin toute l'étendue et de son propre développement et du domaine qu'il peut embrasser. En d'autres termes, l'être animé devient désormais l'élément d'une existence sociale non plus bornée à une collectivité plus ou moins restreinte, mais conçue dans sa pleine universalité.

C'est en vue de faire ressortir les véritables caractères de l'altruisme et de son objet d'affection que je publiai en 1899 l'opuscule intitulé : *Quelques vues théoriques sur la sympathie* (1). Cette première étape était nécessaire, afin de soustraire l'altruisme à toute tendance plus ou moins égoïste, en lui donnant pour destination une existence pleinement impersonnelle.

La seule importance que j'attache à ce premier essai, c'est qu'il m'a permis de comprendre que les êtres ont tous une même nature. Cette connaissance préalable était nécessaire pour se convaincre que les conditions essentielles de l'existence sont à leur tour identiquement les mêmes dans tous les cas. L'acquisition de cette dernière notion importe d'autant plus qu'elle devient la base sur laquelle repose tout le nouveau système de coordination des fonctions cérébrales.

Toute existence étant douée des mêmes conditions essentielles, les éléments dont elle se compose doivent, de leur côté, posséder les dispositions favorables à cet égard. Ce sont ces dernières que l'être animé manifeste à l'aide des sentiments correspondants.

(1) 1 vol. in 12, Nouvelle Librairie nationale, Paris, 85, rue de Rennes

Nous montrerons ensuite que l'être se développe graduellement, suivant l'ordre d'importance qu'acquièrent ces mêmes conditions. Il sera dès lors facile de conclure de là qu'il doit en être de même ainsi lorsqu'il s'agit de l'existence sociale, et par suite des sentiments qui nous disposent en sa faveur.

En instituant sa grande loi de l'évolution intellectuelle, Auguste Comte nous faisait implicitement connaître quelles sont les conditions essentielles de l'existence et dans quel ordre elles doivent se développer. Pour compléter cette loi, il suffisait de l'appliquer aux tendances qui disposent les éléments à remplir les conditions essentielles de l'existence qu'ils composent.

Par une conséquence toute naturelle, je fus donc amené à déduire de la loi des trois états intellectuels découverte par Auguste Comte celle du développement successif des sentiments altruistes. C'est cette dernière loi que j'ai esquissée en 1902 dans une brochure intitulée : *Les diverses phases de la sentimentalité.*

Nous savons, dès lors, que chacun des sentiments altruistes exige des moyens, tant théoriques que pratiques, qui soient capables de réaliser la nature des désirs qu'il manifeste. Il ne reste donc plus qu'à généraliser la marche suivie dans ce cas particulier, en l'appliquant désormais à l'ensemble de nos sentiments, aussi bien égoïstes qu'altruistes. C'est à cette tâche que je me suis consacré en publiant en 1904 le volume intitulé : *De la méthode sentimentale.*

Le livre que je vais offrir à mes lecteurs a pour but d'embrasser dans un seul coup d'œil les diverses vues que j'ai exposées dans mes précédentes publications. J'y montre d'abord que les êtres, quels qu'ils soient, sont en possession des mêmes conditions essentielles de l'existence et qu'ils ne diffèrent entre eux que par les procédés plus ou moins compliqués dont ils se servent pour les réaliser. Après avoir fait voir ensuite que cette complication nécessite pour l'être animé l'intervention des facultés affectives, spéculatives et actives, je termine ce premier chapitre par un rapide aperçu des caractères généraux que présente chacun des modes de procéder qui servent dans ce cas à réaliser les conditions essentielles de l'existence.

Le second chapitre est consacré à l'examen spécial de chacune des fonctions cérébrales et du rôle qu'elle est destinée à remplir.

Enfin le dernier chapitre explique comment ces mêmes fonctions, en se prêtant un appui mutuel, concourent chaque fois ensemble à effectuer l'un des modes d'existence de l'être animé.

Dans le cours de mon exposé, je me suis placé constamment au point de vue de l'ensemble des existences, pour bien montrer que la psychologie peut devenir une science réelle sans qu'il soit nécessaire de la faire dépendre spécialement de celle de l'être animé. Il me suffisait pour cela de rattacher les caractères propres à ce dernier à ceux qui sont communs à tout être quelconque. La connaissance des procédés employés dans ce cas particulier découlait ainsi tout naturellement de constatations purement générales. La biologie ne devient indispensable que dans le cas où l'on voudrait se livrer à l'étude des modifications que subissent les moyens de réaliser l'existence, lorsqu'ils s'appliquent soit à la vie en général, soit à l'être animé en particulier. Lorsqu'on borne la psychologie à des questions purement neurologiques, on s'intéresse à des combinaisons de cellules d'où résultent des organes dont le fonctionnement ne peut nullement nous renseigner sur le but du résultat qu'ils obtiennent, faute de rattacher ce but à celui qui est commun à l'existence d'un être quelconque. Car, je le répète, les recherches dont la neurologie se préoccupe exclusivement ne concernent que les moyens dont la vie animée se sert en vue de réaliser les conditions essentielles de l'existence. Il est par cela même évident que si l'on ignore la connaissance de ces dernières, il n'est pas non plus possible d'assigner leur destination réelle aux divers organes du système nerveux. Par contre, il sera d'autant plus facile de se livrer spécialement à l'étude de la biologie qu'on n'y verra plus désormais qu'une nouvelle application des divers besoins essentiels de l'existence en général.

Dès lors on ne se rend compte également de la nécessité qu'il y a de connaître préalablement l'ensemble des sciences qui précèdent la biologie, puisque c'est par là seulement qu'on arrive à discerner par quelles complications successives l'existence de l'être vivant est devenue plus difficile à réaliser.

Dans les pages qui vont suivre nous ne considérerons donc l'être animé qu'au point de vue de l'existence en général, laissant à la science qui est spécialement consacrée à ce cas particulier le soin de fournir la solution qui, dès lors, lui convient spécialement.

DE L'INTELLIGENCE

D'APRÈS LA MÉTHODE SENTIMENTALE

I

DES CONDITIONS ESSENTIELLES DE L'EXISTENCE EN GÉNÉRAL ET DE L'ÊTRE ANIMÉ EN PARTICULIER.

Pour avoir une première notion de ce qu'est en réalité l'intelligence, il me semble que le meilleur moyen consisterait à chercher tout d'abord pourquoi la nécessité ne s'en impose qu'à partir d'une certaine catégorie d'êtres. Par cela même qu'on en connaîtrait alors l'origine, il serait aussi plus facile de discerner les procédés divers qu'elle emploie pour accomplir la fonction qui lui est assignée.

Mais il est clair que, du moment qu'on cherche les circonstances spéciales dans lesquelles se trouve l'être pour qui l'intelligence devient indispensable, c'est qu'on suppose que cet être n'est qu'un cas particulier de l'existence de l'être en général. Ce qui nous amène à chercher d'abord quels sont les caractères communs à l'ensemble des êtres. Il faut pour cela les comparer entre eux. C'est en effet par ce moyen qu'il nous sera possible de constater que les conditions essentielles de l'existence sont identiquement les mêmes pour les êtres qui possèdent l'intelligence et ceux qui en sont privés. Dès lors, nous verrons aussi que ces conditions essentielles emploient des procédés qui sont également les mêmes dans tous les cas, tout en se compliquant à mesure que croit la difficulté de leur réalisation. C'est ainsi que nous arriverons enfin à nous rendre compte qu'une semblable complication est la cause qui nécessite à la fin l'intervention de l'intelligence.

Avant tout, ce qu'il faut donc d'abord connaître, c'est comment l'existence de tout être quelconque se réalise indistinctement de la même manière. Il est évident que dans ce but elle doit être en possession de propriétés également générales, dont chacune est destinée à remplir une de ses conditions essentielles. Ces dernières ont par cela même un moyen de réalisation qui leur appartient en propre et pour lequel une des propriétés en question devient en quelque sorte l'instrument dont il se sert en vue d'obtenir l'effet qu'il a spécialement comme mission de produire.

L'objet de cette étude consiste précisément à montrer que ces moyens et ces propriétés, quelque dissemblables qu'ils semblent être au premier abord lorsqu'ils s'appliquent à des êtres eux-mêmes si différents en apparence, sont au contraire, ainsi que les conditions essentielles de l'existence, d une nature identique dans l'ensemble de ces cas.

Il sera dès lors facile de voir qu'à mesure que ces mêmes moyens et propriétés se compliquent, les conditions essentielles de l'existence sont à leur tour plus difficiles à effectuer et que finalement leur complication devient telle que désormais elle exige le concours de l'intelligence.

***

L'être, quel qu'il soit, n'est jamais qu'un composé d'éléments qu'il tire du milieu dans lequel il séjourne et dont il modifie plus ou moins le mode d'existence. C'est à l'union de semblables éléments qu'il doit sa conversation, comme d'ailleurs l'indique l'étymologie de ce mot. Mais pour que cette union se produise, il faut nécessairement qu'un mouvement de convergence l'ait provoquée. On peut conclure de là que si la conservation est la première des conditions essentielles de l'existence, c'est dans le mouvement que consiste la propriété qui la réalise.

Le maintien de l'union des éléments suppose aussi qu'il y a composition. Ce mot signifie que chacun de ces derniers occupe une situation déterminée dans leur ensemble. Mais, d'après la loi de l'attraction, il ne peut y avoir d'équilibre que lorsque la convergence du mouvement est en raison inverse de sa dépendance envers l'étendue. La stabilité des éléments exige donc l'intervention d'une nouvelle propriété, celle de l'étendue. C'est en effet de la proportionnalité réciproque du mouvement et de l'étendue que doit finalement résulter l'égalité d'influence mutuelle des éléments. On voit ainsi que l'équilibre est à son tour le moyen dont la première des conditions essentielles de l'existence se sert spécialement pour se réaliser.

Remarquons en passant qu'il ne faut pas attribuer à la neutralisation des éléments de l'être l'idée d'un antagonisme de forces en présence, mais au contraire celle d'un concours nécessaire pour les maintenir dans l'union qu'exige la conservation de l'existence.

***

Le mouvement de convergence est donc la propriété spécialement affectée à la conservation : pour l'être individuel il produit l'adhérence des éléments dont il est composé ; quand, au contraire, il s'agit d'un être collectif, il crée une simple union.

De ce même mouvement il résulte un certain équilibre qui devient le moyen que l'existence emploie uniquement afin de réaliser sa conservation, c'est-à-dire la première de ses conditions essentielles.

On voit aussi par là que la conservation est avant tout nécessaire à l'existence, et qu'à son tour elle dépend exclusivement du mouvement. Mais pour que ce dernier puisse répondre aux exigences de la première des conditions essentielles et en devienne ainsi l'agent spécial, il faut qu'il soit doué de convergence et que de son côté la convergence aboutisse à l'équilibre.

Le mouvement est donc la propriété, et l'équilibre le moyen dont l'être fait exclusivement usage pour réaliser sa conservation. Nous verrons bientôt de quelle manière les deux autres conditions essentielles de l'existence se servent à leur tour de leurs moyens et propriétés en vue du but que respectivement elles ont à atteindre.

Pour compléter ce premier aperçu il faut ajouter que les conditions essentielles de l'existence concourent toujours simultanément, aussi bien à la formation et au maintien d'un être quelconque, qu'à la réalisation même de l'une d'entre elles. Il en est d'ailleurs également ainsi pour les propriétés et les moyens dont se servent ces mêmes conditions. Lorsque nous connaitrons les propriétés générales de l'existence, nous verrons en effet qu'aucune d'elles ne peut se manifester qu'à l'aide de leur ensemble. Le mouvement et l'étendue ne sauraient exister l'un sans l'autre ; de même on ne peut les concevoir sans un certain degré d'intensité. C'est ce qui explique pourquoi l'on peut connaître l'une quelconque de ces propriétés en se servant indistinctement des notions qui sont propres à l'une d'elles. Ainsi, pour citer un exemple, la géométrie est d'un usage courant dans la mécanique. Réciproquement cette dernière pourrait de même s'appliquer à la première. La méthode des fluxions de Newton est dans ce dernier cas.

La même observation peut se faire lorsque, au lieu de la simplicité initiale des propriétés générales de l'existence, nous envisageons leur croissante complication. Dès qu'en effet, dans l'équilibre, diverses intensités d'une même propriété se trouvent en présence, chacune d'elles est le produit du concours simultané d'intensités correspondantes de l'ensemble des autres propriétés. A plus forte raison, les diverses intensités de nature différente réagissent aussi mutuellement en même temps que celles de même nature. Le résultat ainsi obtenu de part et d'autre contribue à son tour à la manifestation de chacun d'eux.

***

En général, on donne le nom de phénomène à la propriété, simple ou compliquée, qui s'est mise en évidence grâce à un semblable concours. Ainsi, pour citer un exemple, les réactions que les mouvements subissent mutuellement produisent des modifications analogues dans l'étendue et l'intensité, qui sont également, comme nous le verrons, des propriétés générales de l'existence. Du concours de ces dernières ainsi modifiées naissent ensuite les aspects divers des phénomènes dont la matière est le siège nécessaire. Il faut d'ailleurs se hâter d'ajouter que, malgré ses variations, le mouvement n'en continue pas moins à poursuivre le même but, qui est d'arriver à la convergence et d'effectuer par là l'équilibre des éléments composants de l'être.

En résumé, ce que nous appelons phénomènes n'est que le résultat du concours simultané des propriétés générales de l'existence, que ces propriétés restent dans leur simplicité primitive ou qu'elles se soient modifiées par un ensemble d'intensités de même nature. C'est ainsi qu'ils se présentent à nous sous les aspects les plus divers, sous la forme. par exemple, de chaleur, ou de lumière, ou d'électricité, etc. La science à cet égard est de nos jours assez avancée pour qu'il n'y ait plus lieu de douter de la corrélation qui existe entre ces différentes modifications de l'ensemble des propriétés générales de l'existence.

On peut donc conclure de là que la matière se transforme d'après les modifications que subissent eux-mêmes les phénomènes qu'elle embrasse. Ces derniers, à leur tour, ne sont que des transformations des propriétés générales de l'existence. Il résulte de là que, de même que la matière ne se crée ni ne se détruit, mais change seulement d'aspect, de même ses propriétés générales non plus ne se créent ni ne se détruisent, mais se modifient simplement en vue de mieux réaliser les conditions essentielles de l'existence.

En somme, les phénomènes que nous désignons par les noms les plus divers ne sont que des cas particuliers des propriétés fondamentales de l'existence. C'est ainsi que les phénomènes propres à la conservation ne sont que des modifications plus ou moins compliquées du mouvement. Mais, à mesure que les propriétés en question se compliquent, il est plus difficile d'en assigner la source ; car, d'une part, elles sont devenues elles-mêmes des phénomènes qui rappellent de moins en moins leur origine, et, d'autre part, dans ce nouvel état elles arrivent à modifier encore davantage le phénomène qu'elles concourent à mettre en évidence.

Dans l'hypothèse que nous venons d'émettre, les phénomènes ne sont donc plus, je le répète, que des manifestations résultant du concours des propriétés générales de l'existence qui se sont d'abord elles-mêmes modifiées simultanément d'après leur propre nature.

Il est à présent facile de se rendre compte que c'est le nombre des degrés d'intensité ou de leurs manifestations connues sous le nom de phénomènes qui complique une même propriété, et par suite le mode d'effectuation que possède une certaine catégorie d'êtres pour remplir les conditions essentielles de l'existence. Tant que les modifications diverses de ces propriétés influent seulement sur l'état individuel des êtres sans troubler leur mode d'existence collective, ces derniers font partie d'une même espèce. Un être ne commence à différer entièrement d'un autre que lorsque l'intervention de nouvelles modifications d'intensité des mêmes propriétés change radicalement le caractère des procédés suivis jusqu'alors pour réaliser les conditions essentielles de l'existence, non seulement de l'individu, mais aussi de son espèce.

Est-il besoin d'ajouter que, pour devenir efficace, la modification qui caractérise une nouvelle catégorie d'êtres ne doit s'appliquer qu'à l'existence dont le mode est immédiatement plus simple? C'est en effet précisément la difficulté de continuer à effectuer de la même manière les conditions essentielles qui rend dès lors nécessaire la complication des propriétés et moyens employés précédemment. En d'autres termes, l'être le moins simple dépend sans cesse de celui qui l'est directement davantage; car c'est uniquement à une modification extrême des procédés employés par ce dernier que sont dus ceux qui lui appartiennent en propre.

En résumé, les êtres ne diffèrent pas quant aux nécessités fondamentales de l'existence; ils ne diffèrent pas non plus par la nature, mais uniquement par la graduelle complication des propriétés et des moyens dont l'existence fait usage pour satisfaire à ses conditions essentielles.

***

Ce que nous venons d'observer dans le cas de la conservation, qui est, avons-nous dit, la première des conditions essentielles de l'existence, peut d'ailleurs s'appliquer également aux autres. En général, nous verrons que, d une part, les diverses catégories d'êtres sont soumises aux mêmes conditions essentielles de l'existence, et que, d autre part, elles ne se distinguent les unes des autres que par la complication plus ou moins grande des procédés identiques dont elles se servent pour les réaliser.

L'être quelconque, qu'il soit inanimé ou animé, individuel ou collectif, n'est au fond qu'un cas particulier de l'existence. Réciproquement, cette dernière n'est autre chose que l'être, mais généralisé, c'est-à-dire doté des mêmes propriétés préalablement dépouillées de toute complication quelconque.

De tout ce que nous venons de dire, nous pouvons conclure que tout être est redevable de son existence à certaines propriétés irréductibles, mais plus ou moins compliquées ; que chacune de ces propriétés contribue à remplir une des conditions essentielles sans lesquelles l'être ne saurait exister ; et enfin que l'ensemble de ces mêmes conditions est toujours nécessaire au maintien de ce qui constitue un être.

Il est aisé maintenant de comprendre que, si l'on connaissait les conditions essentielles de l'existence, lorsqu'elles sont communes à tout être quelconque, on arriverait également à les concevoir dans le cas où, devenant le plus difficiles à réaliser, elles exigent enfin l'intervention de cet ordre de moyens auquel on a donné le nom d'intelligence.

Nous aurons donc d'abord à examiner quels sont les caractères généraux des conditions essentielles auxquelles tout être est soumis. Pour arriver à connaître ces caractères, il suffit de comparer entre eux les différents modes d'existence que la science nous a appris à distinguer. Ainsi, dans l'astronomie, on ne considère encore l'être que comme un composé des éléments primitifs de l'existence universelle, mais subissant dès lors une nouvelle convergence d'où résulte l'existence qui lui est propre. Dans la science physico-chimique on ne s'occupe des éléments matériels dont chacun de ces astres est composé. Enfin, la biologie étudie l'être le plus compliqué qui peuple notre propre planète.

Par cette comparaison on ne tardera pas à constater que les divers modes d'existence se réalisent d'après des phénomènes dont les uns ne se manifestent qu'à partir de certains de ces modes, tandis que les autres sont communs à tous. Ce qui permet de les classer d'après la généralité de ces mêmes phénomènes.

On peut conclure de là que, s'il existe vraiment des conditions essentielles dont indistinctement soit douée toute existence quelconque, elles devront aussi se retrouver parmi les êtres qui ne possèdent plus d'autres phénomènes que ceux qui se rencontrent dans l'ensemble des cas. Nous sommes ainsi amenés à considérer tout d'abord le mode d'existence qui ne dépend plus que des phénomènes qui se manifestent indistinctement dans l'universalité des êtres.

***

Ces phénomènes généraux deviennent par cela même les propriétés qui réalisent les conditions essentielles de l'existence qui ne possède plus que ceux-là. Quant aux phénomènes qui font successivement leur apparition dans les autres cas, nous savons qu'ils consistent dans ces mêmes propriétés, mais que ces dernières se sont compliquées à mesure que les éléments primitifs réalisent de nouveaux êtres. En dégageant donc ces éléments de leurs complications ultérieures, on les ramène également à leur état primitif. Ce que nous appelons l'existence universelle ou l'univers est par conséquent composé des éléments tels qu'il faut les concevoir lorsqu'ils n'ont pas encore servi à former des êtres plus compliqués. Dans l'uniformité d'aspect qu'ils prennent dans ce cas, ces éléments n'en continuent pas moins à avoir les caractères de la réalité, puisqu'ils possèdent eux aussi les propriétés générales qui réalisent les conditions essentielles de toute existence.

Pour assurer son existence, l'univers fait converger la totalité des éléments simples dont il est composé. Il leur procure en même temps l'équilibre qui est, comme nous allons le montrer, la condition indispensable à la formation de tout être plus compliqué.

Pour cela reportons-nous à la loi de l'attraction. Quoiqu'elle n'ait été formulée que pour les corps célestes, elle peut servir à l'ensemble des êtres. Son énoncé suffit en effet pour nous montrer qu'elle s'applique à tous les cas où interviennent la convergence du mouvement et par suite la dépendance de ce dernier envers l'étendue.

L'être, du moment qu'il doit maintenir réunis les éléments qui réalisent son existence, par cela même est en possession, aussi bien de la supériorité du mouvement de convergence que de l'initiative de la distance à assigner aux éléments. Lorsqu'il s'agit seulement des éléments primitifs qui sont destinés à former les astres, les propriétés générales de l'existence restent encore dans leur simplicité initiale. Dans ces conditions, la supériorité de convergence de semblables êtres ne peut dès lors, comme nous allons le voir, provenir que de la masse de leurs éléments. En effet, un corps céleste acquiert l'avantage de la masse en neutralisant dans son sein une quantité d'éléments suffisante pour excéder toutes celles qui se forment autour de lui de la même manière.

Ce que nous appelons la masse est donc à proprement parler un ensemble d'éléments dont l'équilibre a préalablement rendu égale l'influence mutuelle. Mais cette dernière, tout en devenant nulle, par rapport à l'être lui-même, n'en continue pas moins à s'exercer au dehors. De leur côté, les éléments, en s'unissant dans ces conditions, associent dès lors l'influence qu'ils ne cessent pas d'avoir sur leur milieu. C'est là ce qui explique pourquoi leur union, en même temps qu'elle compose l'être, lui procure également la force de convergence dont il a besoin pour sa propre conservation.

Nous voyons donc qu'en dernière analyse la convergence que possède l'être équivaut à la masse, lorsque, comme pour les corps célestes, les propriétés générales dont les éléments sont doués demeurent dans leur simplicité primitive. Mais dès que ces mêmes propriétés se compliquent ensuite, l'intensité des éléments correspondants s'accroît d'autant; et à plus forte raison leur force de convergence. Dans ces conditions, on peut généraliser la loi de Newton en disant que la convergence est en raison directe de la quantité de mouvement et en raison inverse de la grandeur de l'étendue.

***

De ce que nous venons de dire, on peut conclure aussi que l'univers est l'existence dont dépendent toutes les autres. Car sans l'équilibre primordial qu'il établit dans son immensité, les éléments dont la totalité le compose ne pourraient à leur tour réaliser de nouveaux êtres, puisque dès lors ils seraient privés de la disponibilité que ce seul moyen est à même de procurer à leur influence extérieure. Si donc l'univers paraît avoir moins d'importance directe sur les destinées de notre planète, celle-ci n'étant en relation immédiate qu'avec le système solaire, il serait toutefois injuste de conclure de là qu'il faut le traiter en quantité négligeable Car l'équilibre qu'il accorde à l'ensemble de ses éléments leur permet en même temps de disposer de l'influence qu'ils conservent autour d'eux pour effectuer de nouvelles combinaisons d'êtres.

Mais, en rendant à l'univers l'importance qu'il possède réellement, nous ne facilitons pas seulement la conception des autres existences ; mais, outre cet avantage déjà si précieux par lui-même, nous en tirons un plus grand encore pour la satisfaction de notre nature altruiste. Car, puisqu'en dernière analyse nous ne sommes plus nous-mêmes que des éléments de cette existence initiale, par ce seul fait nous concourons dès lors également à sa propre conservation ; une semblable conviction ne peut que favoriser le développement des dispositions sympathiques envers la plus vaste synthèse que nous puissions concevoir.

***

Il ne faut d'ailleurs pas confondre l'existence universelle

avec l'existence sociale. La première concerne la mathématique, la seconde la sociologie. Cette dernière science, du moins conçue dans sa pleine généralité, considère les êtres qui, formés par la graduelle complication des éléments primitifs de l'univers, constituent à leur tour les parties composantes de l'être collectif suprême, puisqu'au delà il n'en existe pas d'autre, et que l'univers en devient lui-même alors un des éléments. La comparaison de cette double existence, s'étendant l'une et l'autre aux limites extrêmes de notre conception réelle, prouve aussi combien est profondément vrai le dogme catholique de la Trinité, c'est-à-dire d'une seule divinité en trois personnes. Dieu le père, tout comme l'existence universelle, y est le créateur de toute chose ; de son côté, Dieu le fils y symbolise l'existence sociale parvenue à son degré le plus élevé. Quant à l'Esprit-Saint, il représente la pleine conscience de ce double aspect de la suprême existence, lorsqu'on se place uniquement au point de vue naturel de l'intelligence.

L'équilibre préétabli par l'existence universelle est donc le point de départ de l'ensemble des êtres qui se sont successivement formés dans son sein. Nous savons en effet que, tout en se trouvant neutralisés par rapport à cette existence, les éléments primitifs n'en continuent pas moins à exercer l'influence qu'ils ne cessent pas pour cela d'avoir autour d'eux. Par conséquent, ceux qui sont le plus rapprochés dans un même milieu ont pu dès lors créer une union dans les mêmes conditions que l'univers réalise la sienne. Ce noyau, par suite d'une suffisante augmentation de la masse, parvient enfin à son tour à se prévaloir d'une certaine supériorité de convergence ainsi que de l'initiative de dépendance. C'est ainsi qu'arrive à se former une nouvelle existence, soit individuelle, soit collective. Dans le premier cas, l'élément entre dans la composition de l'être lui-même ; dans le second cas, l'individu conserve son indépendance, tout en concourant à la nouvelle union. Mais pour l'adhérence comme dans la simple adhésion, le concours une fois obtenu doit être considéré comme volontaire, puisque, d'une part, l'équilibre fait disparaître toute divergence entre ceux qui s'unissent, et que, de l'autre, ces derniers mettent désormais en commun leurs influences respectives sur le milieu extérieur.

Que l'être soit individuel ou collectif, dans les deux cas il devient un élément qui, associé à d'autres de même nature, donne naissance à une existence supérieure à la sienne. En concevant donc tout être comme la partie composante d'un autre, ceux qui comme lui tendent à le former sont dès lors d'une même espèce. Car l'équilibre produit par la proportion réciproque des phénomènes qui résultent d'une certaine complication des propriétés générales en rend semblables les êtres ou leurs éléments, en même temps que les manifestations des propriétés de même nature ou de nature différente. C'est ainsi que sont de la même espèce les satellites qui gravitent autour d'une planète ; les planètes qui tournent autour du soleil ; les systèmes semblables à celui du soleil qui se rapprochent avec lui du centre de l univers ; les assemblages de ces assemblages qui convergent de plus en plus vers ce même centre ; et ainsi de suite, jusqu'à ce que, soumis à l'influence universelle, tout enfin, convergeant de la même manière, doive par cela même devenir semblable.

***

Mais dès maintenant il y a lieu d'insister sur les circonstances qui forment un être et le façonnent toujours, pour ainsi dire, d'après un même modèle.

Nous avons vu que la cause initiale de sa formation consiste dans une certaine proportion réciproque du mouvement et de l'étendue, laquelle détermine l'équilibre mutuel des éléments les plus rapprochés les uns des autres. Cette cause est évidemment indépendante de l'être qu'elle est au contraire destinée à créer. En outre, les êtres doués d'un même mode d'existence, doivent leur origine à des circonstances identiques. Celles-ci, par conséquent, président à la conservation de l'espèce. Tandis que la réunion des premiers éléments capables d'assurer à l'être dès lors formé l'ascendant de ses propriétés sur celles du milieu, cette réunion, dis-je, devient à son tour la cause immédiate de sa conservation individuelle. Nous savons d'ailleurs que les moyens employés dans ce dernier cas sont alors au pouvoir de l'être lui-même et qu'ils s'appliquent à l'ensemble de son espèce.

Au résumé, les circonstances en question sont de deux sortes : les unes donnent naissance à l'individu ; les autres à son espèce. Dans n'importe quel cas nous les retrouverons sans cesse, soit à la genèse de l'être, soit dans le cours de son existence. Ces mêmes circonstances se compliquent d'ailleurs à mesure que les éléments correspondants de leur côté sont plus difficiles à combiner et deviennent plus instables. Temporaires d'abord, puisque leur rôle n'a plus de raison d'être pour les corps dont la composition demeure fixe, elles doivent finalement être permanentes, lorsque la complication des combinaisons et l'instabilité qui en résulte rendent nécessaire leur continuelle intervention, soit pour remplacer les êtres d'une même espèce, soit pour renouveler les éléments qui ne sont plus propres à la conservation de l'existence individuelle. C'est en effet dans la catégorie des êtres vivants que nous verrons ces circonstances se transformer définitivement en organes spécialement destinés à créer et à maintenir un être quelconque.

Nous arrivons ainsi à conclure que toute existence quelconque, que ses éléments soient assujettis à l'adhérence ou qu'ils soient independants les uns des autres, doit la conservation de son espèce et de son individualité à un certain mode de convergence qui lui devient propre. C'est ainsi que la *gravitation* concerne l'espèce lorsqu'il s'agit d'un système d'astres, d'un assemblage de systèmes semblables ou de la totalité de ces assemblages. De son côté, la *pesanteur* maintient la conservation de ces astres pris individuellement.

De ce que nous venons de dire il résulte aussi que le mouvement peut toujours finalement être considéré comme doué de convergence. Car, si celui que l'on appelle divergent n'a plus cette qualité par rapport à un être, il est certainement convergent pour un autre dont il tend alors à devenir un simple élément composant. C'est ce qui a lieu, par exemple, dans l'existence sociale, où le mouvement devient divergent ou altruiste, comparé à celui de la convergence individuelle ou égoïste.

Mais, pour arriver à réaliser la conservation d'un être, le mouvement de convergence est obligé de contribuer à un résultat déterminé qui seul peut satisfaire à la première des conditions essentielles de l'existence. Il doit en effet aboutir à l'équilibre des éléments qui en sont doués. Convergence et équilibre sont donc deux qualités également indispensables pour que le mouvement devienne la propriété spécialement destinée à concourir au maintien de la conservation d'un être, quel qu'il soit.

***

Les astres sont les êtres les plus simples que nous puissions concevoir. Ils se forment des éléments directement tirés du milieu universel, sans avoir, pour ainsi dire, besoin de les modifier, puisque par leur nature même ils possèdent dans ce cas une commune convergence. Il résulte de là que la gravitation qui préside à la conservation de leur espèce est également la cause génératrice la plus simple possible. L'équilibre qu'elle a provoqué dans les premiers éléments de l'astre est en effet uniquement un cas particulier du jeu des réactions mutuelles qui continuellement s'opèrent entre eux, même lorsqu'ils restent à l'état libre. Pour les mêmes raisons, la pesanteur dont chacun de ces astres fait usage est aussi le mode de convergence le moins compliqué dont un être puisse se servir pour sa conservation individuelle.

L'exemple de l'univers et des premiers êtres qui se forment dans son sein suffit pleinement à nous montrer que la convergence est le caractère essentiel du mouvement. Quelle que soit sa complication ultérieure, il n'a jamais qu'une seule fonction, celle de servir à réaliser la conservation, soit de l'espèce, soit de l'individu. C'est d'ailleurs dans ce caractère du mouvement que consiste le principe le plus général de la synthèse des êtres. Car il ne faut pas oublier que c'est à la convergence qu'est dû l'équilibre universel, point de départ nécessaire pour la formation des autres existences.

Mais la conception générale des êtres que nous tirons de ce premier principe est non seulement la plus synthétique, mais aussi la plus sympathique. Car elle procure à l'attachement l'objet le plus universel de son affection, et, tout ensemble, elle permet à ce sentiment lui-même de se développer jusqu'aux dernières limites qu'il lui soit possible d'atteindre et ainsi d'éprouver de son côté une sympathie également universelle. Par conséquent, une semblable conception satisfait à l'ensemble des besoins, tant subjectifs qu'objectifs, de notre intelligence, et par là devient la seule synthèse qui remplisse toutes les conditions de la réalité.

Maintes hypothèses ingénieuses ont été faites sur la manière dont s'opère la convergence universelle. Mais il n'en existe à ma connaissance aucune qui ait trait au rôle que cette même convergence est destinée à remplir. Nous croyons avoir suffisamment montré que sa destination réelle consiste à assurer la conservation d'une existence quelconque. Le but que nous lui avons assigné maintient d'ailleurs à la loi de l'attraction toute l'importance qu'elle a acquise dès le premier instant de sa découverte. Car cette loi s'adapte pleinement à toutes les nécessités de la conservation, tant de l'espèce que de l'individu. La proportionnalité réciproque du mouvement et de l'étendue suffit aussi pour garantir l'indépendance mutuelle des êtres et même de leurs éléments.

En faisant du mouvement de convergence la propriété générale de la première des conditions essentielles de l'existence, nous avons en même temps procuré à l'application de cette loi la plus vaste extension qu'elle puisse comporter. Car elle devient ainsi la règle initiale non seulement de l'être en général, mais encore de la vie sociale et morale. Dans ce dernier cas, la convergence s'incarne pour ainsi dire dans un organe qui n'est autre que celui de l'attachement. Cette impulsion nous permet de prendre conscience tout aussi bien des nécessités de la conservation de l'existence sociale que des dispositions et des moyens, tant théoriques que pratiques, que cette dernière exige de nous à cet effet. Envisagée de la sorte, la loi de l'attraction peut donc enfin servir de principe à l'existence sociale conçue désormais dans sa pleine universalité. Cette loi devient également la base de la sociologie et de la morale, lorsqu'elles s'appliquent spécialement à l'humanité. Elle nous enseigne dès lors que la convergence et l'équilibre sont les moyens tout aussi nécessaires à notre vie sociale qu'à tout autre être, pour remplir la première de ses conditions essentielles ; et que nous-mêmes nous ne sommes plus désormais que les éléments uniquement destinés à réaliser sa propre conservation.

***

Les quelques considérations dans lesquelles nous venons d'entrer suffiront, je l'espère, pour nous convaincre que la conservation doit être regardée comme la condition fondamentale de l'existence, tant individuelle que collective. Ce qui la caractérise principalement, c'est la convergence. Car dès que cette dernière a lieu, les divers éléments dont un être doit se composer sont par cela même assimilables, c'est-à-dire doués d'un mouvement qui les rapproche les uns des autres et les dispose à concourir à la production de l'équilibre nécessaire à tout mode de conservation quelconque.

Il est d'ailleurs facile de se rendre compte de la manière dont se réalise l'équilibre des éléments d'un être. Leur convergence étant mutuelle, ils se neutralisent dès que s'est réalisée la proportion réciproque du mouvement et de l'étendue.

Quant à l'élément lui-même qui est le siège des modifications plus ou moins compliquées des propriétés générales de l'existence, il faut renoncer à savoir ce qu'il est en dernière analyse. De ce qu'on appelle la substance il ne sera jamais possible de connaître l'essence. De sa nature elle ne nous révèle que ce que les sens eux-mêmes sont capables de nous apprendre. Mais ces derniers, à leur tour, se bornent uniquement à nous renseigner sur l'état des modifications que peuvent subir les propriétés générales de l'existence. Nous savons que ces modifications donnent à l'être des aspects divers connus sous le nom de phénomènes. Puisque donc, d'une part, nous ne pouvons avoir sur l'être d'autres notions que celles que nous fournissent les sens et que, d'autre part, ceux-ci ne nous transmettent que des impressions de phénomènes, il est par cela même évident que nous sommes privés des moyens qui nous permettraient de connaître la substance indépendamment de ce qu'il nous est possible d'en observer à l'aide de ses propriétés générales.

En résumé, l'être ne se révèle à nous que sous l'aspect plus ou moins compliqué de ses propriétés. Sans ces dernières nous ne pourrions nous en faire aucune idée, ni concrète ni abstraite. Car ce que nous en connaissons concerne précisément l'ensemble des phénomènes auxquels elles donnent naissance ou chacun d'eux isolément perçu par le sens correspondant. De l'identité d'une substance quelconque nous n'avons d'autres notions réelles que celles que nous fournissent les manifestations des propriétés générales de l'existence ou de leurs diverses modifications. Les unes et les autres nous parviennent d'abord séparément grâce à l'entremise des sens, et par leur réunion reflètent ensuite en une image concrète l'aspect d'ensemble de cette même substance.

En d'autres termes, de la nature de l'être nous devons nous borner à connaître soit le mouvement de convergence diversement modifié, soit l'étendue résultant de la situation que l'équilibre assigne à chacun des éléments dont il est composé ; soit enfin l'intensité plus ou moins grande que manifestent les variations du mouvement et par suite de l'étendue.

* * *

Nous venons de voir comment les astres compris dans un système quelconque opèrent leur conservation, tant individuelle que collective. Ce qui a lieu dans ce cas se reproduit d'une manière analogue, lorsqu'il s'agit des éléments qui composent ces mêmes astres. D'abord épars, ces éléments obéissent aussi à la convergence initiale du corps céleste dont ils font partie et, grâce à des circonstances favorables, parviennent finalement à se réunir pour former de nouveaux êtres. Au sein de l'agrégation qui a donné naissance à un astre se forment donc, dans des conditions semblables, des corps doués à leur tour de moyens propres à assurer leur conservation et celle de leur espèce. C'est ainsi que de notre propre planète résultèrent la matière proprement dite ainsi que les êtres vivants.

En considérant d'abord la première de ces deux catégories d'êtres, nous voyons en effet qu'elle possède à son tour son mode particulier de conservation spécifique, qui est différent de celui qui précède comme de celui qui suit.

Entre la production des astres et celle de la matière proprement dite nous voyons d'ailleurs la plus grande analogie.

Ces deux modes ne diffèrent l'un de l'autre que par la complication des phénomènes. Nous savons en effet que les éléments de l'existence universelle convergent non seulement vers leur centre commun, mais encore les uns vers les autres. C'est cette dernière convergence qui, grâce à ses réactions mutuelles, parvient à neutraliser assez d'éléments primitifs pour que la masse qui en résulte donne finalement naissance aux astres.

Un astre quelconque, tant qu'on y fait abstraction des êtres qu'il contient, n'est encore qu'une sorte de nébuleuse où les éléments restent épars, quoique leurs distances réciproques soient dès lors plus petites. Nous savons que la convergence propre de ces éléments se trouve modifiée par la gravitation et la pesanteur. Les circonstances favorables qui auront à les réunir doivent donc être à même de vaincre ces diverses causes de divergence. Il faut aussi qu'elles puissent varier l'intensité de leurs moyens suivant le degré de la résistance. C'est à ces divers cas semblables d'une nouvelle formation d'êtres que sont dues ce qu'on appelle les substances simples. Ces dernières se composent des mêmes éléments de l'astre et ne diffèrent entre elles que par la difficulté plus ou moins grande qu'elles ont eue pour obtenir leur convergence et par suite leur équilibre.

Ainsi formées, les substances simples possèdent à leur tour un mode de conservation, tant spécifique qu'individuelle. Mais on voit que ce mode est déjà moins aisé à réaliser. Car le mouvement qu'elles possèdent se complique dès lors lui-même de ceux, aussi bien de la convergence universelle que des éléments primitifs, ainsi que de ceux relatifs à la gravitation et à la pesanteur. Ces divers mouvements continuent d'ailleurs à influer directement sur ces mêmes substances et modifient sans cesse celui qui leur appartient en propre. Il est clair que dans de pareilles conditions leur existence doit devenir plus instable. La convergence propre à chacune d'elles est désormais soumise aussi à des réactions mutuelles plus immédiates, puisque leur séjour dans un espace infiniment moindre que celui de l'univers donne par cela même une plus grande influence à la propriété de l'étendue. Cela étant, il est dès lors aussi plus facile à un nouveau concours de circonstances favorables de combiner entre elles ces différentes substances simples et de former ainsi des molécules dont elles deviennent à leur tour les éléments. A cette nouvelle cause d'agrégation on a donné le nom d'*affinité*. C'est cette dernière qui créa la matière proprement dite, c'est-à-dire l'espèce d'êtres faits d'éléments qui proviennent eux-mêmes de combinaisons. C'est ensuite à la tendance qu'ont à s'agréger les molécules dont la composition est due à l'affinité que consiste la *cohésion*, ou le mode de conservation individuelle de la matière proprement dite.

Si maintenant nous attribuons à ce qu'on a coutume d'appeler les nébuleuses le même rôle que remplissent les substances simples, il nous sera facile de suivre la série des modifications qui ont graduellement compliqué les propriétés générales de l'existence. Celles-ci se sont en effet successivement modifiées pour donner naissance aux nébuleuses, aux astres, aux substances simples et enfin à la matière proprement dite.

Au résumé, la première des conditions essentielles de l'existence matérielle se réalise par la cohésion dans le cas de l'individu, et par l'affinité lorsqu'il s'agit de la conservation de l'espèce.

***

Chacune de ces catégories d'êtres effectue donc ses conditions essentielles au moyen de phénomènes qui ne sont que des modifications plus ou moins compliquées des propriétés générales de l'existence. C'est dans l'ensemble des lois qui formulent ce qu'il y a de constant dans les relations entre ces mêmes phénomènes que consiste la science abstraite spécialement consacrée à chacun de ces domaines concrets. Ainsi, l'astronomie a trait aux lois qui président aux invariables relations des phénomènes dus à la gravitation et à la pesanteur ; la science physico-chimique, à celles qui gouvernent les phénomènes provenant de l'affinité et de la cohésion.

Nous avons déjà remarqué que lorsqu'il s'agit de la gravitation et de l'affinité, les circonstances favorables à la création soit des astres, soit des êtres purement matériels, n'ont pas besoin d'exercer sans cesse leur effet sur des existences dont la composition demeure fixe après leur formation. Leur influence se produit alors une fois pour toutes et ne se renouvelle pas, n'étant plus nécessaire, du moins aussi longtemps que les êtres eux-mêmes restent en possession des moyens propres à leur conservation.

En comparant enfin ensemble la gravitation et l'affinité, nous verrons que la seule différence qui les distingue consiste en ce que pour les astres la cause initiale est plus simple, puisqu'elle est due directement aux réactions mutuelles des éléments soumis à la convergence universelle ; tandis que dans le cas des êtres matériels cette même cause provient d'éléments qui subissent en outre la convergence imprimée par la gravitation et la pesanteur.

***

Il nous reste à donner un rapide aperçu de la seconde catégorie d'êtres dont est composée notre planète. Elle comprend ceux dont la formation est due aux circonstances favorables d'éléments qui ont préalablement subi déjà l'influence, tant simultanée qu'isolée, de la convergence universelle, de la gravitation, de la pesanteur, de l'affinité et de la cohésion.

Les êtres matériels, dus à de telles influences, peuvent à leur tour former ensemble des combinaisons qui de leur côté successivement en produisent d'autres. Un redoublement continuel de ce genre complique finalement la matière à tel point qu'il en résulte une instabilité qui tend sans cesse à compromettre l'existence ainsi constituée. Aussi, pour la maintenir, est-il désormais dans la nécessité de remplacer ses éléments à fur et mesure que leur mouvement de convergence ne possède plus l'intensité requise dans ce cas.

C'est dans cette incessante décomposition et recomposition que consiste ce qu'on appelle la vie.

Désormais se fait donc sentir le besoin d'organes spécialement destinés à renouveler sans cesse l'existence de l'espèce aussi bien que celle des éléments de l'individu. Ces organes consistent dans des combinaisons secondaires d'éléments qui se forment au sein même de l'être, combinaisons qui sont à leur tour douées d'une initiative de convergence et de dépendance propre à rétablir la proportion réciproque de mouvement et d'étendue qu'exigent la création et le maintien de l'existence dont ils font partie. Il est d'ailleurs évident que, comme les circonstances favorables des cas antérieurs, les organes sont également de même nature que les éléments de l'être qu'ils ont pour mission de renouveler sans cesse. Le nouveau mode d'assimilation doit donc dès lors pourvoir à leur conservation de la même manière qu'à celle même de l'existence au service de laquelle ils sont destinés.

Les organes qui président à la formation des êtres vivants réalisent ce qu'on appelle la *génération*. Leur fonction a pour but d'arriver à la combinaison de substances qui proviennent elles-mêmes d'éléments composés successivement d'autres qui résultent à leur tour de l'affinité des substances simples.

L'être vivant exige donc la présence permanente des circonstances favorables à la continuation de son espèce. Il lui faut en outre renouveler sans cesse les cellules qui ont perdu leurs qualités de convergence et qui, par suite, ne peuvent plus maintenir l'équilibre indispensable à la réalisation de la première des conditions essentielles de l'existence. Les organes dont il se sert à cet effet donnent lieu à ce qu'on appelle la *nutrition.*

***

Après la conservation, la relation est la nécessité la plus urgente de l'existence. Mais dans ce cas comme dans le précédent il ne peut être question que de l'ordre d'importance, et non de celui d'origine. Car n'oublions pas qu'il ne saurait y avoir de manifestation de l'une des conditions essentielles de l'existence sans le concours de leur ensemble. Il est d'ailleurs évident que l'être lui-même n'existe que grâce à leur influence mutuelle.

Pour justifier le rang que nous assignons à la relation, il suffit de ne pas perdre de vue qu'elle a finalement pour but la conservation, individuelle ou collective. Cette dernière, nous le savons, se réalise par l'union ou le concours. Mais il faut pour cela que les éléments soient d'abord convergents. C'est ensuite seulement que s'affirme la dépendance que suppose l'union ou le concours. Tant que la condition initiale n'est pas remplie, la seconde ne peut l'être non plus, puisque l'équilibre, qui est le moyen d'accomplissement de la première, est la seule raison d'être de la proportion qui est celui de l'autre.

Dès que l'équilibre se produit, il y a par cela même concours plus ou moins intime. Car les êtres ou leurs éléments, tout en ayant dès lors une égalité d'influence mutuelle, agissent désormais de concert sur le milieu extérieur. Mais quelque étroite que puisse devenir une semblable union, toutefois elle ne saurait jamais aboutir à ce qu'on appelle à proprement parler un contact. Toujours, n'importe quel soit le cas, les êtres ou leurs éléments font usage de leur triple propriété générale, par conséquent de celle de l'étendue comme des deux autres. Toujours aussi l'inégalité du mouvement de convergence est à un moment donné compensée par la proportion inverse de l'étendue de dépendance.

La relation entre les êtres ou les éléments est donc

marquée par le degré d'étendue à partir duquel se produit l'égalité de leur influence mutuelle. Mais pour que cette influence se réalise, il faut, je le répète, qu'avant tout l'être existe, c'est-à-dire qu'il soit assuré de la supériorité de sa propre convergence, et que, devant provoquer l'union ou le concours, il ait également l'initiative de la dépendance, d'où doit résulter l'équilibre nécessaire à cet effet. La relation, comme d'ailleurs l'indique l'étymologie du mot, consiste dans le cas de l'équilibre à rapporter le mouvement à l'étendue.

La dépendance envers l'étendue et la proportion inverse des deux premières propriétés générales de l'existence supposent donc toutes deux la convergence de mouvement et l'égalité d'influence des éléments. Il ressort aussi de là que l'étendue est bien en effet la propriété spécialement affectée à la relation et que la proportion est le moyen de réaliser cette dernière.

En outre, tant qu'il n'y a pas de mouvement de convergence ni d'égalité d'influence, il ne peut non plus exister d'étendue de dépendance ni d'immuabilité de rapport. De là peut-on conclure enfin que la relation suppose d'abord nécessairement la conservation.

En résumé, pour que l'équilibre se produise entre des convergences inégales du mouvement, il faut qu'elles se mettent sous la dépendance de l'étendue. C'est donc à cette dernière propriété qu'est due l'égalité d'influence mutuelle qui doit alors exister. Comme d'ailleurs l'équilibre doit inévitablement se produire entre l'être et son milieu en vue soit de sa propre conservation, soit de celle d'un autre être, il est évident que ce terme final de la relation ne saurait se réaliser que grâce à l'influence de l'étendue. Cette dernière est donc par cela même la propriété exclusivement affectée à la seconde des conditions essentielles de l'existence. C'est elle qui règle la part d'influence que le mouvement doit prendre pour réaliser l'union plus ou moins intime qu'exige la conservation de l'existence, tant individuelle que collective.

***

La loi de l'attraction nous permet de connaître en général les caractères qui sont propres à chacune des propriétés générales de l'existence. Elle nous montre d'abord qu'il y a toujours convergence de mouvement ; ensuite que cette convergence est en raison directe de la quantité de mouvement et inverse de la grandeur de l'étendue. Le simple énoncé de cette loi nous prouve donc que, si l'existence ne se manifeste qu'à l'aide du concours de ses trois conditions essentielles, les propriétés dont elle se sert à cet effet agissent aussi simultanément dans le même cas.

***

La loi de l'attraction nous montre également que, pour effectuer l'équilibre, la dépendance envers l'étendue est tout aussi nécessaire que la convergence du mouvement. En d'autres termes, il ne peut exister d'équilibre sans qu'il y ait concours tout ensemble et de l'étendue et du mouvement. Nous avons donc eu raison de dire qu'une semblable loi exclut toute idée de contact proprement dit. Ce que nous prenons pour tel provient seulement de ce que l'espace intermédiaire est devenu imperceptible et par suite échappe à nos sens.

La nécessité de l'étendue s'explique d'ailleurs très naturellement. Les convergences inégales influent mutuellement les unes sur les autres. Elles subissent une diminution ou une augmentation grâce à la proportion inverse de l étendue. Par conséquent, entre les deux extrêmes de ces deux intensités, il existe un intervalle où elles doivent enfin pouvoir se neutraliser. Par hypothèse, ces convergences sont inégales ; il faut donc que l'étendue soit intervenue pour compenser une semblable inégalité.

Remarquons aussi en passant que, malgré l'intime combinaison que nous voyons en chimie s'établir entre les substances simples, ces dernières n'en conservent pas moins leur individualité propre. Les circonstances favorables n'ont fait que les neutraliser mutuellement dans le plus petit espace possible. Cette vérité est d'ailleurs confirmée par le fait que, dès qu'il survient une cause capable de les décomposer à nouveau et de les rendre à leur convergence primitive, ces mêmes substances se retrouvent dans le même état qu'elles étaient avant leur combinaison.

***

Au résumé, donc, si la relation est nécessaire à l'existence tout autant que la conservation, l'équilibre lui-même ne peut existersansla proportion, ni le mouvement sans l'étendue. En général, qu'il s'agisse des conditions essentielles de l'existence, de leurs moyens de réalisation ou de leurs propriétés générales, il faut toujours qu'il y ait respectivement dans chacun de ces cas le concours de l'ensemble.

Mais lorsqu'il s'agit seulement de la conservation, on ne considère que l'égalité des résultantes produite par la proportion réciproque du mouvement et de l'étendue. Il n'en est plus de même dans le cas de la relation. Dès lors, on ne s'occupe plus du résultat obtenu, mais uniquement de la constante dépendance que dans ce but l'étendue impose au mouvement. En d'autres termes, le mouvement et l'étendue concourent également à la production de l'équilibre et de la proportion ; mais dans l'équilibre on envisage la résultante et dans la proportion, le rapport.

On peut enfin conclure de là quele mouvement joue le premier rôle dans l'équilibre et l'étendue dans la proportion. Mais il faut se hâter d'ajouter qu'aucune de ces deux propriétés ne saurait se passer de l'autre ; de même aussi l'équilibreet la proportion se supposent réciproquement, et à plus forte raison les deux premières conditions essentielles de l'existence.

En dernière analyse, les moyens que l'existence emploie

pour réaliser ses conditions essentielles dépendent du concours simultané de leurs propriétés générales. Sans l'intervention de l'étendue, la convergence du mouvement ne suffirait pas pour mettre en équilibre des éléments d'inégale intensité. De même, ce n'est que d'après le degré de convergence que l'étendue parvient à instituer la proportion réciproque. La réalisation des conditions essentielles de l'existence dépend à son tour de l'assistance mutuelle que se prêtent les moyens propres à cet effet. Sans la proportion, les éléments ne pourraient se fixer en vue de la conservation. De même, la proportion suppose l'équilibre ; car ce n'est qu'en neutralisant l'influence mutuelle des éléments qu'elle parvient à situer ces derniers et à réaliser ainsi le but que cherche à atteindre la relation.

Comme les autres propriétés générales de l'existence, l'étendue se manifeste également sous les divers aspects que nous avons appelés des phénomènes. Ainsi, pour citer un exemple, nous voyons que dans la dilatation la chaleur augmente le degré de convergence individuelle des molécules. Dans ces conditions, il faut que ces dernières puissent s'écarter de leur centre de convergence pour ainsi rétablir l'équilibre qui sans cela n'existerait plus.

Ces quelques aperçus sur la relation suffiront pour nous convaincre que l'idée de proportion n'a pu surgir que dans la science qui concerne spécialement les phénomènes de l'étendue, et que la relation elle-même doit être considérée comme purement géométrique.

La conservation ne peut nous offrir que l'idée de masse, c'est-à-dire celle d'une réunion d'éléments ou d'êtres dont l'influence mutuelle est devenue égale. C'est grâce à la relation que nous arrivons en outre à concevoir la forme.

Par cette dernière il faut entendre l'ensemble des situations que la proportion assigne aux éléments en équilibre, ensemble qui se dessine par des contours.

Dès lors on conçoit facilement aussi la possibilité de l'abstraction. Le mouvement, tout en continuant à exister dans l'équilibre, n'agit plus par suite de l'intervention de l'étendue dont l'unique fonction consiste à le neutraliser. Il ne reste donc plus d'apparent que cette dernière propriété. De plus, c'est uniquement à l'aide de l'étendue de dépendance que les êtres ou les éléments parviennent désormais à manifester leur mouvement de convergence, puisque, je le répète, dès qu'il y a équilibre se produit aussi l'égalité d'influence mutuelle. Aussi bien, est-ce indirectement que nous parvenons alors à le connaître, en consultant la situation respective que ces mêmes éléments occupent par rapport à un même centre de convergence.

On voit aussi par là l'étroite relation qui existe entre la masse et la forme. C'est en effet par cette dernière que se révèlent les multiples influences auxquelles est soumise la convergence mutuelle de la matière. Pour le prouver il suffit de citer l'exemple de la cristallisation.

En général, la forme manifeste le degré d'intensité de l'ensemble des forces, tant intérieures qu'extérieures, qui agissent sur les différents points qui la dessinent. Mais, lorsqu'on opère la cristallisation, on soustrait les éléments composants à la plupart de ces mêmes influences, en les isolant dans un milieu plus homogène. Le précipité que l'on obtient par ce moyen prend alors des formes régulières et symétriques, les éléments n'obéissant plus désormais qu'à l'impulsion de leur convergence mutuelle.

C'est d'ailleurs par des figures géométriques qu'on peut le mieux se représenter les divers états de cohésion des corps : l'ellipse indique leur plus grande solidité ; le cercle est la forme que suit la convergence des matières à l'état liquide ; et la parabole devient celle de l'expansion des substances à l'état gazeux.

*
* *

En résumé, c'est le mouvement qui est la propriété générale de la conservation ; l'étendue, celle de la relation. A mesure qu'elles se compliquent, ces deux propriétés prennent des aspects différents. En outre, tant qu'il ne s'agit que de la conservation, on ne peut avoir de la composition de l'être que la simple notion de masse, c'est-à-dire d'un ensemble d'éléments qui se font équilibre mutuellement. Ce n'est que dans la relation que l'on constate que des convergences inégales parviennent néanmoins à opérer l'équilibre, grâce à la dépendance que leur impose l'étendue. L'ensemble des situations qui résultent de cette dernière donne naissance à la forme. A ces diverses considérations si nous ajoutons que l'équilibre réalise la conservation, de même que de la proportion dépend la relation, nous pourrons conclure enfin que la première des conditions essentielles de l'existence se caractérise par le mouvement, l'équilibre et la masse; la seconde, par l'étendue, la proportion et la forme.

Il ne faut pas oublier non plus que si chacune des deux premières conditions essentielles de l'existence possède exclusivement sa propriété générale et son moyen de réalisation, elle ne peut toutefois en faire usage qu'avec le concours de l'autre de ces conditions. De même que la conservation et la relation ne peuvent réaliser l'existence que simultanément, de même il n'y a pas non plus d'équilibre sans proportion, de masse sans forme, de mouvement sans étendue, et réciproquement. En un mot, le concours de l'ensemble des procédés que nous venons d'énumérer est toujours nécessaire à l'efficacité de l'un quelconque d'entre eux.

*
* *

Mais le point sur lequel on ne saurait assez insister, c'est que l'équilibre ne peut jamais se réaliser sans l'intervention de l'étendue. Par conséquent, il ne serait pas non plus possible d'établir une relation quelconque entre les éléments ou les êtres, si l'étendue n'existait pas pour la déterminer. Cela doit suffire pour nous convaincre que cette propriété est vraiment celle qui convient exclusivement à la seconde des conditions essentielles de l'existence.

***

La nécessité pour tout mouvement de convergence de s'adresser à l'étendue en vue de réaliser l'équilibre, cette nécessité, dis-je, se manifeste d'ailleurs, quelle que soit l'existence qu'on envisage. Afin de montrer que les choses doivent en général se passer de la même manière, nous allons citer l'existence sociale, en n'y considérant que l'élément purement humain. Dans ce cas également les convergences sont d'abord inégales. Mais l'équilibre ne s'en produit pas moins, pourvu que chacune d'elles sache se maintenir dans la situation qui convient à cet effet. De même, la proportion continue à exister aussi longtemps que l'intensité de ces mêmes convergences reste dans le degré qu'exige la situation occupée. Malgré donc l'inégalité des convergences sociales, d'où résultent des aptitudes différentes, l'équilibre se réalise, grâce aux situations convenables que peuvent prendre les êtres qui concourent à maintenir l'existence supérieure dont ils font partie. Ainsi que la stabilité de tout autre être, celle de l'existence sociale ne peut se réaliser qu'à la condition que l'inégalité de convergence se soumette à l'immuabilité de dépendance qui doit toujours exister nécessairement entre les aptitudes et les situations. C'est ainsi seulement que l'égalité peut naître de la diversité.

L'exemple que nous venons de donner prouve aussi que le mouvement et l'étendue ne cessent pas d'intervenir dans la réalisation des conditions essentielles de l'existence qu'elles ont à effectuer, quoique la complication que ces propriétés ont subie cache alors le plus souvent à notre intelligence leur origine première. Qu'il s'agisse en effet de la relation sociale, le langage lui-même nous indique que ses caractères continuent à rester essentiellement géométriques. Comme preuves, il suffirait de citer les mots de *rang*, de *situation*, de *position*, de *supérieur*, d'*inférieur*, etc., mots qui sont d'un usage courant dans ce dernier cas.

C'est à dessein que j'ai insisté sur les caractères qui appartiennent réellement en propre à la relation. Ceux qu'on lui attribue d'ordinaire sont plutôt du ressort de la modification, c'est-à-dire de la troisième des conditions essentielles de l'existence. Cette dernière, en effet, applique à ses propres cas les diverses particularités que nous avons constatées dans les deux précédentes.

La modification est la troisième des nécessités auxquelles l'être se trouve soumis pour réaliser l'existence. Mais, quoiqu'elle ne vienne qu'en dernier lieu, il faut néanmoins la considérer comme étant d'une efficacité qui domine celle des deux autres, puisque c'est par la modification de son milieu, tant intérieur qu'extérieur, qu'un être quelconque arrive à se maintenir et même à exister.

Par modification il faut entendre la variation que les deux premières conditions essentielles de l'existence subissent suivant les circonstances dans lesquelles se trouvent les êtres ou leurs éléments. Cette variation provient d'un changement qui s'est opéré dans la convergence du mouvement ou dans sa dépendance envers l'étendue. En d'autres termes, elle résulte de la substitution d'un degré d'intensité à un autre. L'*intensité* est par cela même la propriété générale de la modification. L'intensité est à tel point nécessaire à l'existence que sans son intervention on ne pourrait même plus concevoir le mouvement ni l'étendue. Ces derniers supposent toujours la quantité ou la grandeur.

Nous avons vu que la considération du mouvement domine dans la conservation, et celle de l'étendue dans la relation. Il est donc tout naturel que l'intensité prévaille à son tour dans le cas où l'on envisage surtout la modification. Mais déjà dans la proportion l'intensité manifeste nettement sa propre influence. De même, en effet, qu'il n'est pas possible sans l'étendue de comprendre l'équilibre, on ne peut non plus sans l'intensité concevoir la proportion. Pour s'en convaincre il suffit de se reporter à la notion même que nous avons de cette dernière.

La proportion consiste dans l'influence inverse qu'exercent mutuellement le mouvement et l'étendue pour aboutir à l'équilibre. Mais ce résultat n'est obtenu qu'à la condition que la différence de l'action réciproque des deux premières propriétés générales de l'existence reste constante. Il est donc évident que la double influence en question doit varier de manière que sa différence ait immuablement la même valeur. La variation ainsi produite peut, il est vrai, conserver encore la nature particulière de son origine, bien que l'intensité y soit envisagée de préférence. Mais il n'en est pas de même de la constante différence qui la règle. Celle-ci dès lors n'est plus en réalité qu'une intensité pure et simple. Il arrive dans ce cas ce qui se produit pour le résultat de l'équilibre, où la situation mutuelle des éléments ou des êtres relativement à leur centre de convergence nous permet seule d'apprécier l'importance du mouvement. Dans le cas de la proportion, les deux premières propriétés générales ne se révèlent également plus que par le rapport qu'elles ont ensemble.

Mais il faut pour cela que l'intensité devienne la considération dominante aussi bien dans l'équilibre que dans la proportion. La loi de l'attraction nous apprend que la convergence croît lorsque augmente le mouvement ou que diminue l'étendue, et réciproquement. En tenant compte que l'intensité d'une convergence est le résultat de mouvements qui réagissent et que dans la proportion elle varie d'après l'état de sa dépendance envers l'étendue, on verra sans peine qu'il est possible de distinguer cette propriété générale de l'existence des deux autres, et de lui accorder une légitime prépondérance dans la modification en rendant ces dernières à leur tour secondaires.

***

En outre, on peut également envisager abstraitement cette nouvelle propriété, en l'isolant à son tour des deux autres. Pour s'en convaincre il suffit de se rappeler que l'équilibre exige la proportion réciproque du mouvement et de l'étendue. Les propriétés de même nature de part et d'autre y deviennent par cela même semblables, et par conséquent leur proportion donne aussi le même rapport que celle des propriétés hétérogènes. C'est d'ailleurs en procédant de la sorte qu'on arrive à considérer isolément le mouvement et l'étendue, et à faire de chacune de ces dernières propriétés l'objet d'une science qui est alors purement abstraite.

Lorsqu'à son tour la considération de l'intensité devient dominante, on s'occupe alors surtout des variations de quantité ou de grandeur dans les questions qu'offrent les deux autres propriétés générales de l'existence. Dans ces conditions, il est également possible de trouver le rapport de la proportion de deux variations homogènes. Car, en prenant l'une d'elles pour terme de comparaison, on arrive à connaître combien de fois elle est contenue dans l'autre ou la contient. Le résultat ainsi obtenu ne rappelle plus dès lors la nature des propriétés dont on l'a tiré, mais uniquement la valeur de leur intensité. Cette valeur peut désormais s'appliquer indistinctement aux deux premières propriétés, puisque l'une et l'autre sont également douées de la troisième. Ce qu'on appelle le *nombre* est donc le rapport d'une comparaison quelconque. Une semblable expression ne nous offre plus dès lors d'autre idée que celle d'intensité.

***

Comme d'ailleurs l'équilibre et la proportion dépendent des multiples relations que peuvent avoir ensemble les phénomènes qui résultent des propriétés générales de l'existence, il est tout naturel que dans ces diverses influences on n'envisage plus que les intensités correspondantes. Le moyen qui réalise la troisième des conditions essentielles de l'existence change donc à son tour d'aspect et consiste désormais dans ce qu'on appelle l'*équation*.

Si l'on considère maintenant que la masse résulte de l'équilibre, la forme de la proportion, on peut en conclure aussi que le nombre provient de l'équation. Dans cette dernière, en effet, la solution n'est qu'un nombre destiné à marquer la valeur qu'un de ses termes tire de la relation de l'ensemble de ceux qui la composent.

Nous venons de dire que le nombre est le résultat des relations de l'intensité, de même qu'une forme est celui des relations de l'étendue, une masse celui des relations du mouvement. En d'autres termes, le nombre provient de la solution de l'équation, comme la forme du rapport de la proportion, et la masse de la résultante de l'équilibre.

Par conséquent, tout nombre, depuis l'infiniment grand jusqu'à l'infiniment petit, consiste toujours dans la valeur à laquelle aboutissent les diverses opérations à exécuter sur la formule de l'inconnue. Il est clair que dans ces conditions, les problèmes dont s'occupe spécialement le calcul, tant différentiel qu'intégral, doivent être résolus par le même procédé qu'emploie la modification, dès lors qu'elle est envisagée dans sa seule spontanéité. La considération d'infiniment petits ou d'évanouissants devient par cela même un véritable pléonasme, puisque l'équation, par sa nature propre, implique toutes les valeurs imaginables. Quant aux considérations de limites ou de fluxions, elles ne sauraient convenir qu'à l'intensité appliquée à l'étendue ou au mouvement. Encore une fois, dès qu'il s'agit de modification pure, il ne peut plus être question uniquement que de l'intensité variable et dégagée de toute idée relative aux deux premières propriétés générales de l'existence. C'est dans les applications de l'algèbre à la géométrie et à la mécanique que la méthode des limites et des fluxions reprend toute son importance. On ne peut assez admirer avec quelle profondeur de génie Lagrange a su ramener le double calcul des infiniment petits à une extension pure et simple de l'algèbre. Nous savons que l'illustre mathématicien a fait simplement rentrer ce calcul dans le cas général des quantités finies, mais plus ou moins indéterminées, propres à toute équation. Grâce à la méthode des dérivations, le moyen qui sert normalement à réaliser la modification, c'est-à-dire la troisième des conditions essentielles de l'existence, s'emploie désormais indistinctement à la variabilité de l'intensité, soit considérée isolément, soit appliquée aux deux autres propriétés générales de l'être. En effet, dans sa *Théorie des fonctions*, il fait abstraction des infiniment petits, des limites et des fluxions, qui sont respectivement propres à l'intensité, à l'étendue et au mouvement. Tous ces aspects particuliers d'un même problème, il les résout par le seul moyen normal, qui, je le répète, doit être l'équation que conçoit l'algèbre ordinaire. Dès lors, le calcul différentiel et intégral, tel que l'ont conçu Leibnitz et Newton, ne peut plus être considéré que comme un procédé plus simple et partant plus pratique pour opérer la solution des questions spécialement relatives à l'une des propriétés générales de l'existence.

L'équation ne possède pas de caractères qui lui soient propres : elle participe à la fois de ceux de la proportion et de l'équilibre. Dans ces derniers elle ne fait que remplacer le mouvement et l'étendue par leur intensité préalablement réduite en nombre. Ce qui explique pourquoi l'équation prend la forme d'une égalité, c'est qu'elle se borne à prendre celle qui est commune aux deux modes précédents pour l'adapter à sa nouvelle destination, qui consiste dès lors à modifier l'existence.

***

Lorsque l'équilibre existe, toutes les parties de l'être, tant individuel que collectif, doivent se neutraliser. Par conséquent, chacune d'elles possède une influence qui équivaut à celle résultant des réactions mutuelles de l'ensemble des autres. Celles-ci variant d'intensité, sa valeur doit par cela même varier également, sans toutefois qu'il y ait besoin de rien changer aux relations dont déjà l'équilibre dépendait avant cela.

L'équation peut donc être obtenue, quel que soit le degré des intensités qui la composent. pourvu que les relations de l'ensemble de celles qui se font équilibre restent les mêmes. Dans ces conditions chacune d'elles peut également varier d'après l'ensemble des autres. Il est donc possible d'introduire l'indétermination dans une équation. Cette indétermination peut à son tour prendre des degrés divers, puisque chacune des intensités qui entrent dans une même équation, tout en dépendant d'abord des autres, dépend aussi de son côté des intensités dont résulte sa propre valeur, et ainsi de suite.

Le même cas se produit d'ailleurs pour le mouvement et l'étendue. Les phénomènes de ces derniers sont aussi les résultats de modifications qui se réalisent successivement dans chacune des propriétés générales de l'existence. A plus forte raison l'indétermination des intensités provient-elle de la complication graduelle de chacune d'elles.

***

L'ensemble des vues que nous venons d'exposer suffit, je l'espère, pour nous convaincre que l'être doit l'existence à trois conditions essentielles qu'il remplit à l'aide de moyens et propriétés spécialement affectés à chacune d'elles. Ces conditions sont les mêmes, quel que soit le mode de l'existence, que nous considérions cette dernière dans sa généralité la plus simple ou dans la spécialité la plus compliquée. Nous avons également montré que ces mêmes conditions ont toujours pour unique but de réaliser un être. Car, au moment où il nous semble que leur étude soit devenue purement abstraite, c'est alors au contraire qu'elles s'appliquent à l'existence la plus essentielle, puisque de cette dernière dépendent toutes les autres. En fait d'abstraction, on se borne d'ailleurs à considérer isolément l'influence propre à chacune des propriétés générales ou de leurs complications connues sous le nom de phénomènes, ainsi que celle des divers moyens qu'emploient les conditions essentielles de l'existence, à mesure qu'elles arrivent à se réaliser plus difficilement.

C'est en se plaçant à ce point de vue que la *mathématique* ne doit plus être considérée que comme la science de l'existence universelle. Elle perd ainsi son caractère purement métaphysique que malgré tout elle avait gardé jusqu'à ce jour. Il ne faut pas oublier que les propriétés générales et leurs moyens d'application n'ont d'autre raison d'être que la satisfaction des besoins d'une existence. Les détourner de leur destination normale, c'est les livrer à la simple curiosité intellectuelle. Ainsi comprise, la mathématique perd de vue les conditions essentielles de l'existence, se bornant alors à l'étude des propriétés et moyens désormais détournés de leur but.

Aussi bien, est-ce à juste titre que cette science doit être regardée comme la plus desséchante pour le cœur, lorsqu'on lui fait perdre de vue sa véritable destination.

Celle-ci, nous le savons, consiste à connaître les conditions essentielles de l'existence dont les propriétés générales sont dès lors dégagées de toute complication, même de celle qui résulte de la nécessité du concours simultané que leur ensemble offre toujours à la manifestation de l'une d'elles.

C'est un semblable reproche que l'on adresse aussi à la métaphysique : cette dernière isole également la connaissance des moyens de celle du but auquel ils sont destinés. En procédant de la sorte, on ne peut plus non plus concevoir la nature réelle de nos propres sentiments, qui ne sont en effet autre chose que la manifestation des besoins d'une existence, de celle soit de notre propre être, soit de celui dont l'altruisme nous dispose à faire partie. Il ne faut pas oublier que l'intelligence a uniquement pour mission de nous renseigner sur ces mêmes besoins, ainsi que sur les satisfactions qu'ils comportent.

Méconnaître sa véritable destination, c'est tout ensemble lui interdire l'exercice de sa véritable fonction, qui consiste à fournir au cœur les facilités pour remplir la sienne. Dès lors, il n'y a plus lieu de s'étonner que, privé de ses aliments naturels, le sentiment tende à diminuer faute de pouvoir se développer, et que par suite on soit porté à considérer comme une dangereuse école de démoralisation une science qui aboutit à de semblables résultats.

L'abus de la pure abstraction provient d'ailleurs d'une cause qui n'est autre que la nécessité du développement successif auquel est astreinte l'évolution des sentiments, tant égoïstes qu'altruistes. Nous verrons en effet qu'aussi longtemps qu'il y a prépondérance de l'orgueil, de la vanité ou de la vénération, doivent également dominer les moyens théoriques et pratiques dont cet ordre de sentiments fait également usage.

La mathématique doit donc désormais consister dans l'ensemble des conditions que réalise l'univers, c'est-à-dire l'existence la plus générale et la plus simple que nous puissions concevoir. Son domaine s'étend ainsi tout naturellement jusqu'aux limites qui lui ont toujours été assignées. Tandis que les raisons invoquées jusqu'à ce jour n'étaient de loin pas aussi concluantes à cet égard. Car, en se bornant à dire que cette science comprend les phénomènes les plus généraux et les plus simples, on ne s'expliquait pas assez clairement la nécessité qu'il y a de les étudier dans un même corps de doctrine. La connaissance simultanée de sujets si disparates en apparence conservait malgré tout je ne sais quoi d'arbitraire qui doit disparaître aussitôt qu'on fait appel au seul motif qui puisse rendre légitime et même fatalement nécessaire une semblable réunion.

Elle se divise d'abord en autant de sujets qu'il existe de conditions essentielles de l'existence universelle dont il faut étudier séparément la propriété générale ainsi que le moyen de réalisation. C'est ainsi que la *mécanique* devient la science de la conservation de cette existence, la *géométrie* celle de sa relation, et le *calcul* celle de sa modification. Mais il est bon de rappeler ici qu'aucune de ces conditions ne peut s'effectuer sans le concours simultané des deux autres. Il ne s'agit donc que de l'importance première que nous accordons à chacune d'elles dans la sphère assignée à sa connaissance. C'est ce qui explique aussi pourquoi il est si difficile souvent de dégager la part d'influence dominante qui doit dès lors lui appartenir.

Chacune de ces trois sections se subdivise à son tour en deux autres : celle qui s'occupe de la propriété ou des divers résultats qu'elle manifeste dans l'existence universelle, et celle qui considère le moyen de réaliser la condition essentielle correspondante, ou, ce qui revient au même, le jeu des diverses influences que les propriétés générales mettent en œuvre dans ce même but. Quant à la difficulté que nous avons signalée lors de la première division, elle se reproduit également dans cette dernière. Les propriétés générales et les moyens d'accomplir les conditions essentielles influent mutuellement les uns sur les autres. Mais il faut, autant que possible, conserver à chacune de ces deux subdivisions les caractères qui lui sont propres.

Quoi qu'il en soit, comme chacune des conditions essentielles de l'existence universelle possède un procédé spécialement affecté à sa réalisation, il s'ensuit que ce dernier doit caractériser le résultat que produit dans ce cas la propriété générale correspondante. C'est ainsi que la première de ces subdivisions envisage seulement le mouvement dans l'équilibre, l'étendue dans la proportion et l'intensité dans l'équation. Elle concerne donc respectivement la composition des masses, celle des formes et celle des nombres.

L'étude des masses ou des résultats de l'équilibre constitue la *statique ;* celle des formes ou des rapports de la proportion, la *géométrie spéciale ;* celle des nombres ou la valeur de l'équation, l'*arithmétique.*

La seconde des subdivisions comprend à son tour exclusivement l'étude des réactions mutuelles qu'opèrent les diverses manifestations des propriétés générales en vue du mode de réalisation de la condition essentielle correspondante. C'est ainsi que la *dynamique* concerne spécialement les réactions mutuelles des phénomènes du mouvement ; la *géométrie générale*, celles des phénomènes de l'étendue ; l'*algèbre* directe et indirecte, celles des phénomènes de l'intensité.

Les divisions que nous venons d'établir dans la science mathématique montrent aussi que l'étude de la double section respectivement relative au mouvement et à l'étendue devrait normalement s'effectuer d'abord sans aucune préoccupation numérique ou algébrique. L'application de la dernière des propriétés générales de l'existence aux deux autres se trouverait en effet d'autant plus facile à réaliser que l'on aurait acquis sur ces dernières des notions tirées des seuls caractères qui leur appartiennent en propre. Il ne faut pas oublier que les conceptions dont on se sert quand on se place au point de vue de l'intensité, ne sont au fond que celles qui sont nées de la considération du mouvement et de l'étendue. Cette propriété ne fait que les utiliser pour son cas particulier, puisqu'elle ne peut avoir de raison d'être qu'en appliquant à la modification les mêmes moyens propres à réaliser les deux premières conditions essentielles de l'existence.

Pour montrer la nécessité qu'il y a de commencer d'abord l'étude de la mathématique par la mécanique et la géométrie, je vais citer le cas des quantités négatives isolées, lequel a été l'objet de tant de controverses entre purs algébristes. On sait d'ailleurs que sur cette question ils ne sont pas encore arrivés à une explication qui ne laisse plus aucun doute dans l'esprit. C'est qu'à vrai dire, il est impossible de démontrer l'existence réelle de semblables quantités lorsqu'on se borne à avoir uniquement recours aux pures abstractions de l'intensité. La présence de semblables quantités devient au contraire très naturelle, dès qu'on s'adresse à l'intervention du mouvement et de l'étendue. Il suffit d introduire dans cette question les idées, d'une part, de convergence et de divergence, et, de l'autre, de même sens et de sens opposé.

Lorsqu'il s'agit de l'équation qui est le moyen de réalisation propre à la troisième des conditions essentielles de l'existence, il ne faut pas perdre de vue qu'on applique dans ce cas les mêmes conceptions dues d'abord à la considération des moyens affectés à la relation et à la conservation, qui sont, nous le savons, la proportion et l'équilibre. Par cela même il est évident que l'opposition du signe + ou — mis devant une valeur quelconque d'intensité doit correspondre à celle du sens de l'étendue ou à celle de la force du mouvement. Mais, comme dans l'équilibre le mouvement dépend de l'étendue, il est tout naturel que les signes algébriques en question se lient plus directement au sens qui se rapporte à chacun d'eux, et expriment ainsi surtout des idées de relation qui, je le répète, ne peuvent provenir que de la seconde des conditions essentielles de l'existence. Dans la mécanique, le signe — prend donc la signification de force contraire ; dans la géométrie, celle de sens opposé ; dans le calcul, celle de valeur soustractive. Dans ce dernier cas, la quantité négative isolée indique que, dans sa combinaison avec d'autres intensités, elle aurait pour effet de les diminuer. On peut aussi voir par là que les quantités négatives isolées ont une réelle existence, mais qu'on ne peut s'expliquer qu'à l'aide des données de la mécanique et de la géométrie.

En résumé, la parfaite connexité qui existe entre le mouvement, l'étendue et l'intensité se trouve être la conséquence naturelle de celle que nous avons découverte entre les trois conditions essentielles de l'existence. Ces dernières non plus ne peuvent pas se produire isolément, vu que l'existence d'un être quelconque dépend de leur pleine simultanéité.

Des considérations précédentes on peut conclure aussi qu'il ne nous sera jamais possible de nous représenter un être autrement que doué d'un ensemble des propriétés du mouvement, de l'étendue et de l'intensité. Partant de là, rien non plus ne nous interdirait de considérer finalement la substance elle-même comme une, les êtres ne différant entre eux que par le plus ou moins de complication de ces mêmes propriétés. C'est là, si je ne me trompe, l'hypothèse la plus générale qu'il nous soit permis de faire sur l'existence réelle ; ce serait tout ensemble la plus sympathique ; car elle rapprocherait ainsi la nature des êtres et, en créant de la sorte plus de solidarité entre eux, elle augmenterait en outre nos dispositions bienveillantes à leur égard.

Nous avons maintenant une suffisante notion des conditions essentielles de l'existence. Nous savons aussi comment elles se réalisent dans les diverses catégories d'êtres. Il nous reste à montrer que l'intervention de l'intelligence devient nécessaire pour que les êtres animés soient capables de les effectuer à leur tour.

Tant qu'il ne s'agit que d'êtres purement matériels, leur état de cohésion est, il est vrai, susceptible de varier d'intensité; mais la composition de leurs éléments demeure stable dans chaque cas. Chez eux l'individu persiste donc dans son mode de conservation aussi longtemps qu'il ne le trouve pas compromis ou radicalement modifié, par suite de la complication de la propriété et du moyen dont il se sert à cet effet. Quant à la conservation de l'espèce, elle s'opère avec tout autant de facilité ; car les substances simples douées d'affinité mutuelle sont continuellement, pour ainsi dire, dans un contact immédiat, et les circonstances favorables à leur combinaison ne consistent après tout que dans les multiples modifications que manifeste le mouvement de convergence sidérale. L'influence de ces dernières est en quelque sorte permanente et illimitée dans les milieux où elle doit s'exercer.

La première des conditions essentielles de l'existence des êtres matériels proprement dits, celle de la conservation tant des substances simples que des molécules composées, s'accomplit donc, pour ainsi dire, spontanément, et par suite ne nécessite en ce qui les concerne aucune intervention de l'intelligence.

Ce que nous venons d'observer dans le cas où il n'est question que de la matière proprement dite peut également s'appliquer à ceux des êtres vivants connus sous le nom de végétaux. Remarquons d'abord que ces derniers remplissent en faveur des êtres animés le même office que les nébuleuses envers les astres et les substances simples à l'égard de la matière proprement dite. Ils nous offrent une première assimilation qu'il suffit ensuite de compléter en vue de leur nouvelle destination.

Un des principaux caractères des végétaux, c'est d'être fixés au sol. Ils se trouvent donc directement en relation avec les matériaux composés dont ils font usage pour renouveler les cellules qui constituent les éléments propres à l'existence vitale. Aussi peuvent-ils immédiatement et sans avoir besoin de changer de place satisfaire aux exigences de leur conservation. En conséquence, il leur est également possible de se passer de l'intelligence. La même chose se serait sans doute réalisée chez l'être animé, si, par exemple, la simple aspiration de l'air atmosphérique avait pu suffire pour sa nutrition.

Quoi qu'il en soit, c'est à partir de l'animalité que les manifestations intellectuelles commencent à se produire. C'est alors que l'intelligence devient indispensable à la satisfaction des besoins de l'existence. Le plus souvent l'être animé n'a pas à sa portée les objets qui sont nécessaires à sa vie, et pour les trouver il est forcé de se déplacer et de choisir. Ces objets sont souvent eux-mêmes doués de vie animée et ainsi de leur côté cherchent à se soustraire à la supériorité d'une convergence analogue. Eux aussi dans ce cas ont besoin d'exister dans des conditions semblables et par là deviennent un danger continuel. De si multiples obstacles nécessitent dès lors l'intervention de moyens propres à connaître ces mêmes objets, en apprécier la convenance, et régler la conduite en vue de les amener en notre possession et de pouvoir ainsi les utiliser à notre gré.

*
* *

Après avoir constaté que l'intelligence devient nécessaire et par suite inévitable à partir de l'animalité, il nous resterait à voir quelles sont, parmi ses différentes fonctions, celles qui sont exclusivement destinées à réaliser chacune des conditions essentielles de l'existence animée. Mais nous réserverons cette importante question pour le chapitre suivant, nous bornant dans celui-ci à exposer les caractères généraux de ces mêmes fonctions.

Il est d'abord évident que l'appréciation des nécessités vitales et des objets extérieurs qui sont capables d'y satisfaire, ne devient elle-même possible qu'à la condition que l'être animé sente de son côté ce qu'il désire. Aussi faut-il avant tout que les manifestations des besoins essentiels de l'existence se soient pour ainsi dire incarnées en lui. Il faut aussi que ces mêmes besoins puissent finalement se traduire en actes de volonté. Il est donc certain que l'intelligence continuerait à ne pas trouver sa raison d'être si, d'une part, elle n'était pas dirigée par les désirs innés dont le rôle est spécialement consacré à nous inciter à remplir les conditions essentielles de l'existence, et si, d'autre part, elle ne dirigeait pas à son tour l'exécution des moyens propres à réaliser enfin ces mêmes désirs.

En d'autres termes, il faut que l'être animé sente, non seulement les conditions essentielles de l'existence, mais aussi les diverses étapes qu'elles ont à parcourir avant d'arriver à se réaliser. L'être animé ne peut pourvoir aux nécessités de sa vie qu'après avoir eu d'abord conscience de la marche que suivent en général ces mêmes conditions lorsqu'elles doivent satisfaire à leurs divers besoins. Pour connaître le rôle de l'intelligence, il suffit donc en quelque sorte d'animer ce qui se passe alors même que les êtres sont dépourvus d'intelligence.

Pour comprendre comment l'être animé parvient à avoir conscience des nécessités de la vie, il faut observer d'abord qu'il se produit en lui des mouvements déterminés qui ont pour origine ses divers organes. Ces mouvements se transmettent au cerveau pour s'y traduire en sensations, manifestant ainsi les divers degrés de l'accomplissement des conditions essentielles de sa propre existence. Chacune de ces dernières, en effet, se révèle à nous par le moyen de sensations appropriées qui nous permettent de la distinguer des deux autres. En outre, l'ensemble de celles qui sont exclusivement destinées à manifester une seule des conditions essentielles de l'existence se résume en ce qu'on appelle un sentiment. C'est par ce terme qu'on doit habituellement se représenter une certaine catégorie de sensations de provenance intérieure. Si d'ailleurs ces dernières sont ainsi dénommées, ce n'est pas sans motif ; elles se comportent en effet d'une manière analogue à celles qui nous viennent du dehors. Dans les deux cas les mouvements qui leur donnent naissance sont destinés à signaler l'état du monde, tant intérieur qu'extérieur.

Les désirs que manifestent les sensations internes n'auraient, il me semble, aucune raison d'être si par avance ils ne déterminaient au moins la nature des investigations auxquelles doit se livrer l'intelligence en vue de découvrir l'aspect spécial sous lequel un objet extérieur est capable de satisfaire au genre de besoins intérieurs qui ont donné naissance à ces mêmes désirs. Il serait d'ailleurs plus vrai de dire que c'est cet aspect lui-même qui se traduit par une sensation correspondante dans le centre nerveux. En conservant ainsi le caractère des sensations internes, il n'y a plus lieu de s'étonner non plus que les désirs aient la faculté de diriger l'intelligence dans la voie de la connaissance de ce qui peut au dehors satisfaire aux besoins qu'ils manifestent.

En résumé, l'intelligence est indistinctement destinée à la connaissance du monde, tant intérieur qu'extérieur. Mais le caractère des notions qui proviennent du monde extérieur dépend entièrement de celles que nous tirons de nous-mêmes. Ce sont les sensations internes qui, mises par l'intelligence en contact avec les sensations externes correspondantes, rendent dès lors effectif le désir, de virtuel qu'il était, en déterminant ce qui sera capable au dehors de le satisfaire. De cette détermination résulte enfin une volonté qui fixe la conduite à tenir en vue de provoquer les actes qui doivent réaliser les conditions essentielles d'une existence, soit individuelle, soit collective. En dernière analyse, c'est donc le sentiment qui guide à son gré l'intelligence et l'activité.

Il existe, comme on le voit, une parfaite identité entre la marche du fonctionnement cérébral et celle que suit en général la réalisation d'une existence quelconque. La seule différence qu'il faut constater, c'est que l'être animé, tout en reproduisant les mêmes phases, a de plus la conscience de leur accomplissement. Les nécessités de l'être, au lieu de s'effectuer directement comme dans les casantérieurs, nous révèlent d'abord leurs besoinset leurs modes de satisfaction, la complexité des rouages exigeant désormais un centre commun qui dirige leur concours. Aussi doit-on voir dans les sensations la manifestation devenue sensible des conditions essentielles de l'existence, d'une part, intérieure, et, de l'autre, extérieure. Les facultés intellectuelles, à leur tour, ne sont que des moyens conscients de réaliser entre les deux modes de sensations l'équilibre, la proportion ou l'équation. De même, les facultés pratiques utilisent en connaissance de cause les influences plus ou moins complexes de la triple propriété de l'existence.

En effet, pour ne citer que l'exemple de ce dernier cas, nous verrons, en examinant ce qu'il y a d'essentiel dans chacune des trois qualités actives de l'être animé, que le courage tend à provoquer un mouvement, la prudence à régler une étendue, et la fermeté à maintenir une intensité.

En résumé, l'être animé est obligé d'avoir plus ou moins conscience des nécessités qui sont les mêmes pour toute existence quelconque, et de connaître d'abord la marche commune à suivre avant de pouvoir y satisfaire.

Pour réaliser les conditions essentielles de l'existence,

l'être animé se trouve donc en possession à la fois du sentiment. de l'intelligence et de l'activité. Le sentiment lui fait éprouver tout ensemble et les besoins qu'elles manifestent et leurs tendances à les réaliser. L'intelligence constate d'abord l'état de ces besoins et des objets capables de les satisfaire, pour les mettre ensuite en harmonie ensemble. Enfin, l'activité lui permet d'effectuer les satisfactions d'après la nature de ces mêmes besoins.

Ainsi, pour donner un exemple, un être quelconque, en vue de se conserver, a besoin de l'union de ses éléments. Pour réaliser cette dernière, il se sert de la convergence du mouvement dont résulte ensuite l'équilibre. Dans le centre nerveux l'état de la conservation obtenue par ce double moyen se révèle à son tour par des sensations correspondantes dont l'ensemble constitue un des sentiments de la conservation. Mais un tel ensemble n'implique pas seulement la manifestation de besoins, mais aussi la tendance à les satisfaire. Chaque ordre de sensations internes donne naissance à la fois à un sentiment et à un penchant. En même temps qu'il nous révèle les besoins correspondants, il désire également les satisfaire.

C'est ensuite à l'intelligence que revient la fonction de constater aussi bien la nature de ces besoins et désirs que le genre d'objets que le monde extérieur peut offrir à leurs satisfactions. Cette double constatation ne manifeste d'ailleurs que les caractères uniquement propres à la conservation. Dans ce cas, comme nous le verrons bientôt, les sensations, tant internes qu'externes, ne peuvent être que concrètes. Il est par conséquent tout naturel que de leur contemplation résultent également des constatations de même nature. Il ne reste plus dès lors qu'à choisir par cette entremise ceux des objets extérieurs qui sont susceptibles d'acquérir les qualités de convergence et d'équilibre nécessaires à la satisfaction des désirs correspondants. Lors donc qu'il s'agit des sensations propres à la manifestation de la première des conditions essentielles de l'existence, l'intelligence doit procéder à une liaison analogue à celle qui se réalise entre un être quelconque et les éléments de sa conservation. Enfin, dès qu'elle a pu établir l'harmonie entre le double mode de sensations, elle en généralise l'ensemble des cas, ce qui équivaut à trouver l'égalité de leur influence mutuelle.

En résumé, l'intelligence alors contemple concrètement, lie par convergence et cherche à généraliser. Ces différentes opérations représentent respectivement l'être et ses éléments, leur convergence mutuelle, l'équilibre auquel ils aboutissent.

Après avoir finalement reconnu la possibilité d'une convergence avec un objet extérieur, il ne reste plus qu'à la provoquer. C'est en cela que consiste le rôle du courage, ou de la qualité pratique qui est propre au sentiment de la conservation.

Pour réaliser la première des conditions essentielles de l'existence, la vie animée procède donc de la même manière que tout autre être. Elle ne diffère que sur ce seul point secondaire, c'est d'avoir conscience de ses besoins, ainsi que des objets et moyens que nécessitent leurs satisfactions.

Il est d'ailleurs facile de se rendre compte que l'ensemble des fonctions propres à ce cas particulier concourt toujours simultanément à le réaliser. Toutefois, dès maintenant il n'est plus permis de douter que l'influence du sentiment ne domine continuellement celle de l'intelligence et de l'activité.

Par sentiment nous savons qu'il faut entendre une fonction qui a pour but de centraliser dans le cerveau l'ensemble des impressions à l'aide desquelles se manifeste l'une des trois conditions essentielles de l'existence. Ces impressions qui pourraient s'appeler des sensations internes sont, avons-nous dit, comparables à celles que nous percevons du dehors. Leur origine est en effet en tout point semblable : le centre nerveux est également relié par des nerfs sensibles ou moteurs aux diverses régions intérieures, soit pour en recevoir les impressions, soit pour y transmettre une action réflexe. Aussi peut-on considérer ces diverses régions comme de véritables sens que, sans exagération, il est permis d'assimiler à ceux qui nous mettent en communication avec le monde extérieur. La comparaison est d'autant plus justifiée que les impressions puisées dans le monde intérieur sont, comme nous le verrons, destinées à servir à l'élaboration intellectuelle, tout aussi bien que celles qui proviennent du monde extérieur. C'est d'ailleurs des sensations internes que nous tirons, il me semble, ce que nous appelons communément les idées innées, les notions *a priori*, les axiomes, etc. Ce genre de connaissances ne serait donc, à proprement parler, que le résultat des opérations de l'esprit, lorsque celles-ci s'appliquent aux matériaux que fournissent les diverses sources intérieures qui dans ce cas remplissent le même rôle que les sens extérieurs.

Il est d'ailleurs tout naturel que, par cela même que les sentiments représentent l'état intérieur de l'accomplissement des conditions essentielles de l'existence, quand elles se rapportent à la vie animée, chacun des ordres de sensations qu'ils résument se manifeste à l'esprit sous l'aspect qui lui est particulier, et ne s'adresse qu'à celles d'entre les sensations externes qui peuvent lui procurer la connaissance des satisfactions qu'il désire spécialement obtenir du dehors.

Si donc, d'une part, l'intelligence a pour fonction d'apprécier les divers aspects intérieurs de la vie animée, en faisant usage des sensations que lui fournissent les organes destinés cet à effet, d'autre part, les sentiments, par cela même qu'ils procurent à cette même intelligence la matière des notions premières, sont à leur tour capables de lui imprimer une direction déterminée.

En résumé, l'intelligence ne contemple et ne cherche à lier que ce que les sentiments désirent contempler et lier dans les objets du monde tant intérieur qu'extérieur. Comme le dit si justement Diderot, l'entendement a ses préjugés.

⁂

Nous venons de montrer que les fonctions intellectuelles sont nécessaires à la réalisation des conditions essentielles de l'existence de l'être animé, et qu'elles ne peuvent s'exercer qu'en se mettant au service des sentiments ; car eux seuls sont à même de manifester les besoins de cette même existence et d'indiquer le genre d'opérations auquel elles doivent se livrer en vue de connaître ce qui dans les objets extérieurs est capable de satisfaire à leurs désirs.

Mais dans ce premier aperçu nous devons surtout insister sur ce point, c'est que l'intelligence tire la matière première de ses diverses opérations aussi bien de l'intérieur que de l'extérieur. Car des sensations internes elle obtient des notions qui peuvent ensuite servir de première étape vers la connaissance des objets que désire la satisfaction des sentiments. Les faits que nous constatons dans les cas d'auto-suggestion suffiraient à eux seuls pour nous prouver qu'il est possible aux sensations internes de réagir avec connaissance de cause sur la région qui en a été la source.

En outre, nous avons pu voir aussi que la partie la plus décisive des moyens que l'être animé met en œuvre pour réaliser les conditions essentielles de l'existence consiste dans le genre de conduite auquel se résout le sentiment, soit pour amener le dehors à l'accomplissement de ses désirs propres, soit même afin de réagir sur la région intérieure qui a donné naissance à ces mêmes désirs. Un genre de conduite, quel qu'il soit, suppose toujours l'intervention préalable de l'intelligence en vue d'obtenir les renseignements nécessaires aussi bien sur l'objet extérieur des désirs manifestés par le sentiment que sur l'état de la région intérieure que ce même sentiment a besoin de modifier.

De tout ce que nous venons d dire il résulte donc clairement que le rôle de l'intelligence consiste exclusivement à servir de guide aux sentiments pour la manifestation des besoins qu'ils représentent, ou pour la recherche des objets capables de les satisfaire.

***

La psychologie, à supposer même qu'on veuille la borner au fonctionnement du centre nerveux, ne saurait devenir une science réelle tant qu'elle n'aura pas admis pour son point de départ la prépondérance du sentiment sur l'intelligence, ou bien, en d'autres termes, du cœur sur l'esprit. L'adoption de ce principe, le seul qui puisse désormais diriger avec sûreté les recherches de cette branche si importante du savoir humain, consacrerait en même temps la plupart des efforts théoriques qui, jusqu'à ce jour, ont été faits dans ce but par les diverses écoles philosophiques. Le plus souvent, en effet, il suffirait de ramener à ce principe les conceptions du passé pour tout aussitôt rendre évidente leur légitime utilité comme premiers aperçus d'une semblable connaissance.

Nous possédons à présent sur le rôle général de l'intelligence des notions suffisantes pour nous permettre de les appliquer aux cas où les divers ordres de sentiments font usage des fonctions intellectuelles qui leur appartiennent exclusivement en propre.

II

DE L'INTELLIGENCE PROPRE A CHAQUE ORDRE DE SENTIMENTS

Nous venons de montrer que les sentiments procurent à l'intelligence les matériaux dont elle tire ensuite les notions premières à l'aide desquelles elle peut concevoir le monde extérieur. Mais en même temps il ne faut pas perdre de vue que le caractère de ces mêmes notions diffère radicalement selon le genre des sensations internes qui en sont l'origine. Réciproquement, il est non moins certain que l'intelligence doit à son tour pouvoir mettre au service des sentiments autant de modes particuliers de spéculation que ces sentiments ont eux-mêmes de leur côté de sortes de désirs à satisfaire.

A première vue, il semble que les fonctions cérébrales, dont l'ensemble constitue l'âme, concourent indistinctement à l'œuvre commune à laquelle elles sont destinées. Ainsi, par exemple, l'esprit ne paraît pas au premier abord dépendre de l'une des régions du cœur plutôt que d'une autre. Mais si, dans la réalité pratique, il en est toujours vraiment ainsi, c'est, il ne faut pas l'oublier, que l'être animé ne peut lui-même non plus se maintenir et se développer que lorsqu'il arrive à satisfaire simultanément et d'une façon continue le triple besoin essentiel que manifeste toute existence. Même dans le cas où l'on observe que l'une quelconque des affections acquiert une prépondérance habituelle ou momentanée, il n'en faut pas moins reconnaître que c'est à la condition que l'ensemble des autres ne soient pas annihilées pour cela, mais au contraire ne cessent pas de seconder celle qui est devenue prépondérante.

Si l'importance de l'une d'elles est parvenue à prévaloir dans le concours simultané de leur ensemble, c'est que son influence dominante est devenue nécessaire précisément parce que la condition essentielle de l'existence qu'elle représente se fait sentir davantage et par conséquent exige directement l'emploi des divers moyens qu'elle possède en propre pour contribuer à réaliser l'existence de l'être animé.

Dans le cours de cette étude nous verrons d'ailleurs que l'espèce aussi bien que l'individu doivent se conformer au milieu extérieur dans lequel ils séjournent. C'est ce dernier qui habituellement ou momentanément arrive à accorder une importance plus grande à l'une des conditions essentielles qui concourent ensemble à la réalisation de l'existence. Nous verrons aussi que ces mêmes conditions, tout en restant simultanées, ne peuvent, dans l'espèce comme dans l'individu, acquérir leur développement normal que d'après la nécessité qui rend plus ou moins urgent le concours de chacune d'elles à la formation de l'être. Il est clair que dans ce cas les diverses fonctions correspondantes de la vie animée doivent également suivre la même évolution dans leur propre essor.

En résumé, il faut ne pas perdre de vue que les conditions essentielles de l'existence demeurent sans cesse dans une entière dépendance mutuelle, et que celle qui a pris une importance plus prononcée n'est cependant capable de se l'assurer qu'en demeurant étroitement liée à l'influence des deux autres. La dépendance en question s'établit alors dans un ordre identiquement le même pour les facultés affectives qui sont, comme nous le savons, destinées à manifester lesdites conditions dans le cas où elles s'appliquent à l'existence de l'être animé. A plus forte raison doit-il par conséquent en être ainsi quand il s'agit des facultés, tant spéculatives qu'actives, qui se rapportent à chacune des facultés affectives. A l'appui mutuel que s'accordent les différents ordres de sentiments doit donc nécessairement correspondre celui des procédés analogues, aussi bien de l'intelligence que de l'activité.

*
* *

Pour compléter cet aperçu, il y a lieu d'ajouter que l'assistance que se prêtent mutuellement les fonctions, tant spéculatives qu'actives, n'est jamais directe, mais qu'elle n'est obtenue que grâce à l'entremise des sentiments qui, suivant le cas, secondent avec plus ou moins d'efficacité celle dont l'énergie est parvenue à prévaloir. Ainsi, si c'est le sentiment de la conservation qui domine dans l'être animé, ceux de la relation et de la modification ne font plus que se mettre à son service. C'est donc à ces derniers qu'il doit d'abord s'adresser pour obtenir en faveur de ses propres moyens théoriques et pratiques l'aide de ceux analogues qui appartiennent respectivement aux deux autres sentiments. En d'autres termes, la solidarité des différentes fonctions cérébrales est la même que celle des procédés qu'en général les conditions essentielles de l'existence emploient pour arriver à s'effectuer. Nous savons, en effet, qu'il est aussi peu possible de produire isolément l'équilibre, la proportion ou l'équation que le mouvement, l'étendue ou l'intensité.

En définitive, les trois ordres d'impulsions qui sont nécessaires à l'être animé pour remplir les conditions essentielles de l'existence font exclusivement usage de certaines fonctions spéculatives et actives pour chacune desquelles il en existe une de nature semblable dans les deux autres ordres. Ainsi, pour citer un exemple, la conservation et la relation ont besoin toutes deux de la contemplation dont le mode seul diffère ; elles ont besoin toutes deux de lier les sensations internes et externes, tout en ne se servant pas des mêmes procédés de liaison ; elles ont enfin besoin toutes deux de consacrer l'ensemble des mêmes résultats, soit en généralisant, soit en systématisant.

Chacune des régions du cœur a donc sa manière spéciale de concevoir et d'agir, et chacune d'elles sait en outre la mettre au service des deux autres, dès qu'elle n'est appelée qu'à leur prêter son propre concours.

Mais, si nous devons ne pas perdre de vue, d'une part, la nécessité d'une continuelle alliance entre les sentiments par lesquels se manifestent dans l'être animé les trois conditions essentielles de l'existence, et, d'autre part, la même nécessité entre les facultés théoriques et pratiques que chacun de ces sentiments possède en propre, toutefois il nous est du moins permis d'en faciliter la connaissance par l'étude isolée de leurs caractères distinctifs. En procédant de la sorte, nous ne faisons après tout que suivre la marche habituelle de l'analyse.

Dans le chapitre précédent nous avons surtout fait usage de la synthèse. Aussi, après n'avoir considéré les conditions essentielles propres à l'existence de l'être animé que comme une application particulière de celles qui sont relatives à l'ensemble des êtres, nous a-t-il été facile d'en suivre les conséquences théoriques dans ce nouveau cas, sans même avoir besoin de nous servir du secours des connaissances biologiques. Ces dernières ne deviennent nécessaires, comme d'ailleurs le seraient pour les autres espèces d'êtres les notions d'astronomie ou de physique, que si nous voulions appliquer les conditions essentielles de l'existence en général au cas particulier de la vie. Dans l'être animé nous n'avons cherché jusqu'à présent à connaître que les caractères qu'il possède en commun avec l'ensemble des autres êtres.

Mais cette manière de procéder acquiert surtout toute son importance dès qu'on n'envisage plus l'être animé dans sa propre individualité, mais en tant qu'élément de l'existence sociale conçue dans sa pleine universalité. La commune nature des êtres, laquelle découle d'une telle généralisation, devient alors le meilleur des aliments pour notre altruisme, nous sauvant ainsi de l'écueil du matérialisme, où nous échouerions inévitablement si nous ne cherchions à expliquer les faits sociaux et moraux que d'après des lois purement biologiques. En effet, ce qu'il faut reprocher à ce qu'on appelle le matérialisme, ce n'est pas de donner la matière comme siège de la manifestation des conditions essentielles de l'existence, mais de vouloir se borner à expliquer cette manifestation commune à tous les êtres en général par les phénomènes qui appartiennent exclusivement au cas particulier de l'être vivant.

Quoi qu'il en soit, l'analyse que nous allons faire subir aux différents rouages dont l'âme se compose, ne doit être prise que comme une préparation destinée à nous faire mieux comprendre ensuite le fonctionnement de leur ensemble. Dans la réalité, l'âme ne peut être envisagée que dans sa synthèse. Mais, tout en faisant cette légitime réserve, il n'en est pas moins vrai que les trois modes de sentir, de concevoir et d'agir sauront manifester davantage leur propre spontanéité par cela même qu'on en aura élagué ce qui reste étranger à la fonction spécialement affectée à chacun d'eux.

Ce chapitre aura donc pour but de mettre en évidence les caractères qui appartiennent exclusivement en propre à chacun des trois ordres d'affections et par suite à leurs moyens particuliers de spéculation et d'action.

La conservation est le besoin fondamental de l'existence. C'est donc elle que nous examinerons d'abord, en isolant de toute autre influence les diverses manifestations qu'elle suscite dans l'être animé. Dans ce but, il faut avant tout écarter de la notion qui lui est propre celle de relation et celle de modification.

Ce premier résultat obtenu, nous voyons dès lors que la conservation s'applique indistinctement à trois modes d'existence, c'est-à-dire à ceux de l'individu, de l'espèce ou de l'universalité des êtres.

Dans le premier de ces modes, le centre nerveux, siège de l'âme, est, grâce aux nerfs sensibles et moteurs, mis en rapport plus ou moins direct avec l'ensemble des organes du corps. Les nerfs sensibles lui apportent les sensations de l'état actuel de ces mêmes organes. C'est ce genre de sensations que l'on comprend communément sous le nom d'*instinct nutritif*. Leur présence dans le cerveau donne lieu aux faits de la conscience, en permettant à l'intelligence de les constater, de les lier entre elles par similitude et d'en tirer des notions générales Ce sont d'ailleurs, comme nous l'avons remarqué précédemment, ces notions qu'on a appelées des idées innées, des notions *a priori*, etc. Mais, tout en n'étant d'abord que subjectives, c'est-à-dire de source intérieure, elles deviennent également objectives, en s'appliquant ensuite à des objets extérieurs, puisque les conditions essentielles de l'existence sont identiquement les mêmes pour tout être quelconque.

De semblables notions n'acquièrent d'ailleurs de l'importance qu'à mesure que les êtres animés éprouvent plus de difficultés à réaliser les premières nécessités de l'existence. Si, par exemple, les aliments au moyen desquels ils se renouvellent se trouvaient plus directement à leur portée, l'intelligence aurait par cela même moins besoin de faire usage de semblables notions, puisque celles qui proviennent de l'instinct nutritif ne peuvent avoir d'autre utilité que de permettre à l'être animé de découvrir au dehors les objets qui conviennent à la satisfaction de ses désirs. La meilleure preuve de l'existence de connaissances de cette nature nous est donc révélée par le fait qu'elles sont nécessaires au fonctionnement intellectuel dont le triple mode de conservation fait exclusivement usage.

***

Mais c'est la manière dont s'opère l'acte de la nutrition

qui nous permet surtout de caractériser les facultés spéculatives spécialement appropriées au cas particulier que nous examinons en ce moment.

En effet, la simple observation, soit des éléments assimilés pour la convergence, soit des objets extérieurs destinés à l'assimilation, doit déjà nous convaincre que l'être animé, lorsqu'il est occupé de sa conservation personnelle, n'a besoin de se livrer qu'à des constatations purement concrètes. Il est évident que du moment que les sensations, tant internes qu'externes, proviennent de substances assimilées ou assimilables et par suite ne donnent lieu qu'à des connaissances synthétiques, c'est que ces mêmes sensations n'ont exigé de l'intelligence qu'une contemplation de même nature.

Il ne faut pas oublier que les sensations internes et externes, qui sont pour l'être animé les moyens de réaliser la conservation de son existence, ne sont après tout que la représentation de l'état de convergence ou d'équilibre des éléments dont il est composé. Mais ces derniers se trouvent dans les mêmes circonstances dont tout être quelconque a besoin en vue de réaliser sa conservation. Ils doivent également être doués de la convergence nécessaire à la production de leur équilibre. Dans le cas présent il ne peut donc être question non plus que de substances qui possèdent ces mêmes caractères, c'est-à-dire qui soient assimilées ou bien susceptibles de l'être. A plus forte raison, la contemplation concrète doit-elle nous rendre conscients de l'état de la convergence ou de l'équilibre de semblables éléments.

Ici se pose un problème dont il est important de trouver la solution. Il s'agirait de savoir pourquoi l'instinct nutritif se détermine seulement en faveur d'aliments qui ont préalablement vécu pour être assimilables. A mon avis, une semblable tendance tire sa première origine du mode même de formation de l'être animé. Elle date en effet de l'époque où le nouvel être séjourne encore dans le sein maternel. Ses propres éléments et ceux qu'il s'assimile sont dès lors identiquement de même nature. La notion de la nécessité d'un aliment doué de vie par cela même s'impose donc à ses désirs, puisque les premières sensations externes qui les déterminent proviennent du milieu directement nutritif dans lequel il se trouve, pour ainsi dire, plongé avant de naître. L'hypothèse que je viens d'émettre fournit, il me semble, l'explication la plus naturelle de la facilité avec laquelle l'être animé par [illegible]t à se résoudre uniquement pour les objets offrant les mêmes caractères que ceux de ses satisfactions initiales.

Quoi qu'il en soit, c'est le contact des nerfs sensibles avec l'ensemble des organes de la vie animée qui donne naissance aux sensations de la conservation individuelle. En d'autres termes, c'est l'impression de choses concrètes que l'instinct nutritif est destiné à représenter. Cette sorte de sensations ne peut être constatée par l'intelligence que grâce à une fonction spéciale qui porte le nom de *contemplation concrète.*

Ce qui caractérise une telle fonction, c'est son aptitude à réunir les phénomènes perçus par les différents sens, tant intérieurs qu'extérieurs, et à former par cette réunion des images qui sont destinées à représenter l'état, soit des substances de la vie animée, soit des objets du monde extérieur.

Nous savons que de semblables images ne reproduisent jamais la nature essentielle des objets, tant intérieurs qu'extérieurs, mais seulement l'ensemble des manifestations plus ou moins compliquées des propriétés générales de l'existence. En outre, il est clair que l'être animé étant au dedans dépourvu de la plupart des sens qui le mettent en contact avec le dehors, les sensations internes sont moins nombreuses, et par cela même plus uniformes les images concrètes qu'il en tire.

Le champ de la contemplation concrète demeure d'ailleurs fort restreint dans le cas où il s'agit uniquement de la vie individuelle. Il se borne alors à la réalisation des besoins peu variés de la nutrition. On conçoit sans peine à quelles faibles limites se réduit un pareil rôle, lorsqu'il s'applique aux satisfactions qu'exigent les derniers degrés de l'animalité où domine la conservation la plus égoïste, puisqu'il n'existe pas même encore chez eux la distinction des deux sexes.

Une première fonction intellectuelle, c'est-à-dire la contemplation concrète, est donc nécessaire à l'instinct nutritif ou plutôt au sentiment de la conservation individuelle. Dans ce cas, elle a pour but de nous rendre conscients de notre propre être et des objets qui nous entourent. C'est elle qui nous représente l'état de la convergence et de l'équilibre des éléments dont nous sommes composés ; elle aussi qui nous manifeste le monde extérieur, en réunissant en une même image les diverses sensations qu'il nous transmet par le moyen des sens. En un mot, elle constate aussi bien l'état de notre propre existence que celui des autres êtres. Mais au dedans comme au dehors de nous la contemplation concrète ne peut servir à l'instinct nutritif qu'en s'appliquant à des éléments déjà doués d'assimilation ou susceptibles de la réaliser. Dans les deux cas, l'intelligence se borne à percevoir l'existence de matières qui sont soit déjà pourvues des caractères qu'exige la première des conditions essentielles de l'existence, soit dans la possibilité de les acquérir.

L'existence de la contemplation concrète n'est pas douteuse en ce qui concerne le monde extérieur. Mais elle est non moins nécessaire relativement à sa destination intérieure. C'est elle qui dans ce dernier cas constate, par exemple, la sensation plus ou moins nette que nous avons d'être rassasiés, celle de la modification normale ou anormale des matières assimilées, celle de la présence de substances qui sont inutiles ou même nuisibles à l'organisme, etc.

***

Nous venons de dire que les substances doivent être assimilées ou bien au moins assimilables pour que l'instinct nutritif consente à en provoquer la contemplation qui dans ce cas, nous le savons, reste purement concrète. Or, assimiler, c'est rendre semblable, c'est, dans la circonstance présente, produire des éléments tous également doués d'un mouvement de convergence proportionnel à l'étendue de dépendance qui est indispensable pour réaliser leur équilibre, c'est-à-dire la stabilité de leur union.

La connaissance de la matière assimilée ou assimilable suppose donc à son tour une activité spéciale de l'intelligence qui soit exclusivement consacrée à une pareille destination. Elle suppose qu'il existe dans le centre nerveux une nouvelle fonction spéculative ayant uniquement pour but d'élaborer la conception d'un choix de ce genre. Le rôle propre à cette nouvelle fonction consiste à comparer les images concrètes de provenance intérieure ou extérieure, soit entre elles, soit avec celles dont la convenance a été déjà reconnue antérieurement, et enfin à nous permettre aussi de découvrir dans certains objets les satisfactions qu'exigent les besoins de la vie individuelle.

Cette tendance de l'esprit à rechercher la similitude dans les images concrètes qui résultent d'une contemplation de même nature que ces dernières est d'ailleurs exclusivement le privilège des trois sentiments destinés à la conservation de l'individu, de l'espèce et de l'universalité des êtres. De même que la contemplation concrète, l'induction ou la fonction de liaison par convergence ne peut être directement utilisée que dans ce triple cas. Seule, quelle qu'elle soit, la conservation a besoin d'éléments à la fois concrets et semblables, en vue de la convergence qui est leur unique raison d'être. Convergence et similitude doivent donc être comprises parmi les idées inséparables de celle de conservation ; elles font partie des notions que l'on appelle innées ou *a priori*. Nous savons en outre que c'est en associant les sensations internes de l'instinct nutritif que la faculté de liaison par convergence donne naissance aux idées en question, et qu'elle s'en sert ensuite comme de termes de comparaison en vue de les lier par convergence à celles qu'elle a tirées de la même manière des sensations qui proviennent du monde extérieur.

Ce que nous avons observé plus haut en ce qui concerne la contemplation concrète s'applique d'ailleurs également à la liaison par convergence. Nous savons en effet que le mouvement est la propriété générale de la conservation. Mais dans le monde, tant intérieur qu'extérieur, il se manifeste par les divers degrés dont il est susceptible, c'est-à-dire par des phénomènes. C'est par un ensemble de modifications du même mouvement que l'être, quel qu'il soit, se révèle à nous. Ce dernier en est en quelque sorte la résultante. Nous avons vu que c'est en somme la même opération que la contemplation concrète est destinée à réaliser sur les sensations qui nous viennent isolément par les sens quelconques. De ces dernières qu'elle réunit à nouveau il résulte l'image de l'ensemble des phénomènes que manifeste l'objet correspondant.

A son tour, la liaison par convergence a pour but de choisir parmi les images concrètes de provenance intérieure ou extérieure celles qui peuvent se convenir mutuellement. Cette nouvelle faculté spéculative cherche donc à représenter d'avance l'égalité d'influence qui devra s'établir entre notre substance et celle qui provient du dehors.

Nous voyons enfin que les éléments dominés par une même convergence doivent aboutir à l'équilibre. Cette opération, qui réalise finalement la conservation de toute existence quelconque, exige de l'être animé une nouvelle fonction qui a pour but de constater entre les objets en présence la même égalité d'influence mutuelle. C'est dans ce qu'on appelle la généralisation que consiste cette nouvelle faculté de l'intelligence.

*
* *

Les notions que nous possédons à présent sur les premières fonctions cérébrales nous permettent aussi de voir que l'ensemble du système nerveux ne doit être considéré que comme une nouvelle application de ce que nous avons appelé les circonstances favorables à la formation d'un être quelconque. Dans le cas de l'être vivant, ces mêmes circonstances sont seulement devenues permanentes sous forme d'organes, par suite de la nécessité qu'il y a de renouveler incessamment des éléments dont la convergence est devenue par trop instable. Grâce au concours simultané de sensations, tant internes qu'externes, l'être animé arrive à pressentir, à prévoir et à préparer les circonstances susceptibles de réaliser continuellement la première des conditions essentielles de l'existence, qu'il s'agisse de nous-mêmes ou d'un être dont nous ne sommes plus que de simples éléments. Les sentiments de la conservation manifestent alors nos propres besoins ou ceux de l'existence supérieure dont nous faisons partie ; l'intelligence constate ces mêmes besoins et leurs satisfactions respectives, ou cherche à mettre en harmonie les secondes avec les premiers, et à découvrir le même aspect dans un ensemble de cas ; enfin, le caractère obtient le résultat désiré en nous provoquant directement au mouvement.

En résumé, la conservation individuelle, ou plutôt l'instinct nutritif, exige de l'intelligence la contemplation concrète, la liaison par convergence, et la reconnaissance de l'égalité d'influence mutuelle lorsqu'il y a équilibre.

Ces trois fonctions intellectuelles, qui sont d'ailleurs propres à l'ensemble des sentiments de la conservation, peuvent en outre s'associer avec celles des deux autres ordres de sentiments, en ayant toutefois recours à l'intermédiaire de ces derniers. C'est de la complication ainsi produite que résultent les divers procédés d'investigation dont se servent plus spécialement chacune des sciences abstraites, tels que l'observation directe, l'expérimentation, la comparaison, la nomenclature, la classification, la filiation, etc.

***

Nous avons dit que les nerfs sensibles sont les agents qui servent à transmettre au centre nerveux les impressions du milieu, tant intérieur qu'extérieur. Mais ces impressions y parviennent par l'entremise de sens appropriés à cet effet.

A cet égard, il est bon de rappeler ce qu'il faut entendre par ces derniers. Nous savons qu'ils nous procurent, chacun d'eux, les sensations d'un certain ordre de phénomènes et qu'ils possèdent dans ce but des organes déterminés, même ceux qui, comme les sens du tact ou de la musculation, sont moins localisés, ayant à remplir une fonction générale. Quoique la main et le pied transmettent, en même temps que le reste du corps, les impressions de ces deux sens, il faut néanmoins reconnaître que le premier de ces organes, qui sert surtout à apprécier la forme, est plus spécialement affecté au sens du tact, et que le second, qui sert surtout à apprécier l'effort, est plus relatif au sens de la musculation.

Nous venons de dire que les sens transmettent au cerveau l'impression des phénomènes. Mais ceux-ci ne sont à leur tour que des modifications des propriétés générales, dont chacune est, comme nous le savons, le produit de leur ensemble. Il résulte de là que chacun des sens, de son côté, peut être considéré comme plus particulièrement affecté à l'une de ces propriétés. Ce qui le prouverait d'ailleurs, c'est que de la même manière que ces dernières les phénomènes agissent sur les sens correspondants. Leur influence sur eux dépend aussi de leur intensité et de leur distance.

Chacun des sens est donc par lui-même un organe destiné à effectuer plus spécialement l'une des conditions essentielles de l'existence.

*
* *

Quoi qu'il en soit, lorsque l'intelligence nous a rendus plus ou moins conscients des impressions que les sens lui ont soumises, les nerfs moteurs, par des mouvements propres à chaque cas, réagissent sur les mêmes sens, ou bien à l'aide de ces derniers sur les objets qu'ils ont d'abord contribué à nous faire connaître. Dans le premier de ces deux cas il y a simplement expression, c'est-à-dire une sorte d'attitude que ces mêmes sens prennent à la suite du mouvement communiqué par les nerfs moteurs. Dans le second cas, au contraire, l'activité qu'ils ont acquise de cette manière sert à réaliser les satisfactions que la volonté désire obtenir du milieu correspondant. Les nerfs moteurs ont donc pour but de produire une modification quelconque, soit directement dans les sens eux-mêmes, soit au dehors ou au dedans de nous par l'action de ces mêmes sens. Dans ce dernier cas ils servent d'intermédiaire pour la transmission des réactions à opérer.

Une telle destination, outre qu'elle nous permet de comprendre comment la réaction cérébrale, tantôt se borne à l'expression, et tantôt aboutit au but final qui est d'agir sur le monde extérieur ou intérieur, une telle destination, dis-je, explique aussi certains phénomènes propres au fonctionnement du centre nerveux.

Ainsi, par exemple, un objet peut ne plus être en contact avec les sens, et cependant l'impression en devenir si vive à un moment donné que l'image que nous nous en formons nous met en face de l'objet lui-même, malgré son absence. De même, une cause quelconque qui a momentanément modifié l'état de nos organes intérieurs peut avoir disparu et continuer néanmoins à nous impressionner comme si elle existait encore réellement. C'est que dans ces deux cas nous avons conservé les sensations. Celles-ci, par suite d'une surexcitation, peuvent dès lors réagir avec assez d'énergie sur les sens correspondants pour que ces derniers soient à leur tour capables d'actions réflexes sur elles. De semblables répercussions, provenant de la même source qui est spécialement destinée à refléter les divers aspects du monde tant intérieur qu'extérieur, doivent par cela même continuer à en posséder tous les caractères. C'est ainsi que les sensations auxquelles ces répercussions ne font plus que procurer une nouvelle force semblent alors au contraire devoir leur origine à ces mêmes sens et par suite aux milieux correspondants. De cette manière nous voyons se produire les hallucinations, les illusions, les maladies imaginaires, etc. Dans ces cas, la réaction que les impressions surexcitées par une cause quelconque effectuent sur les sens réagit à son tour sur ces mêmes impressions et donne aux images qui en résultent un relief anormal qui va jusqu'à nous les représenter comme des réalités. Mais alors la réaction n'est plus causée par les nerfs moteurs, mais par les nerfs sensibles.

Quoi qu'il en soit, la réaction motrice, qu'elle ait pour origine les sensations internes ou les sensations externes, se traduit dans les sens correspondants par un certain effet approprié à l'intensité de chacun de ses cas. Les résultats de semblables mouvements doivent être considérés comme autant de signes par lesquels se manifeste au dehors l'état des impressions. De quelque sens que proviennent ces dernières, leur réaction, si elle n'aboutit pas chaque fois à un acte proprement dit, produit toujours au moins une expression, quand elle se borne à provoquer un effet sur les sens et par suite ne vise pas jusqu'au dernier terme de sa fonction, qui est de modifier le monde intérieur ou extérieur.

Lorsque, d'ailleurs, les nerfs moteurs se contentent de réagir sur les sens, le résultat ainsi produit demeure encore un fait purement spéculatif. L'intelligence montre alors que son élaboration a atteint le but qu'elle avait à poursuivre. De même que l'esprit prévoit la marche qu'il faut suivre pour qu'un événement quelconque puisse se réaliser, de même aussi peut-il faire d'avance paraître au dehors le résultat désiré qu'il doit connaître avant de pouvoir le mettre en pratique. Par l'expression l'intelligence manifeste l'appréciation qu'elle sait dès lors porter sur la convenance des impressions. Ce n'est qu'en se livrant à l'acte que l'on commence à vouloir accomplir les prévisions. L'expression est seulement une fonction de l'esprit ; tandis que l'acte résulte du caractère, fonction qui est plus directement au service du sentiment.

Il va sans dire que l'expression varie d'après l'intensité de l'impression. Ainsi, par exemple, le sens de la vision prend une expression toute différente lorsqu'on voit seulement ou qu'on regarde les objets qui sont à sa portée. Dans le premier cas, l'intelligence, n'étant pas poussée par un désir déterminé, les contemple avec indifférence ; tandis que, dans le second cas, un intérêt quelconque se porte sur certaines sensations dont la durée ainsi prolongée accroît d'autant les réactions subies par le sens de la vision, dont elles doivent par conséquent aussi changer l'aspect extérieur. C'est là ce que l'on appelle l'expression des yeux.

Mais l'être animé n'est pas seul à manifester l'expression de ses besoins ; tout être, quel qu'il soit, révèle son état actuel par des signes qui sont appropriés à sa manière de réaliser les conditions essentielles de l'existence. Les multiples modifications que son aspect extérieur peut subir sont d'ailleurs elles-mêmes autant de signes naturels qui s'offrent à notre esprit pour nous représenter les faits qui se passent en lui. Ces signes ne sont, pour ainsi dire, que les attitudes différentes qui appartiennent en propre à la manifestation de chacun de ces mêmes faits. Ces derniers n'étant en somme que les résultats de modifications du mouvement de convergence, il est tout naturel que la situation respective des éléments composants de l'être change aussi et que cette nouvelle disposition donne à leur ensemble un aspect déterminé qui devient alors en quelque sorte le geste par lequel s'affirme un état quelconque de l'existence. Cette attitude, ce geste, ou, pour mieux dire, ce signe est inhérent à la modification produite dans l'être, et, par conséquent, sa reproduction, directe ou bien artificielle, rappelle cette même modification.

L'être qui produit un changement en lui-même a d'ailleurs pour but d'influer par ce moyen sur le milieu dans lequel il séjourne. Mais pour aboutir à un résultat extérieur, il suit les mêmes étapes que notre propre intelligence. Par conséquent, le signe qui manifeste en général dans l'être l'accomplissement d'une modification quelconque équivaut également à l'expression qui indique l'issue à laquelle est arrivée notre élaboration intellectuelle. L'aspect que l'être prend alors prouve que ce dernier est prêt à agir, de même que l'expression, conséquence finale du travail de l'intelligence, montre aussi que l'être animé se trouve dans les dispositions voulues pour réagir au dehors.

En d'autres termes, le simple indice d'un objet quelconque suffit pour nous en donner une impression. On peut conclure de là qu'une sensation peut naitre d'un signe, même lorsque l'objet dont il exprime une manière d'être ne se trouve pas actuellement en présence. Réciproquement, les sensations d'un objet sont à leur tour à même de rappeler les signes correspondants.

Par tout ce que nous venons de dire il est aisé de concevoir que, comme les sensations des phénomènes peuvent être remplacées par celles de leurs signes, les diverses opérations de l'intelligence sont par cela même indifféremment applicables à l'un quelconque de ces deux cas. En un mot, le centre nerveux se comporte envers l'expression de la même manière qu'avec l'impression.

On comprend aussi que, puisque les expressions résultent des impressions, les signes qui en sont la manifestation naturelle ou artificielle deviennent dès lors des matériaux dont l'élaboration intellectuelle n'est plus à faire. La fixité d'une signification suffit à prouver que la connaissance de l'impression ainsi représentée est définitivement acquise désormais. Les signes n'ont donc plus à subir de préparation initiale, ce qui complique et ralentit le travail de l'esprit, dès que ce dernier doit directement opérer sur les impressions. Les signes, nous donnant une fois pour toutes l'identité de ces mêmes impressions, simplifient donc la marche de l'intelligence et la rendent plus rapide, tout en continuant, comme les sensations elles-mêmes, à rester intimement liés aux choses qu'ils doivent représenter. En un mot, les signes sont d'un usage immédiat pour la méditation ; car leur seule existence indique déjà qu'ils sont des produits dus à l'élaboration intellectuelle. Rappelant sans cesse des réactions pleinement consenties par l'intelligence, ils montrent par cela même qu'ils ne sont que le résultat final auquel arrive la connaissance des impressions correspondantes. Ces dernières, au contraire, ont d'abord besoin d'aboutir à l'expression pour que leur élaboration théorique devienne complète.

Ainsi que nous venons de le dire, il est donc possible de remplacer l'impression par l'expression, naturelle ou artificielle, dans les diverses opérations du fonctionnement intellectuel. On arrive d'ailleurs facilement à contrôler les résultats théoriques ainsi obtenus en substituant au signe l'image des objets ou des phénomènes dont il n'a été qu'un indispensable auxiliaire dans ce cas.

***

En résumé, les sensations internes ou externes réagissent sur les sens correspondants suivant les besoins de l'être animé. De cette réaction résulte une attitude correspondante de ces mêmes sens, attitude qui exprime la nature spéciale de ces mêmes besoins. C'est donc par l'expression que l'être animé révèle les divers états de son existence. Mais tout être quelconque se trouve dans le même cas : chacun signale à sa manière les multiples particularités qui se produisent dans la réalisation des conditions essentielles de son existence.

Les signes ainsi produits peuvent, à défaut des objets ou des phénomènes qu'ils indiquent, les remplacer dans les diverses opérations de l'intelligence. Ces signes, d'ailleurs, n'ont même pas besoin d'être des émanations naturelles de la manifestation des phénomènes ou des êtres correspondants; il suffit, pour que l'être animé parvienne à se rappeler des réalités qu'ils représentent, il suffit, dis-je, qu'il attribue à ces dernières les signes même les plus arbitraires, pourvu qu'ils deviennent invariables pour chaque cas; ceux-ci remplissent alors dans ces conditions le même rôle que les signes qui découlent de la nature propre des phénomènes ou des êtres. Pour les contempler, les lier entre eux, ou les caractériser, l'intelligence emploie les mêmes procédés qu'envers les sensations ou les signes naturels.

En général, les sens, tant intérieurs qu'extérieurs, envoient des impressions au centre nerveux. Ces dernières réagissent sur ces mêmes sens et ainsi donnent naissance à des expressions. Mais nos impressions peuvent aussi provenir de signes propres à déceler des réalités correspondantes, et, puisque les signes sont la conséquence des sensations qu'ils représentent, et réciproquement, celui de ces deux cas qui prend l'initiative de la manifestation obtient fatalement l'autre pour effet. En l'absence des objets, leurs signes peuvent donc ranimer en nous et même y remplacer des sensations ; et, inversement, les sensations rappellent les signes correspondants. Ce dernier cas a principalement lieu lorsque les signes ne sont plus que de pure convention. Enfin, les expressions naturelles des choses, équivalant à des sensations, deviennent aussi des matériaux sur lesquels l'intelligence est à même d'opérer. Il est tout naturel qu'il en soit de même ainsi quand à l'expression naturelle on substitue des signes plus ou moins arbitraires devant continuer à représenter les mêmes choses. Ces signes artificiels peuvent alors remplacer les signes naturels ou les sensations et être utilisés à leur tour de la même manière par l'intelligence qui, conséquemment, est à même de les contempler, de les lier, et même de les exprimer par de nouveaux signes arbitraires et de pure convention. C'est ce dernier genre de signes qui est en usage dans les divers systèmes de procédés mnémotechniques, sténographiques, etc.

***

Mais si tous les sens peuvent servir à l'expression, tant naturelle qu'artificielle, des sensations quelconques, qu'elles soient internes ou bien externes, il en est cependant deux, ceux du tact et de la musculation, dont les signes sont préférables, étant les plus généraux, en même temps que les plus développés dans l'organisme humain. C'est au moyen de pressions et d'efforts opérés par les muscles de la main et du bras que nous pouvons tracer la forme des signes et ainsi présenter ces derniers au sens de la vision ; c'est au moyen de pressions et d'efforts opérés sur les cordes vocales que nous pouvons les traduire en sons articulés et ainsi les mettre à la portée du sens de l'audition. L'efficacité dominante de ce dernier procédé a d'ailleurs fait donner le nom de *langage* aux modes quelconques d'expression. Pour la même raison, on appelle *logique* l'ensemble des règles qu'il faut appliquer en vue du fonctionnement normal de l'intelligence. Car si les signes, par cela même qu'ils sont déjà des matériaux préalablement élaborés, ne compliquent plus le travail de la méditation et permettent ainsi d'en suivre de plus près le cours normal, ce sont aussi ceux du langage proprement dit qui nous offrent le plus de variété d'expressions et qui sont en conséquence les plus capables de représenter les multiples nuances des impressions.

***

Au fond, l'expression est de même nature que l'impression qui l'a produite. Elle en est par cela même une imitation. Mais certains organes des sens sont plus aptes que d'autres à réaliser une semblable reproduction. Parmi ces sens ce sont surtout ceux de la musculation et du tact qui sont les mieux à même de rendre les impressions, soit directement par les expressions naturelles, soit indirectement par les signes qui remplacent ces dernières. Voilà pourquoi la voix est l'organe imitateur par excellence de l'expression, aussi bien naturelle qu'artificielle.

Ceci prouve aussi une fois de plus que les phénomènes ne consistent que dans des manifestations plus ou moins compliquées des propriétés générales de l'existence, et que par suite les sens eux-mêmes qui les transmettent ont également ensemble des caractères communs. Il y a en effet entre eux une parfaite similitude qui ferait croire que, sans la diversité qui résulte de la complication des mêmes propriétés, leur organisation deviendrait uniforme. On peut d'ailleurs constater pareille tendance dès que la perception d'un ordre de phénomènes n'a plus lieu par suite de la suppression d'un ou de plusieurs sens. Car alors leur similitude ressort davantage par le concours plus intime qu'ils se prêtent réciproquement. C'est pour cette raison que l'énergie d'un sens croît à mesure que diminue celle des autres. Diderot est le premier qui ait fait cette importante observation dans sa double lettre sur les aveugles et sur les sourds-muets.

*
* *

Nous allons appliquer ces quelques vues générales au cas particulier où il s'agit de la conservation individuelle.

Les sensations internes réagissent, avons-nous dit, sur les sens correspondants, et par leur entremise sur les sens extérieurs pour exprimer nos émotions. D'un autre côté, les sensations externes, aussitôt qu'elles ont été élaborées à l'aide des notions fournies par les premières, sont à leur tour en état de réagir sur leurs propres sens. Cette nouvelle réaction acquiert d'ailleurs d'autant plus de force que l'instinct nutritif désire plus vivement. Car, par cela même qu'il prête davantage son attention aux sensations d'un objet convoité, il en maintient plus longtemps la présence dans le centre nerveux et par suite en rend ainsi l'image plus nette en même temps que plus durable.

C'est à des réactions sur les sens extérieurs que nous devons, par exemple, les gestes et les divers jeux de la physionomie. Ce double effet de l'expression naturelle a, comme nous le savons, pour cause principale le sens de la musculation. Car il devient dans ces deux cas le meilleur agent de la réaction motrice, puisqu'il exerce son influence sur toutes les parties de notre corps. Mais c'est surtout de l'organe de la voix que ce même sens tire sa plus grande efficacité. La réaction des sensations internes se communique d'abord au cœur, puis à la circulation du sang, et enfin elle ne tarde pas à affecter le fonctionnement des poumons. Il en résulte aussitôt dans la respiration une certaine activité qui en produit une analogue dans l'expiration de l'air. Le mouvement de ce dernier, en se modifiant de la sorte, articule différemment les cordes vocales du larynx et par suite donne naissance à des vibrations qui, compliquées des résonances de la bouche, deviennent finalement les signes du langage oral.

Il est à remarquer que l'organe de la voix est dès l'origine en contact direct avec les viscères. A cette cause est sans doute redevable la particulière énergie de son genre d'expression. Un autre motif contribue encore à en accroître la précision. Il faut en effet ne pas oublier qu'il y a dans ce cas deux organes nettement distincts qui concourent au même but : l'un consacré à la manifestation et l'autre destiné à la percevoir. On peut d'ailleurs faire une observation analogue pour l'expression graphique, qui exige le plus souvent le concours simultané des sens du tact, de la musculation et de la vision.

Le contact immédiat de l'organe de la voix avec la vie intérieure explique également pourquoi la musique est l'art le plus efficace et le plus parfait de l'expression naturelle des sentiments. Car les sensations altruistes ont non seulement une même origine interne que celles de l'égoïsme, mais de plus elles en dépendent entièrement, puisque les caractères propres qu'elles manifestent se trouvent, comme nous le verrons bientôt, impliqués déjà dans l'ensemble de ceux qu'offrent également les sensations égoïstes. L'altruisme ne fait en somme que dégager ses propres caractères de cette dernière source pour les approprier à sa nouvelle destination. Les réactions des sensations sur les viscères offrent donc les meilleures conditions pour exprimer au dehors, par l'entremise de l'organe de la voix, les plus intenses en même temps que les plus sublimes émotions de l'âme. Pour la même raison, les moyens artificiels d'expression dont se sert la musique sont-ils aussi capables de susciter en nous des sensations qui réagissent à leur tour sur les viscères, et deviennent ainsi de nouvelles sources d'expressions analogues.

Comme l'intelligence s'applique à l'expression de la même manière qu'à l'impression, il suffira donc de rappeler ce qui se passe dans ce dernier cas.

Pour la conservation, il ne s'agit que de maintenir l'union d'éléments semblables, c'est-à-dire doués d'un même mouvement convergent dont l'influence devient finalement égale par suite de l'équilibre. Cette dernière opération exige l'intervention simultanée des trois propriétés générales de l'existence. Par cela même elle concerne directement l'être ou ses éléments, puisque c'est par un tel ensemble qu'ils peuvent uniquement se manifester à nous. Dès lors donc, les sensations doivent également être concrètes et par conséquent exigent une contemplation qui soit de même nature. Ces sensations doivent en outre être semblables par suite de la proportionnalité de la convergence, et leur influence mutuelle doit à la fin devenir égale. Il résulte de là qu'il faut qu'elles possèdent les deux caractères de la similitude et de l'égalité pour pouvoir être liées par convergence et ensuite généralisées. A plus forte raison, la fonction de l'intelligence qui nous procure de telles notions doit-elle tendre à les lier par convergence avec celles tirées des sensations concrètes du dehors et arriver à les généraliser après avoir constaté que les objets correspondants sont susceptibles d'équilibre. On peut conclure de là que les signes qui représentent de pareilles sensations doivent offrir les mêmes caractères, et par conséquent désigner des choses concrètes, ou semblables, et pouvant être embrassés dans des termes généraux.

Nous savons que la généralisation équivaut pour l'intelligence à l'égalité d'influence mutuelle qu'exige de ses éléments un être quelconque en vue de sa conservation. Nous savons aussi que la réalisation de l'équilibre demande le concours simultané des trois proprietés générales de l'existence. Les résultantes de ce même équilibre sont des effets concrets dont les signes ont par conséquent la même nature. Ce qui se manifeste en n'importe quelle circonstance doit également avoir lieu pour l'intelligence. Les sensations qui se réunissent afin de fournir les images concrètes réagissent simultanément sur les sens correspondants, d'où résulte ensuite une expression de leur ensemble.

Dans le cas de la conservation individuelle, l'expression

naturelle qui lui correspond acquiert surtout une grande énergie, lorsqu'elle se manifeste par l'organe de la voix, lequel, avons-nous dit, dépend directement des viscères qui donnent naissance aux sensations internes propres à l'instinct nutritif. Ainsi, par exemple, les cris du carnassier que la faim tourmente deviennent des signes dont l'énergie caractéristique inspire la terreur aux êtres animés qui les perçoivent, puisque le besoin exprimé de la sorte ne saurait être satisfait qu'aux dépens de leur propre existence.

Mais il faut convenir cependant que dans le cas où l'instinct nutritif est exclusivement en jeu, l'expression se réduit à peu de chose, même quand elle se sert de l'organe de la voix qui est en rapport le plus immédiat avec les organes intérieurs. Une telle pénurie s'explique facilement lorsqu'on se rend compte que le sentiment de la conservation individuelle est le plus égoïste de tous ceux que nous possédons. Les désirs et les objets destinés à les satisfaire sont donc, dans le cas présent, aussi limités que les besoins d'une existence alors exclusivement vouée à la personnalité. A quoi servirait d'ailleurs le développement de l'expression, puisque l'être animé, par cela même qu'il se préoccupe uniquement de lui-même, trouve ainsi si peu l'occasion de communiquer au dehors ses impressions ?

Quant aux impressions extérieures, les expressions naturelles auxquelles elles donnent lieu sont encore moins variées. On sait que chez les animaux en général la mimique est très peu développée. A plus forte raison les sensations, aussi bien internes qu'externes, doivent-elles être encore moins favorables aux signes artificiels.

Les désirs de l'instinct nutritif, étant purement personnels, ne peuvent donc donner une grande importance à l'expression ; en général, ils conservent au contraire presque toute l'énergie dont ils disposent pour arriver directement aux satisfactions qu'ils poursuivent. Loin de s'attarder à réaliser une expression, tâche stérile dès que l'instinct nutritif ne s'adresse qu'à ses seules ressources, les réactions dues aux nerfs moteurs réservent la plus grande part de leur force à mettre les sens en état de concourir à la possession de la proie convoitée, ce qui est alors le plus directement leur but. C'est seulement lorsque des préoccupations altruistes commencent à dominer que l'être animé tend à réagir aussi sur les sens en vue de communiquer ses impressions. On affaiblit d'ailleurs la puissance des réactions motrices en la faisant servir aux manifestations de l'expression au lieu de la consacrer directement à l'action. Les natures énergiques ne se prodiguent pas en d'inutiles discours.

En résumé, si l'on considère que l'instinct nutritif est le plus égoïste des sentiments, celui qui ne fait usage des organes quelconques que dans le but unique de la conservation individuelle, on comprendra sans peine pourquoi l'expression naturelle se manifeste si peu dans ce cas. A plus forte raison les signes artificiels sont-ils encore d'une moindre utilité. Tout au plus l'être animé s'en sert-il alors comme d'embûches pour mieux attirer à lui la proie qu'il cherche à saisir. Le plus souvent l'instinct nutritif, aussitôt que l'intelligence a pu apprécier la convenance d'une sensation venue du dehors, se borne à déterminer directement l'acte qui doit nous mettre en possession de l'objet qui l'a produite.

***

Nous arrivons ainsi au mode de conduite que met exclusivement en usage l'instinct nutritif, afin d'atteindre à la satisfaction des désirs qui lui sont propres. Comme précédemment, il suffira d'envisager isolément ce mode pour arriver à discerner les caractères de sa spontanéité. A cet effet il faut considérer à l'état purement passif les objets sur lesquels s'opèrent les réactions dans le cas que nous examinons, pour les isoler ainsi de toute intervention des sentiments soit de la relation, soit de la modification. Le mode de conduite propre à chacun de ces derniers ne ferait que compliquer l'influence dominante que celui de l'instinct nutritif doit exercer en ce moment sur le milieu.

Placée dans ces conditions, la conduite de cet instinct se trouve toute tracée. Car aussitôt que la convenance de quelque objet extérieur a été constatée au moyen des sensations appropriées à cet effet, le but que doivent poursuivre leurs réactions correspondantes se trouve suffisamment déterminé pour donner au désir la volonté de l'atteindre. En d'autres termes, on ose entreprendre directement la réalisation des satisfactions convoitées. De là résulte la première des tendances nécessaires à l'être animé pour ses succès pratiques. C'est à cette aptitude de l'activité que l'on a donné le nom de *courage*; elle ne convient d'ailleurs qu'aux instincts de la conservation, du moins lorsqu'on écarte de leur mode de conduite toute circonstance secondaire susceptible de le modifier. Le rôle du courage consiste uniquement à nous déterminer à agir. L'élan initial qu'il inspire est toujours indispensable pour mener à bien une entreprise. Tout être quelconque est d'ailleurs dans le même cas lorsqu'il s'agit de sa conservation. Dès qu'il trouve à sa portée un élément assimilable. il se met directement à l'œuvre pour se l'agréger.

Si l'on compare enfin le courage au mouvement, nous voyons que, dès qu'un être quelconque est en possession de la supériorité de la convergence, sa tendance consiste uniquement à agir sur l'objet extérieur jusqu'à ce que le rapprochement se soit suffisamment opéré. C'est ensuite seulement que l'intervention de l'étendue montre sa propre efficacité pour produire enfin l'équilibre qu'exige la stabilité de l'union d'abord obtenue par le mouvement de convergence.

***

Nous venons de voir que l'instinct nutritif manifeste les besoins de la conservation individuelle de l'être animé; que l'intelligence propre à ce même instinct est destinée à prévoir l'équilibre des éléments que ce même être doit s'assimiler; et qu'enfin le courage qui pousse au mouvement est la qualité pratique nécessaire dans ce cas. Ce premier exemple nous montre donc que les conditions essentielles de l'existence ainsi que les diverses étapes de leur accomplissement se trouvent dans le centre nerveux représentées par autant de fonctions correspondantes. Mais c'est l'instinct nutritif qui a seul le pouvoir de diriger tout cet ensemble. Tant qu'il s'agit donc de la conservation actuelle et continue de notre existence individuelle, c'est à lui que revient le soin d'y pourvoir. Son rôle se borne alors à renouveler sans cesse les éléments dont se composent les organes propres à l'existence de l'être animé. Aussi bien, ceux mêmes de la reproduction de l'espèce restent-ils sous son influence tant qu'on ne considère que leur structure et la composition des substances dues à leur fonctionnement.

Mais il n'en est plus ainsi dès qu'il s'agit de la fonction que les organes de la reproduction ont à remplir. On voit alors que leur activité propre donne lieu à de nouvelles sensations internes qui diffèrent entièrement de celles de la conservation individuelle. Dans ce dernier cas, les matières assimilées ont pour but de maintenir l'existence d'un être déjà formé et développé. Tandis que pour perpétuer l'espèce les substances employées à cet effet sont au contraire destinées à la procréation d'un nouvel être. Dans ce but une nouvelle affinité devient nécessaire, mais plus compliquée que celle qui suffit à reproduire les êtres purement matériels. Il faut que la combinaison provienne de substances qui soient déjà vivantes elles mêmes. Nous avons vu que les substances que combine l'affinité végétale sont tirées de matières composées et que celles-ci sont dues à l'affinité proprement dite qui a d'abord lieu entre substances simples.

La vie est donc la condition première que doivent remplir les substances destinées à la nouvelle affinité. C'est cette qualité essentielle que leur acquiert l'élaboration d'organes appropriés à cet effet. Mais il ne faut pas oublier que l'équilibre auquel aboutissent les éléments d'un être exige une double convergence mutuelle. Une combinaison doit toujours être binaire; c'est ainsi seulement que les substances parviennent à se neutraliser réciproquement. Cette simple observation suffit pour expliquer la nécessité de deux organes et par suite de deux sexes pour la reproduction de l'espèce animée.

Chacun de ces organes devient la source de sensations correspondantes. Il est d'abord évident que par cela même que les substances produites par eux possèdent une mutuelle affinité, le premier désir que leurs sensations font naître doit être commun aux deux sexes. Ce désir consiste dans le rapprochement. Ce seul fait prouve d'ailleurs déjà que ces nouvelles sensations n'ont plus un caractère purement personnel comme celles de l'instinct nutritif. De même, la convergence ne s'opère plus dès lors au profit de soi-même, mais en vue d'un autre être.

Les sensations internes ne commencent à différer de l'un à l'autre sexe qu'une fois que les substances de même affinité ont été mises en présence. Jusque-là tous deux avaient également le désir de provoquer la combinaison nécessaire à la formation des éléments d'un nouvel être. Mais c'est au sexe féminin qu'incombe réellement la tâche de le former.

Le premier ordre de sensations, étant commun aux deux sexes, a pris le nom d'*instinct sexuel;* le second, comprenant celles qu'éprouve exclusivement le sexe féminin, a été appelé pour cette raison *instinct maternel.*

En comparant ensemble les deux sentiments de la conservation de l'espèce, on trouve que celui qui est commun aux deux sexes provoque seulement la formation d'un être semblable, et que celui qui est spécial au sexe féminin préside en outre à sa formation effective. Ce dernier a donc une importance beaucoup plus grande que le premier, puisque c'est de lui que dépend en définitive la conservation de l'espèce. En effet, tandis que l'homme ne sent que le besoin du rapprochement des sexes et ainsi coopère d'une manière très indirecte, et souvent même plus ou moins inconsciente, à la production d'un nouvel être, la femme au contraire, directement destinée qu'elle est au renouvellement de l'espèce, par cela même doit avoir davantage conscience des nécessités de sa continuité et des ressources propres à l'assurer.

Les nouvelles sensations commencent également à donner des notions plus précises sur la conservation en général ; car, en comparant les images qu'elles produisent avec celles qui sont dues à l'instinct nutritif, l'intelligence est dès lors à même d'étendre le champ de ses inductions. Mais, tout en devenant plus générale, la conservation n'en continue pas moins à rester encore essentiellement égoïste. C'est que les sentiments en question, bien qu'ils ne visent plus l'individualité pure, ne cessent pas cependant d'avoir exclusivement en vue le maintien d'un seul mode d'existence, celui de l'animalité.

Les instincts, tant sexuel que maternel, résument un ensemble de sensations internes dont la source est plus localisée. La contemplation concrète s'applique par cela même à des désirs dont le caractère est mieux défini. Les objets destinés à leurs satisfactions fournissent de leur côté des sensations plus nettement déterminées. Les notions que l'intelligence propre à la conservation sait en tirer acquièrent par cela même une précision qui facilite d'autant l'exercice de ses fonctions. Les sensations internes continuent, il est vrai, à provenir d'une source purement égoïste, mais les désirs qui en résultent ont dès lors une destination impersonnelle. Les satisfactions de ces derniers n'exigent plus des objets extérieurs le sacrifice de leur existence, mais simplement leur concours. Les deux ordres de sensations, internes et externes, sont donc par cela même plus susceptibles de liaison par convergence et de généralisation. Ajoutons enfin que le sentiment de la conservation de l'espèce, en appliquant l'intelligence à de nouveaux objets, étend en même temps le champ des investigations auxquelles cette dernière peut dès lors se livrer.

Quoi qu'il en soit, ce double instinct, pour connaître ses besoins et leurs satisfactions, exige au même titre que le précédent l'usage de la contemplation concrète, de l'induction et de la généralisation.

En outre, les réactions nerveuses qui sont dues aux sensations internes et externes propres à ces instincts, produisent également dans les sens correspondants des mouvements synthétiques spécialement destinés à leur expression naturelle. Cette dernière se manifeste alors surtout par des modifications appropriées dans le son de la voix et dans la physionomie. Les nouvelles circonstances permettent d'ailleurs d'en faire des applications plus diverses et plus fréquentes. Car désormais la satisfaction des désirs ne peut plus se réaliser qu'à l'aide du concours des deux sexes. Il est tout naturel que l'expression devienne plus nécessaire et plus variée, puisqu'elle provient d'impressions qui, par cela même qu'elles poussent au rapprochement, tendent également à le provoquer chez les objets correspondants en manifestant au dehors les désirs qu'elles ont fait naître.

Toutefois, il faut reconnaître que, lorsque ces réactions sont livrées à leur seule spontanéité, elles continuent à être moins favorables à la communication, préférant servir à l'accomplissement de l'acte qu'elles veulent réaliser, plutôt que s'arrêter à la simple manifestation de désirs.

Enfin, les instincts en question, tout en se prêtant déjà davantage à l'essor des signes artificiels, n'en font encore cependant guère usage, du moins tant qu'ils ne subissent aucune autre influence que celle de l'animalité. Ceux qu'à tort on leur attribue dans ce dernier cas sont dus le plus souvent à l'intervention de l'instinct de la conservation altruiste, c'est-à-dire à l'attachement.

***

Si l'on compare enfin les objets d'affection respectivement propres aux sentiments de la conservation de l'individu et de l'espèce, on n'aura pas de peine à voir qu'ils s'offrent avec moins de spontanéité à la satisfaction des désirs de l'instinct nutritif qu'à celle des instincts sexuel et maternel. Le premier ne peut obtenir la convergence qu'après avoir surmonté toute divergence. Ainsi, par exemple, l'être animé qui se nourrit de chair doit nécessairement rencontrer de violentes résistances dans l'accomplissement des actes que commande l'instinct nutritif, puisque pour conserver sa propre vie il est obligé de ravir celle d'autres êtres animés. Au contraire, quand il s'agit des instincts de la conservation de l'espèce, il n'existe normalement aucune divergence entre l'individu et son objet d'affection. L'acte à accomplir, loin de subir le moindre obstacle, se trouve alors naturellement secondé par une pleine confiance dans le résultat à obtenir. Il est vrai que la seule raison d'être de la conservation en général consiste dans la convergence ; mais, pour entrer en possession des éléments convergents, l'instinct nutritif a le plus souvent à vaincre la divergence du milieu extérieur. Les instincts sexuel et maternel n'ont plus à se soumettre à de pareilles nécessités préalables, du moins quand on les envisage dans leur seule spontanéité. Aussi pour eux oser devient d'autant plus facile que l'objet à posséder n'offre par sa nature même aucune résistance à l'affinité mutuelle que suppose le rapprochement des sexes.

En général, moins les éléments sont destinés à des besoins égoïstes, plus aussi s'offrent-ils volontairement à les satisfaire. Pour s'en convaincre il suffit de se rappeler que dans ces nouveaux cas l'être n'a plus à faire d'abord le sacrifice de sa propre existence pour remplir les conditions essentielles de celle dont il doit dès lors faire partie.

Nous savons que l'être animé doit pourvoir aux aliments qu'exigent les organes de la reproduction, aussi bien que ceux de la nutrition. C'est ainsi que l'instinct nutritif devient également nécessaire aux instincts sexuel et maternel. Ces derniers à leur tour facilitent l'attachement, en créant une première similitude d'êtres indépendants. On peut conclure de là qu'entre les trois manières d'exister il y a la même connexité que nous avons observée entre les ordres de sentiments qui manifestent en nous les conditions essentielles de l'existence.

La comparaison des caractères de la conservation chez l'individu avec ceux propres à l'espèce doit naturellement conduire à la connaissance de ces mêmes caractères lorsqu'ils ne concernent plus qu'une existence quelconque. L'être animé, tant qu'il s'intéresse uniquement à sa propre conservation, n'a conscience que des sensations relatives à la convergence et l'équilibre des éléments qu'il s'est assimilés. Mais, dès qu'il se préoccupe de la conservation de son espèce, commencent à naître aussi les sensations du concours qu'elle exige. A plus forte raison ces dernières doivent-elles prévaloir lorsque nous devenons à notre tour les éléments d'une existence supérieure. Dès lors, nous sentons également les besoins de sa propre conservation, et nous comprenons enfin que de la convergence naît la solidarité, de l'équilibre la continuité. Toutefois, il ne faut pas oublier que la connaissance de ce double aspect de l'union est due aux sensations du concours de nos propres éléments. Du moment que ceux-ci se laissent finalement assimiler, c'est qu'ils sont doués de dispositions plus ou moins favorables à cet égard, dispositions dont à notre tour nous pouvons éprouver la sensation. Cette dernière, tout en n'ayant encore qu'une destination purement égoïste, est donc capable dans ce cas même de prendre un caractère bien nettement déterminé.

On voit aussi par là que s'il est déjà possible d'avoir une impression plus ou moins précise que notre propre vie dépend d'éléments que nous contraignons à en faire partie, à plus forte raison cette même impression doit-elle se dégager du concours, non plus seulement forcé, mais volontaire, que les instincts de la conservation de l'espèce obtiennent d'êtres qui désormais sont indépendants de notre individualité.

Mais pour arriver à mieux distinguer encore l'égoïsme de l'altruisme dans la première des conditions essentielles de la vie animée, celle de sa conservation, il suffit de se rappeler que si, d'une part, la convergence et l'équilibre ont pour but de réaliser l'existence d'un être quelconque, d'autre part, ces deux moyens ne peuvent aboutir au résultat visé qu'à l'aide des éléments qu'il s'est assimilés. Selon qu'on envisage l'être ou simplement ses éléments, la convergence et l'équilibre ont donc une destination, soit égoïste, soit altruiste. Par conséquent, pour que les caractères de la conservation se manifestent sous la forme de l'attachement plutôt que sous celle de l'instinct de la nutrition ou de la génération, il faut que nécessairement nous participions à une autre existence que la nôtre, en ne nous considérant plus dès lors que comme les simples éléments dont elle se compose.

Les éléments qui composent un être quelconque, tout en subissant l'ascendant de la convergence supérieure de leur ensemble, restent aussi sous l'influence de celle qu'ils possèdent réciproquement. Cette dernière doit devenir égale en même temps que celle qui se trouve finalement neutralisée par l'être lui-même, c'est-à-dire par la réunion de ses éléments. Par cela même il y a rapprochement à la fois mutuel et vers un même centre. Il est clair qúe, de leur côté, les éléments doivent être disposés à cette double convergence que nécessite la conservation de l'être qu'ils contribuent à réaliser. A plus forte raison en est-il ainsi lorsqu'il s'agit de l'élément de l'existence sociale. L'attachement le dispose également à l'un et à l'autre rapprochement.

Cette impulsion, tout en employant les mêmes moyens, poursuit dès lors un but différent qui n'est plus l'individu ou l'espèce, mais une existence dont il devient une partie composante. Notre être d'égoïste devient altruiste, au même titre que la matière qui assure l'existence d'un être quelconque. Mais au lieu de simples molécules ou cellules, ce sont les individualités elles-mêmes qui manifestent les mêmes dispositions à concourir à la conservation d'une existence collective.

Les caractères communs à toute conservation ne pouvaient être généralisés aussi longtemps qu'on les appliquait exclusivement à l'existence de l'individu ou de l'espèce. Mais à mesure que l'intelligence sut mieux discerner les divers aspects sous lesquels le premier ordre de nos sensations internes s'offre à son activité, ces mêmes caractères purent se dégager des circonstances particulières qui les dissimulaient. C'est ainsi qu'on parvint enfin à se rendre compte que la convergence et l'équilibre sont des moyens tout aussi nécessaires à la conservation de l'existence sociale qu'à celle de l'individu ou de l'espèce. Ces mêmes moyens furent donc insensiblement détournés de la destination purement égoïste qu'ils avaient eue tout d'abord. Les notions plus générales que l'intelligence tira des sensations de notre conservation individuelle et spécifique servirent ensuite de point de départ pour découvrir hors de nous une existence supérieure à laquelle nous devons nous assimiler à notre tour.

Grâce à l'évolution humaine, le caractère altruiste de la conservation parvint enfin à s'affirmer comme un nouveau sentiment qui, tout en ayant la même origine interne que ses congénères, n'a plus désormais d'autre désir que de réaliser la première des conditions essentielles de l'existence sociale. Il est certain que le sentiment qui donne naissance à de semblables dispositions acquiert d'autant plus de spontanéité qu'il s'affranchit davantage des stimulations de l'intérêt personnel.

Aussi n'est-ce qu'à la longue qu'un tel sentiment s'est soustrait à l'empire des sensations primitives qui lui ont servi de première origine. Il n'acquit sa légitime importance que lorsque sa culture fut jugée indispensable à cause des difficultés mieux senties du concours humain. Dès lors une moindre préoccupation d'un but égoïste nous permit de mieux connaître les caractères qu'ont en commun les moyens de réaliser la conservation d'une existence quelconque.

En résumé, notre rôle se borne, dans ce cas, à celui que remplit le plus modeste des éléments dont est composé un être quelconque. Notre existence n'étant plus le but assigné à nos efforts, nous n'avons plus à nous préoccuper que des moyens de réaliser la conservation de celle dont nous faisons désormais partie.

***

Cette nouvelle impulsion porte le nom d'*attachement*. La convergence, qui jusqu'alors avait pour centre l'individu ou l'espèce, vise dès lors indistinctement l'ensemble des êtres dont, par conséquent, l'animalité n'est plus qu'un des éléments. Nous nous considérons dans ce cas comme les membres de l'existence sociale, conçue d'ailleurs plus ou moins dans sa pleine universalité. A cet effet nous nous sentons disposés à subir le nouveau genre d'assimilation et à nous rapprocher de ce qui tend avec nous à la même convergence.

***

Mais il ne faut pas oublier qu'une semblable tendance existe déjà naturellement dans d'autres êtres, aussi bien inanimés qu'animés, pourvu que nous sachions la discerner. Le rapprochement altruiste dépend donc uniquement de nos propres dispositions à cet égard, c'est-à-dire du développement de l'attachement. Plus nous saurons reconnaître l'aptitude au concours chez un plus grand nombre d'existences, plus aussi ce sentiment gagnera tant en énergie qu'en étendue. En d'autres termes, les êtres seront pour nous d'autant plus enclins à l'union que nous serons mieux à même de découvrir en eux cette tendance. La convergence deviendra finalement universelle, lorsque l'attachement se sera purifié de toute préoccupation étrangère à sa propre nature.

Aussi bien, la sociologie, qui est la science de l'existence sociale, doit-elle considérer cette dernière comme composée de l'ensemble des êtres, tant inanimés qu'animés. Ce n'est qu'en se dégageant de toute idée de collectivité plus ou moins égoïste que l'altruisme peut à son tour arriver à son complet essor. En sociologie pure, il ne doit plus être question ni de l'individu, ni de l'espèce, ni d'une réunion partielle d'êtres. Nous verrons bientôt que même la famille, la religion et la patrie ne peuvent plus y être envisagées comme des existences proprement dites, mais comme de simples organes destinés à faire de nous des éléments sociaux. A plus forte raison, dans la morale, n'est-il plus question des tendances égoïstes, mais uniquement des altruistes auxquelles les premières doivent dès lors se subordonner.

Conçue dans sa pleine généralité, l'existence sociale comprend l'ensemble des êtres quelconques. Par conséquent, l'humanité n'y devient-elle plus elle-même qu'un de ses éléments. Le seul privilège que notre espèce ait sur toutes les autres, c'est de parvenir à être pleinement consciente de l'existence suprême.

A son tour, le sentiment de la conservation altruiste fournit à l'intelligence des notions premières parmi lesquelles prévalent enfin nettement celles de la convergence altruiste et de la similitude. En effet, l'élément quelconque, pour devenir un agent de la conservation, a besoin d'être doué de cette double qualité. Car, d'une part, le mouvement n'aurait aucune raison d'être la propriété spécialement affectée à la conservation, s'il n'était pas convergent ; d'autre part, d'après la loi de l'attraction, les éléments doivent être semblables par suite de la proportionnalité réciproque du mouvement de convergence et de l'étendue de dépendance. Ce qui se produit pour l'élément d'un être, quel qu'il soit, doit donc à plus forte raison se réaliser quand nous devenons nous-mêmes les membres d'une existence supérieure.

Pour les mêmes motifs, l'attachement donne naissance à la notion d'égalité. Car, quelle que soit l'intensité de mouvement propre que possède un élément, dès qu'il est disposé à la convergence altruiste, il lui suffit de se conformer à la loi de l'étendue pour établir l'équilibre qui supprime toute cause d'inégalité. Voilà pourquoi dans l'état social où chacun occuperait la situation qui convient à ses aptitudes, l'attachement ne nous ferait plus voir que des êtres égaux autour de nous.

Ce sont les notions tirées des sensations de la conservation qui nous servent ensuite à trouver les mêmes tendances dans les autres êtres pour nous en rapprocher et ainsi former avec eux le corps de ce qu'on appelle l'existence sociale. Il est aisé de se rendre compte qu'une semblable existence va sans cesse se généralisant, à mesure que nous parvenons à appliquer ces mêmes notions à des objets de moins en moins directement intéressés à la double conservation égoïste.

A l'appui de ce que nous venons d'avancer, nous allons citer comme exemple la notion de la similitude de nature des êtres, et montrer comment elle s'est étendue à leur ensemble. Il est facile de se rendre compte de la marche qu'a dû suivre une pareille généralisation. Au début, l'homme fut sans doute exclusivement carnassier. L'exemple des populations qui se livrent à l'anthropophagie dans des milieux où les produits d'une luxuriante végétation auraient pu si facilement pourvoir à leur existence, cet exemple prouve suffisamment l'hypothèse que nous venons d'émettre. Mais parmi les animaux dont la chair sert d'aliment, certains se nourrissent exclusivement de végétaux. En comparant ce nouveau mode d'assimilation avec celui qui lui était propre, l'homme ne tarda pas à conclure que la plante avait les mêmes attributs de vie que la bête. Comme d'ailleurs il savait déjà éprouver de l'attachement même pour les êtres animés qui lui servaient de nourriture, l'observation qu'il vient de faire le conduisit à étendre la même affection aux êtres vivants mais non animés, et par conséquent à leur accorder la même nature sympathique. A leur tour, les végétaux se nourrissent de la simple matière qui, pour les mêmes raisons, a pu de la sorte être admise dans les cas précédents. C'est ainsi que la notion de similitude de nature finit par comprendre l'universalité des existences réelles et devenir ainsi la conception la plus générale que l'attachement puisse acquérir sur le monde extérieur.

Nous avons déjà dit que l'attachement avait la même source intérieure que les deux autres sentiments de la conservation et que, de même que ces derniers, il trouvait ses objets d'affection parmi les êtres qui l'entourent.

De l'intelligence il exige donc également la contemplation concrète en même temps que la faculté d'induire et de généraliser.

C'est d'ailleurs cette nouvelle application qui permet enfin de mettre en pleine lumière les caractères qui sont propres à chacune des fonctions spéculatives exclusivement au service de la conservation en général. En effet, de tous les instincts de la conservation, l'attachement est celui qui a le plus besoin de la contemplation concrète, puisque tous les êtres peuvent devenir pour lui des causes d'affection. Les instincts égoïstes, au contraire, ne s'intéressent qu'au petit nombre d'existences directement capables de satisfaire leurs désirs. Nous savons enfin que, par sa nature même, ce sentiment est le plus enclin à découvrir partout des similitudes et des tendances à l'égalité, et que, par suite, il se trouve essentiellement favorable aux spéculations de la double faculté d'induire et de généraliser.

***

Quant au mode d'expression dont les sentiments de la conservation font indistinctement usage, il est tout naturel que l'attachement lui ait donné son véritable essor, puisque, poursuivant un but commun à d'autres êtres, il doit par cela même pouvoir leur manifester ses propres dispositions à cet égard, en même temps que témoigner la satisfaction de trouver autour de lui les mêmes tendances. En d'autres termes, c'est l'attachement seul qui sent vraiment le besoin de communiquer au dehors tant ses propres émotions que celles que lui procure le monde extérieur.

C'est d'ailleurs également par des expressions synthétiques que ce sentiment manifeste ses propres impressions altruistes et celles qui lui viennent du dehors.

Puisque désormais nous ne nous considérons plus comme un tout, mais seulement comme des éléments qui concourent à la conservation de l'existence sociale.

c'est aussi la nouvelle convergence qui doit dès lors prévaloir; c'est à ses seules impulsions que nous devrons nous soumettre. Il n'est donc pas étonnant non plus que l'attachement tire de cette même existence sa principale stimulation et que, tout en ayant une même origine intérieure que ses congénères, il puise néanmoins sa plus grande énergie d'une source extérieure. En d'autres termes, quand il s'agit de l'attachement, les sensations dues à une même source intérieure dépendent aussi de celles qui sont de provenance extérieure. Il semble même alors se produire l'inverse de ce qui a lieu pour l'individu. Mais en réalité le changement n'est que de pure apparence.

En effet, il suffit de se rappeler que la conservation se réalise toujours en faveur d'un être. Lorsqu'il s'agit de l'individu, elle est destinée à maintenir sa propre existence. Dès lors, c'est l'état de la convergence et de l'équilibre de nos propres éléments dont nous avons uniquement la sensation. Il est clair qu'il doit en être de même ainsi, lorsque, au lieu de notre vie, il s'agit de l'espèce ou de l'universalité des êtres. Dans ce double cas, nous devenons à notre tour de simples éléments, et par conséquent nous devons désormais avoir en outre la sensation de l'état de la convergence et de l'équilibre de l'ensemble des éléments qui composent l'existence, soit de l'espèce, soit des êtres quelconques. Il est non moins évident que dans ces conditions l'influence des sensations externes qui manifestent en nous cette double existence doivent s'associer plus intimement aux sensations internes qui nous révèlent l'état de la conservation de notre propre existence. De cette dernière, d'ailleurs, nous ne sentons plus désormais que le concours qu'elle doit apporter à celle de la double existence dont nous ne sommes plus alors que des éléments au même titre que les êtres de la même espèce et de l'universalité.

En résumé, dans ce cas, c'est au dehors de nous que l'attachement trouve surtout sa raison d'être; sa force s'alimente principalement des sensations que lui fait éprouver l'altruisme ambiant ; c'est ce dernier aussi qui lui fournit la stimulation nécessaire pour réaliser ses propres désirs de convergence impersonnelle, qu'il serait impuissant à satisfaire sans cette destination si pleinement conforme à sa nature.

L'ascendant que les sensations externes ont dans ce cas sur les sensations internes correspondantes suppose aussi que l'intelligence prend désormais une part plus active dans les manifestations sentimentales. Son rôle, en effet, ne consiste plus seulement à découvrir pour ces deux sortes de sensations des convenances mutuelles, à en chercher, pour ainsi dire, l'équilibre après les avoir mises en présence les unes des autres, mais il consiste également à nous disposer davantage à réaliser la première des conditions essentielles de l'existence sociale en offrant à la stimulation de l'attachement le spectacle de la convergence universelle.

***

Ce que nous venons de dire des influences qui existent entre les impressions tant internes qu'externes, lorsqu'elles concernent l'attachement, s'applique à plus forte raison aux expressions qui en résultent.

Quand il s'agit de sentiments quelconques de la conservation, l'expression manifeste le plus ou moins de convenance entre notre désir et la satisfaction que lui offre un objet extérieur. L'égoïsme désire assimiler le dehors au dedans ; l'altruisme, au contraire, désire nous assimiler à une existence impersonnelle. Dans les deux cas, l'expression, je le répète, est destinée à marquer le plus ou moins de convenance qui existe entre le désir et l'objet qui s'offre à sa satisfaction.

L'expression de nos propres émotions altruistes est la manifestation de nos dispositions en faveur de l'existence sociale ; de même que celle des émotions que nous cause la présence d'impressions altruistes du dehors manifeste notre satisfaction d'être en communauté de tendances avec les autres éléments de la même existence. Il est évident que dans ces conditions les émotions de provenance extérieure devront surpasser en nombre et en énergie celles que nous ressentons par nous-mêmes.

L'avantage que les sensations externes acquièrent sur les sensations internes, lorsque l'attachement vient à prévaloir sur les autres sentiments de la conservation, se manifeste donc également dans les réactions qu'elles produisent. L'expression des émotions impersonnelles domine aussi celle des émotions personnelles. Car, puisque l'attachement nous pousse à devenir des éléments de l'existence sociale, il est clair que dès lors nous éprouvons surtout les impressions que manifeste à son égard l'ensemble des êtres qui en font partie. Ces impressions sont d'ailleurs elles-mêmes les expressions des éléments de cette existence. En réagissant nous ne faisons qu'exprimer la convenance des manifestations de l'altruisme ambiant. En l'absence de l'objet d'affection, l'expression naturelle de ces manifestations suffit pour nous donner les mêmes impressions et nous faire éprouver les émotions correspondantes. Nous savons que les expressions naturelles des choses peuvent être remplacées à leur tour par des signes plus ou moins artificiels qui remplissent le même office qu'elles, qui par conséquent sont capables de nous procurer d'équivalentes émotions. De plus, nous sommes à même de pouvoir reproduire ces mêmes expressions naturelles ou leurs signes au moyen d'organes propres à imiter les manifestations extérieures. Grâce à ce dernier procédé il nous est permis de réveiller à notre volonté nos propres émotions, quelles qu'elles soient.

Mais c'est précisément dans cette dernière aptitude que l'on constate l'infériorité des instincts de la conservation égoïste. Ces derniers ont pour unique but d'arriver à s'assimiler de nouveaux éléments de convergence. En évoquer simplement l'image, au lieu de les mettre à leur portée, ce serait donc vainement surexciter leurs désirs. Aussi, si dans ce cas nous imitons l'expression des choses, est-ce seulement afin de nous en faciliter la possession réelle.

Il n'en est plus ainsi lorsqu'il s'agit de l'altruisme. Car si l'existence sociale, comme tout autre être, exige la réalisation de ses conditions essentielles, de notre côté nous pouvons volontairement satisfaire à de semblables exigences, grâce aux dispositions bienveillantes dont nous sommes doués. Tout ce qui contribue donc à augmenter la puissance de ces dernières facilite par cela même l'accomplissement des nécessités de la nouvelle existence dont dès lors nous ne sommes plus que les éléments.

Nous savons d'ailleurs que les réactions des sensations sur les sens aboutissent soit à des actes, soit à des expressions. Mais les premiers concernent surtout l'être, puisque c'est lui qui doit effectuer les conditions essentielles de l'existence, tandis que les secondes sont plutôt relatives à ses éléments, qui doivent principalement se montrer disposés à se prêter aux exigences de l'être qu'ils sont destinés à composer.

L'imitation de l'expression des objets extérieurs ne saurait donc être utile aux instincts égoïstes de la conservation que dans le cas où elle favorise les actes nécessaires à la réalisation de notre propre conservation. C'est uniquement dans ce but que l'intelligence peut dès lors trouver un auxiliaire dans une semblable imitation; car ainsi cette dernière lui procure des sensations dont les réactions sur les sens servent ensuite à donner plus d'énergie aux actes capables d'atteindre l'objet convoité.

En résumé, les instincts égoïstes de la conservation, exigeant la possession d'éléments pour réaliser la première des conditions essentielles de l'existence, n'ont besoin à cet effet que de s'adresser aux actes, tandis que l'attachement, se bornant à développer les dispositions qui font de nous-mêmes des éléments de convergence, éprouve surtout la nécessité de les exprimer en vue du rapprochement mutuel. En un mot, dans le premier cas, l'être exige l'action afin de forcer les éléments à la convergence; dans le second, il suffit de l'expression pour nous disposer à la réaliser volontairement.

***

Nous pouvons d'ailleurs voir qu'il y a une grande analogie entre les moyens qui réalisent les éléments, d'une part de l'être individuel, de l'autre de l'être collectif. Pour nous en convaincre il suffit de se rappeler des circonstances favorables dont à plusieurs reprises nous avons déjà parlé. Dans le cas de la conservation individuelle, l'organe de la nutrition est le milieu destiné à transformer les aliments en substances assimilées dont l'état quelconque transmet au centre nerveux les sensations propres à l'instinct nutritif. Nous verrons plus loin que le milieu familial est l'organe qui fait de nous des éléments de l'existence sociale en développant l'attachement. Le sentiment de la conservation sociale est donc sous l'influence initiale de l'existence domestique, au même titre que le sentiment de la conservation personnelle, c'est-à-dire l'instinct nutritif, est directement sous celle de l'organe de la nutrition.

De même qu'un aliment, pour donner satisfaction aux désirs de l'instinct nutritif, doit d'abord être transformé par l'organe de la nutrition, de même aussi notre personnalité doit préalablement subir l'ascendant de la famille, afin de pouvoir généraliser les sensations de la conservation égoïste et par ce moyen les rendre altruistes. Dans les deux cas, d'ailleurs, les sensations correspondantes tirent leur origine d'une source unique qui est d'abord purement individuelle. Elles ne commencent à différer que lorsque, généralisant leur destination, elles deviennent dès lors propres également à la conservation altruiste.

L'ensemble des sentiments de la conservation a donc une même origine interne. Ils ont tous pour siège le centre nerveux et trouvent au dehors leurs satisfactions. Quant aux deux sortes de réactions que les sensations produisent dans ce cas, les instincts de la conservation égoïste préfèrent celles qui déterminent les actes, tandis que celui de la conservation altruiste s'arrête plutôt à l'expression. Enfin, nous sommes à même de reproduire dans ce même cas ce qui est en quelque sorte l'expression des autres êtres. L'imitation qui en résulte offre à nos sens des sensations qui d'une part réagissent uniquement en vue de faciliter la possession de l'objet convoité; de l'autre, pour accroître nos dispositions altruistes. On voit par là que les instincts de la conservation en général peuvent être affectés par une double source d'impressions extérieures. Les unes proviennent directement de l'aspect des objets qui frappent les sens correspondants; les autres indirectement de l'imitation que des organes appropriés à cet effet obtiennent de ce même aspect.

Pour citer un exemple, nous allons montrer comment les organes imitateurs parviennent à reproduire les manifestations altruistes qui nous viennent du dehors. Nous observerons d'abord que ces organes n'agissent que sous l'influence des sens dont ils dépendent. C'est ainsi que les sens de l'audition et de la vision ont respectivement pour organes imitateurs celui de la voix et ceux de la forme. Ces derniers ne fonctionnent à leur tour qu'à l'aide des sens du tact et de la musculation. Dans ces conditions, lorsque les sensations d'une manifestation sympathique du dehors, après avoir été préalablement élaborées par l'intelligence, se trouvent à même de satisfaire l'attachement, elles réagissent sur les sens correspondants, et ceux-ci, à leur tour, impriment à leurs organes imitateurs le degré de mouvement voulu pour reproduire l'expression altruiste qu'avait d'abord manifestée l'objet extérieur.

Il est donc facile de se rendre compte de la marche qu'il faut suivre pour imiter l'expression des manifestations altruistes du monde extérieur. Cette dernière produit d'abord une sensation, et la réaction qui en résulte se transmet ensuite à l'organe imitateur par l'entremise du sens qui lui correspond dans ce cas.

Nous pouvons aussi conclure de là que l'expression que nous faisons naître reflète ou nos propres émotions, ou les dispositions dans lesquelles se trouvent les objets extérieurs. Il y a dans ce dernier cas, à proprement parler, une imitation, et elle est d'autant plus parfaite que nous sommes plus à même de faire ressortir le caractère de ces mêmes dispositions.

L'expression est donc surtout nécessaire à l'altruisme. Dès lors la direction de l'être animé n'appartient plus aux impulsions destinées à réaliser les conditions essentielles de la vie de l'individu et de l'espèce, mais au contraire à celles qui nous disposent à faire partie de l'existence sociale. Au fond, les sentiments altruistes manifestent les mêmes tendances que tout autre élément quelconque, même celui de l'être inanimé. Nous avons aussi dans ce cas à satisfaire les conditions essentielles d'une autre existence. En d'autres termes, nous devons désormais être enclins à l'union, à la soumission et à l'amélioration, en vue de l'accomplissement des désirs de conservation, de relation et de modification qui sont propres à l'existence sociale. Dès lors, l'attachement doit aussi borner son rôle à faire naître en nous la convergence altruiste et par suite à nous rapprocher de tout ce qui exprime la même disposition. Mais il faut pour cela que nous possédions les moyens de connaître et de manifester autour de nous les multiples indices d'un rapprochement possible. C'est évidemment à l'attachement que revient une semblable tâche ; car sa nature même, nous portant à connaître les similitudes, doit également nous pousser à les exprimer par l'imitation.

***

Mais, pour mieux nous convaincre que l'expression n'a su développer ses véritables caractères qu'à l'aide de l'attachement, il suffit de comparer ce dernier aux deux autres sentiments de la conservation. Ceux-ci ont une destination purement égoïste ; il est donc tout naturel que leur intérêt se borne au champ si restreint des besoins et des satisfactions qui se rapportent à l'individu ou à l'espèce. Dans ces conditions, les impressions qui peuvent naître de là restent encore, malgré leur plus grande énergie, trop limitées, aussi bien quant à l'étendue des désirs à assouvir que pour leur durée. D'un autre côté, les objets que les instincts en question peuvent convoiter au dehors sont également très peu variés. Dans ce cas, il existe donc aussi peu d'expressions naturelles que d'impressions elles-mêmes. Moins encore ces dernières sont-elles capables de donner l'essor à des signes. Ceux-ci remplacent l'expression naturelle et facilitent ainsi non seulement la communication, mais aussi la marche même des opérations intellectuelles. Mais il est évident que, lorsqu'il s'agit des besoins égoïstes, l'emploi de l'expression naturelle ou des signes ne peut que nuire à l'accomplissement des satisfactions qu'ils désirent. Car il ne faut pas oublier que notre existence ne peut se maintenir qu'aux dépens d'autres de même nature. Nous savons en outre que l'être convoite dans ce cas la possession effective d'un objet ; il est donc tout naturel qu'il préfère dès lors consacrer ses réactions motrices à l'acte final plutôt qu'à l'expression préliminaire. A tous ces motifs si nous ajoutons celui que nous avons donné plus haut, c'est-à-dire le peu de variété de nos satisfactions égoïstes, on comprendra sans peine pourquoi les instincts correspondants trouvent si peu souvent l'occasion et les moyens de développer l'expression naturelle ainsi que les signes destinés à la remplacer.

Il n'en est plus de même lorsqu'il s'agit de l'attachement. Ce dernier est continuellement à même de manifester ses propres impressions, sans cesse stimulées qu'elles sont par le spectacle de l'altruisme universel.

La convergence que désire ce sentiment ne doit plus être destinée à assurer l'existence d'un seul individu ou d'une seule espèce, mais celle qui embrasse l'ensemble des êtres. Les sensations internes qui donnent naissance à tout sentiment de la conservation gagnent donc en ampleur autant qu'en noblesse, dès qu'elles concernent l'attachement. Désormais, en effet, elles ne s'appliquent plus qu'à une destination altruiste et partant pleinement illimitée. Elles sont dès lors purifiées de tout égoïsme, puisque les notions que l'attachement permet d'en tirer se prêtent à la connaissance de tout être qui concourt avec nous à la conservation de l'existence sociale.

Ce que nous venons de dire se rapporte également à l'imitation de l'expression des objets extérieurs, qui deviennent ainsi pour l'attachement un inépuisable trésor d'affection. Pour l'accroître encore, les ressources de l'art proprement dit s'offrent à seconder la représentation de ces mêmes objets. Elles rendent même l'expression plus intense et plus parfaite, puisqu'elles tendent à faire ressortir dans son plein relief l'attrait que ces mêmes objets procurent déjà naturellement à l'imitation.

A plus forte raison, la présence des objets extérieurs n'est-elle plus même nécessaire pour stimuler l'attachement. Leur expression et les signes qui la remplacent suffisent à eux seuls pour susciter les émotions qu'ils eussent produites directement. L'emploi plus facultatif des signes permet d'ailleurs d'en faire renaître à volonté la douceur. L'intervention des signes permet également à l'intelligence de faire usage de moyens plus faciles et continuellement à sa portée, en vue de tenir sans cesse en éveil et même de développer les impressions internes du plus noble instinct de la conservation, qui fut à l'origine d'abord si faible et si difficile à dégager des deux autres.

***

L'attachement, en même temps qu'il favorise la production des formes synthétiques propres aux divers arts de l'expression, doit aussi se considérer comme le véritable initiateur du langage proprement dit. A cet effet, il n'eut simplement qu'à appliquer les tendances à la similitude, qu'implique la nature des sensations qui donnent en général naissance aux instincts de la conservation.

On peut aisément se rendre compte de la manière dont l'attachement sut opérer pour arriver à la création d'un langage. Il suffit de se rappeler que chacun de nos sens ne fournit au centre nerveux que l'espèce d'impressions qu'il est spécialement apte à obtenir des objets en présence. C'est à la contemplation concrète qu'il appartient de réunir les sensations venues isolément du dehors pour tirer de leur ensemble une image qui reflète l'aspect de ces mêmes objets. Les expressions qui en résultent suivent dans leur formation une marche semblable. Elles proviennent des réactions simultanément opérées sur les mêmes sens qui avaient d'abord transmis séparément les sensations réunies ensuite en une image concrète. A plus forte raison en est-il de même ainsi lorsque l'impression des signes remplace celle des objets et par conséquent l'expression des signes celle de ces mêmes objets.

*
* *

Mais parmi les signes qui conviennent le mieux à cet effet, je n'hésite pas à croire que ce sont ceux qui, destinés à remplacer l'expression des sensations correspondantes, s'éloignent le moins possible de la propriété dominante qu'ils doivent rappeler. Les sens, il ne faut pas l'oublier, servent à transmettre l'impression des phénomènes, c'est-à-dire des modifications plus ou moins compliquées des propriétés générales de l'existence. Chacun de ces mêmes phénomènes, avons-nous dit, ne peut manifester son caractère prépondérant qu'à l'aide du concours simultané de ces mêmes propriétés. A plus forte raison les sens doivent-ils également reproduire les mêmes circonstances. C'est ainsi qu'ils transmettent toujours l'ensemble des trois propriétés, mais à la condition qu'il y domine sans cesse l'une d'elles. Dans les sensations que transmet le sens de l'audition, il est certain que prévaut la représentation du mouvement ou de la vibration; de même que dans celles qui sont dues au sens de la vision il n'est pas difficile de distinguer l'influence dominante de l'étendue. Comme chacun de ces sens représente surtout une des deux propriétés en question, il est tout naturel que les signes oraux et graphiques en rappellent le mieux l'expression naturelle. Ils sont en effet éminemment propres à remplacer l'expression des sons et des formes que nous avons imitée d'abord des objets extérieurs.

Mais, en comparant les sens à leurs organes imitateurs, on ne tarde pas à observer que si les premiers mettent toujours préférablement en évidence une des deux propriétés fondamentales de l'être, les seconds au contraire restent uniquement sous la dépendance du sens soit du tact, soit de la musculation. Il est aisé de s'apercevoir que de ces deux sens celui du tact sert surtout à apprécier la forme, résultat de la proportion de l'étendue; celui de la musculation, la masse, résultat de l'équilibre du mouvement. En dernière analyse, ce sont donc ces deux sens qui secondent le plus efficacement l'expression naturelle des impressions externes et par conséquent aussi la production des signes qui doivent la remplacer.

Mais je ne puis ici m'étendre sur les relations particulières que chacun des sens a, d'une part, avec l'une des propriétés générales de l'existence et, d'autre part, avec son organe imitateur correspondant. Qu'il nous suffise en ce moment de constater que ce sont les sens de l'audition et de la vision qui fournissent les impressions externes les plus aptes à manifester les deux premières propriétés générales de toute existence. Il est par cela même tout naturel que les organes imitateurs correspondants, c'est-à-dire ceux de la voix et des contours, deviennent à leur tour les organes que l'attachement préfère à tous autres pour l'expression par signes de ses objets d'affection. En un mot, c'est aux signes oraux et graphiques qu'il a surtout recours pour instituer le langage humain.

Il est donc évident que le dessin et l'onomatopée ont fourni les premiers matériaux avec lesquels s'est créé le langage, tant parlé qu'écrit. C'est en effet à l'aide de ce double procédé primitif qu'il est possible d'arriver à l'imitation la plus fidèle de l'expression altruiste par laquelle les autres êtres affectent notre attachement.

*
* *

En concédant à l'attachement la première initiative du langage proprement dit, il serait juste aussi d'en faire remonter l'origine jusqu'aux temps où cette inclination était prépondérante dans notre nature altruiste. Aucune autre solution ne saurait convenir à ce problème historique, que l'on n'est parvenu qu'à embrouiller faute de se reporter au seul milieu où il pouvait se poser légitimement. En un mot, c'est à l'attachement qu'est due la véritable naissance des arts de l'expression, tant ceux consacrés à la manifestation de ses propres émotions que ceux destinés à exprimer les impressions extérieures qui servent dans ce cas d'aliments au cœur et par suite à l'esprit.

*
* *

Quant au mode de conduite qu'il appartient à l'attachement de tenir, afin de réaliser l'union à laquelle il se trouve disposé, il continue à conserver le caractère qui est propre à tout sentiment de la conservation. Dès que les êtres autour de nous se trouvent dans les conditions de similitude requises pour qu'une convergence altruiste puisse se produire, le rapprochement que désire ladite inclination s'opère sans le moindre obstacle. Nous supposons d'ailleurs que les êtres ainsi disposés sont soustraits à toute influence étrangère susceptible de contrecarrer l'intervention directe de l'attachement. De même que dans les cas précédents, cette abstraction préalable est nécessaire pour apprécier la spontanéité du mode de conduite qui convient à cette nouvelle impulsion. Considéré dans la plénitude de son épanouissement, alors que l'intelligence reconnaît chez tous les êtres une nature identique sous la diversité de ses modifications, l'attachement n'a, pour ainsi dire, qu'à se laisser aller à ses irrésistibles élans, puisque les objets d'affection s'offrent ici d'eux-mêmes à l'accomplissement de ses désirs de rapprochement.

Mais dans ce cas il n'est même plus besoin d'avoir recours à l'élimination des circonstances étrangères. Car, du moment que nous devenons de simples éléments de l'existence sociale, l'union se produit dès qu'il y a une similitude quelconque entre des êtres qui par leur nature même sont convergents désormais. L'attachement nous dispose à nous unir volontairement et par suite à nous rapprocher de tout ce qui possède le même mouvement de convergence.

Dès lors les actes de courage deviennent à leur tour plus spontanés, par cela même qu'ils ne trouvent plus au dehors d'obstacles à surmonter. Ils deviennent aussi plus énergiques, n'étant plus contrecarrés par des considérations égoïstes. Il est d'ailleurs évident que cette qualité pratique rencontre désormais plus d'occasions de s'exercer, par la même raison que nous sommes devenus des éléments de convergence.

La lâcheté ou le défaut de courage a précisément pour première étymologie le mot latin *languere*, languir, manquer d'action. Il faut remonter jusqu'aux poèmes de l'époque voisine de la phase fétichique pour comprendre toute l'horreur que nos premiers ancêtres altruistes éprouvaient pour ce vice du caractère. Alors, d'ailleurs, la seule gloire consistait dans le courage. Ce mot est lui-même synonyme de l'expression *avoir du cœur*. En effet, l'altruisme de ces temps consistait uniquement dans la manifestation dominante de l'attachement et de la qualité du caractère auquel ce sentiment donne un complet développement.

***

Avant de pousser plus loin, reprenons en peu de mots les diverses considérations dans lesquelles nous venons d'entrer, afin d'embrasser dans un seul coup d'œil l'ensemble des caractères propres à la première des conditions essentielles de la vie animée.

Toute existence quelconque, avons-nous dit, doit également satisfaire aux besoins de la conservation de son individualité, de son espèce et de l'ensemble des existences. Pour arriver à réaliser cette triple nécessité, l'être animé est en possession de sentiments ainsi que de moyens théoriques et pratiques dont il ne fait usage que dans ce cas particulier. Les sentiments sont au nombre de trois : celui de la conservation de l'individu, ou l'instinct nutritif; celui de la conservation de l'espèce, lequel se divise en deux autres, l'instinct sexuel commun aux deux sexes, et l'instinct maternel spécial au sexe féminin; enfin celui de la conservation de l'ensemble des êtres, ou l'attachement. Ces diverses impulsions emploient indistinctement comme procédés théoriques : la contemplation concrète, l'induction ou la liaison par convergence, la généralisation qui consacre l'égalité d'influence mutuelle, et en dernier lieu l'expression synthétique. Finalement ces mêmes impulsions, pour diriger leur conduite, ont recours à la qualité pratique qu'on appelle le courage.

Pour faire ressortir encore davantage le caractère principal propre au cas que nous venons d'examiner, on peut dire en dernière analyse que les sentiments de la triple conservation, lorsqu'on les envisage dans leur spontanéité, conçoivent concrètement, s'expriment synthétiquement et réagissent directement.

Observons enfin que les sentiments de la conservation doivent sans cesse avoir pour unique destination de maintenir l'union des éléments de l'un des trois modes de l'existence. Que ce sentiment soit égoïste ou altruiste, c'est toujours en définitive un être qu'il a en vue. Pour l'un, cet être consiste dans l'individu ou l'espèce ; pour l'autre, dans l'existence sociale. Quant à la triple conservation, elle se réalise par la convergence et l'équilibre des éléments de l'être correspondant. Par sentiments de la conservation il faut donc en définitive entendre l'ensemble des sensations que nous fait éprouver l'état des dispositions dans lequel se trouvent les éléments en faveur de l'être qu'ils doivent conserver. L'instinct nutritif manifeste les dispositions de nos propres cellules ; les instincts, sexuel et maternel, d'une part, et l'attachement de l'autre, manifestent nos propres dispositions en faveur, soit de l'espèce, soit de l'existence sociale.

A plus forte raison, les divers moyens théoriques et pratiques dont ces mêmes sentiments font usage sont-ils également destinés à assurer l'existence d'un être, en favorisant la convergence et l'équilibre de ses éléments.

On peut conclure de là qu'en général le sentiment doit uniquement avoir en vue un être dont il cherche à satisfaire les besoins en se servant à cet effet de l'intelligence et de l'activité. Par conséquent, celles-ci ne sont jamais pour lui que de simples moyens. Le but, c'est l'être. Plus loin nous aurons d'ailleurs l'occasion de revenir sur cette dernière remarque, lorsque nous aurons à comparer ensemble la théologie et la métaphysique. C'est en effet dans ce cas que nous pourrons le mieux nous rendre compte combien est peu logique la tendance à remplacer les volontés par des principes afin de continuer d'assurer à la vénération sa prépondérance. Ce sentiment est alors détourné de sa véritable destination, par cela même qu'il ne nous soumet plus directement à l'être lui-même, mais aux seules notions que nous pouvons obtenir de sa supériorité.

*
* *

De tout ce qui précède il importe surtout de ne pas oublier que les moyens dont l'être animé se sert pour réaliser sa conservation ne sont jamais que ceux de l'existence en général. Car tout être, pour se conserver, a besoin de l'union actuelle et continue des éléments qui le composent. En outre, une semblable union ne peut résulter que d'un mouvement de convergence. C'est par lui que s'opèrent d'abord le rapprochement, ensuite l'équilibre des éléments qui en sont doués. Mais l'ensemble de ces caractères nous montre aussi quelle est la vraie destination de la grande loi de l'attraction. Aussi bien, peut-elle désormais être considérée comme la règle même que toute existence doit suivre pour effectuer sa première condition essentielle.

Sa formule en effet nous enseigne que les éléments de l'être deviennent semblables par suite de la convergence et qu'ils acquièrent une égalité d'influence mutuelle dès qu'ils sont parvenus à se neutraliser grâce à la proportionnalité réciproque du mouvement et de l'étendue. Convergence, similitude et égalité sont donc des notions qui ont pour origine les sentiments de la conservation.

Pour compléter ce résumé, rappelons-nous aussi que, si nous sommes arrivés à distinguer les caractères qui appartiennent en propre à la conservation, c'est que nous les avons isolés de ceux qui ne conviennent qu'aux deux autres conditions essentielles de l'existence. Mais, par cela même que dans la réalité ces conditions restent inséparables, il est évident que les moyens affectifs, spéculatifs et actifs dont elles font usage, lorsqu'il s'agit de l'être animé, ne peuvent non plus agir les uns sans les autres. Seule la prépondérance de l'une des conditions essentielles de l'existence réalise en partie l'hypothèse que nous avons adoptée, en rendant secondaires les deux autres, ainsi que leurs diverses manières de voir, de penser, de s'exprimer et de se conduire.

Quoi qu'il en soit, le même procédé logique va nous être d'une grande utilité pour nous aider à mettre en évidence les caractères propres à la seconde des conditions essentielles de toute existence, lorsqu'elle s'applique au cas de l'être animé.

***

Quand il s'agit de la conservation, l'être, tant collectif qu'individuel, exige que ses éléments composants soient doués de convergence, c'est-à-dire d'un certain mouvement qui les dispose à s'unir et à concourir par leurs réactions mutuelles à établir un équilibre qui devienne stable plus ou moins longtemps. C'est d'ailleurs du milieu dans lequel il séjourne que l'être tire les éléments dont il est composé. Pour sa conservation il faut aussi qu'il acquière habituellement une influence dominante sur ce même milieu. C'est seulement à cette condition que peuvent s'effectuer en sa faveur l'équilibre des éléments et par suite la proportion entre les trois propriétés générales de l'existence.

Ce que nous venons de constater dans un cas se reproduit dans tous. En général, les êtres influent réciproquement les uns sur les autres en vue de leur conservation respective. Aussi bien, est-ce de là que proviennent les multiples variations que les trois propriétés générales de l'existence subissent, malgré le constant rapport qui existe entre elles. Ces variations se révèlent alors à nous par ce qu'on appelle de nouveaux phénomènes, qui ne sont en définitive que les effets sensibles des diverses modifications de la triple propriété des êtres.

En résumé, l'être puise autour de lui les éléments dont il est composé. Ceux-ci doivent d'abord devenir convergents et ensuite aboutir à l'équilibre. Ce dernier résultat est dû lui-même à la proportion qui a lieu constamment entre les propriétés générales de l'existence.

***

L'existence de l'être est donc sans cesse soumise à la loi de l'équilibre et à celle de la proportion. Dans le premier cas l'effet reste toujours le même. Il consiste dans la neutralisation et se réalise par le concours simultané des phénomènes ou modifications plus ou moins compliquées des propriétés générales de l'existence. Les diverses lois qui règlent la simultanéité des phénomènes correspondants sont ce qu'on appelle des lois de similitude. Telles sont celles qui régissent la gravitation, la pesanteur, l'affinité, la cohésion, la génération, la nutrition, la continuité, la solidarité. Ces lois, pouvant toutes se ramener à celle de l'équilibre universel, doivent par cela même être considérées comme semblables.

Dans le cas de la proportion, on n'envisage plus la simultanéité des phénomènes, mais au contraire leur succession. Connaissant en effet le rapport constant de deux phénomènes et l'un d'entre eux, il s'agit dès lors de régler la connaissance de l'autre. Des premières données on tire les conséquences. Voilà pourquoi ces sortes de relations ont été appelées des lois de succession. Pour tout ordre de phénomènes il y a dès lors à suivre une marche régulière qui ne convient qu'à ce cas. C'est la complication croissante des propriétés générales de l'existence qui a donné naissance à la diversité de ces lois, qui d'ailleurs sont au fond également semblables et pourraient se ramener à celle de la proportion universelle.

Ces deux catégories de lois ont en outre ce caractère commun, c'est que l'initiative de leur application revient toujours à l'être en faveur de qui doit s'effectuer l'équilibre des éléments ou la proportion des phénomènes. Ce sont en effet les phénomènes de cet être qui agissent sur ceux du monde extérieur dans le but d'en tirer les éléments qui doivent composer sa propre existence.

Les quelques notions que nous venons de donner nous permettent enfin de conclure que la matière peut tantôt provoquer la convergence et tantôt la subir. Dans le premier cas, c'est l'être qui tend à se conserver; dans le second, c'est au contraire l'élément qui concourt à sa conservation. Mais dans les deux cas l'équilibre est nécessaire, ce qui exige la coopération simultanée des trois propriétés générales de l'existence. Aucune de ces dernières ne saurait d'ailleurs exister réellement sans le concours de leur ensemble. Si elle peut isolément se présenter à nos sens sous la forme d'un phénomène, c'est uniquement parce qu'elle acquiert, suivant les circonstances, une influence dominante sur les deux autres. Les phénomènes du mouvement dominent dans les questions d'équilibre ; ceux de l'étendue, dans celles de proportion ; ceux de l'intensité, dans celles d'équation. Mais, en général, dès que la troisième des propriétés générales de l'existence influe sur l'une des deux premières, celle qui se trouve ainsi modifiée entraîne aussitôt une modification inverse dans l'autre.

Ainsi, par exemple, pour qu'un élément venu du dehors puisse faire partie intégrante d'un être, il faut d'abord que la force de convergence de ce dernier soit supérieure à la sienne. Il faut ensuite que l'être puisse diminuer à volonté la distance que l'élément occupe par rapport à lui, puisque le posséder est la condition indispensable de sa conservation individuelle. Mais l'équilibre qui est supposé avoir préalablement existé entre eux se trouve ainsi rompu. Il ne peut donc être rétabli que par une diminution proportionnelle de la quantité de convergence individuelle de l'élément. C'est en effet ce qui a lieu lorsque l'être animé attire du dehors l'aliment de sa conservation. Par une suite d'éliminations partielles, il parvient à le rapprocher peu à peu de sa destination finale qui est l'assimilation.

Dans le présent exemple nous n'avons donc fait qu'appliquer une fois de plus la loi fondamentale de toute existence, celle de l'attraction. En effet, dès que décroît la distance, les deux convergences cessent de se neutraliser. Pour rétablir l'équilibre, il est donc nécessaire de diminuer dans une proportion analogue la force de convergence personnelle de l'élément attiré. Il en est ainsi progressivement jusqu'à ce que se soit réalisée l'intime union de ce dernier avec l'être qu'il doit composer. C'est à l'être désireux de sa conservation que revient l'initiative d'une semblable opération. Chez lui d'ailleurs elle se réduit à mettre l'intensité de ses propres phénomènes en état de réagir utilement sur ceux de son milieu. Ce qui prouve une fois de plus qu'il est permis à un être quelconque de modifier à l'aide de l'intensité les autres propriétés plus ou moins compliquées de l'existence, mais non d'en altérer en quoi que ce soit la dépendance réciproque.

En résumé, la relation est la seconde des conditions essentielles de l'existence. Pour se réaliser elle se sert de la proportion. Le rapport qui en résulte demeurant sans cesse le même, il s'ensuit que de la variation de l'une des deux premières propriétés générales de l'existence doit dépendre celle que subit l'autre. Mais pour qu'un phénomène quelconque puisse modifier à son tour, il faut que lui-même ait été préalablement soumis à quelque influence supérieure du dehors. C'est à cette dernière que revient, comme nous l'avons dit plus haut, l'initiative de l'effet à réaliser.

On voit aussi qu'il ne peut plus être désormais question de l'être, mais seulement de ses propriétés fondamentales, ainsi que des multiples modifications qu'elles subissent en devenant des phénomènes. Il y a même lieu d'étendre encore plus loin l'abstraction Il ne suffit pas en effet d'isoler les propriétés de leur siège nécessaire; mais l'attention doit dès lors s'arrêter exclusivement sur le phénomène qui, d'une part, est modifié par une influence extérieure, et, d'autre part, modifie ensuite celui avec lequel il se trouve en constant rapport.

Dans ces conditions, l'intelligence ne peut également plus envisager l'être, c'est-à-dire l'ensemble des phénomènes qui le manifeste. Elle n'est plus désormais astreinte à réunir en une image concrète les diverses sensations, tant internes qu'externes, que lui fournissent les sens correspondants. Tout au contraire, elle aurait plutôt besoin de chercher à décomposer celles que la contemplation propre aux instincts conservateurs tend sans cesse à reproduire simultanément. C'est d'ailleurs dans cette dernière opération que consiste ce qu'on appelle l'*analyse*, qui est l'inverse de la *synthèse* dont l'intelligence fait usage quand elle s'applique à la conservation.

L'analyse est en quelque sorte la condition indispensable pour que la contemplation abstraite puisse se réaliser. En effet, si l'on compare les deux sortes de sensations, tant internes qu'externes, que nous connaissons déjà, nous voyons qu'elles ont pour source les phénomènes manifestés par un être quelconque, qu'elles proviennent de l'ensemble de ces phénomènes ou de chacun d'eux en particulier. Mais il est clair que pour percevoir la sensation de l'un de ces derniers, il faut avant tout avoir celle de leur ensemble. Nous savons que dans la réalité il ne peut exister de phénomènes que dans l'être qui en est le siège nécessaire. Dès que notre attention se porte au dedans ou au dehors de nous, nous ne pouvons avoir en vue que des êtres, c'est-à-dire des composés de phénomènes. La sensation abstraite, quoique perçue directement par les sens, ne peut donc s'affirmer en nous qu'à l'aide d'une sensation concrète. En d'autres termes, de même que nous n'apercevons chacun des phénomènes qu'après avoir aperçu leur ensemble dans un être, de même aussi nous ne constatons isolément les sensations des phénomènes qu'en les puisant dans leur réunion qui forme l'image de l'être correspondant. Bref, il n'y a pas de sensation abstraite sans l'existence préalable d'une sensation concrète. On ne peut avoir conscience de la première qu'à la condition de la faire dépendre de la seconde. Voilà pourquoi, dans la réalité, l'abstrait doit toujours être subordonné au concret.

Dans le fonctionnement initial de l'intelligence l'abstrait sans le concret existe aussi peu que la déduction sans l'induction, la systématisation sans la généralisation, l'expression sans l'impression. Les mêmes choses se reproduisent d'ailleurs pour toute existence quelconque. Dans aucun de ces cas on n'aperçoit de phénomènes qui ne proviennent pas de la présence d'un être ; de dépendance des premiers qui n'ait pas pour origine la convergence des éléments du second; de proportion qui ne résulte pas de l'équilibre ; de réaction qui ne soit pas la conséquence d'une action.

Mais avant de nous occuper des conséquences intellectuelles qu'entraîne la nouvelle manière de sentir, il faut d'abord nous rendre compte des divers moyens affectifs dont la seconde condition essentielle de l'existence fait uniquement usage lorsqu'elle doit se réaliser dans l'être animé.

Nous avons dit que la relation entre deux êtres n'est autre que celle qu'ont constamment ensemble les deux premières propriétés communes à toute existence. C'est de cette relation que dépend ensuite l'influence réciproque qu'elles tirent de la troisième, c'est-à-dire de l'intensité.

Si l'on met, en effet, en présence deux phénomènes quelconques, tous deux seront la manifestation des deux premières propriétés générales de l'être et tous deux feront partie de la proportion qui effectue la relation. Dans ces conditions, voyons ce qui se produirait si l'un de ces phénomènes avait à subir du dehors une influence analogue.

Soient, par exemple, deux phénomènes du mouvement de convergence qui est, comme nous le savons, la propriété affectée à la conservation. Dans le cas où l'intensité de l'un d'eux est plus grande, que celle-ci agisse dans un sens commun ou opposé à l'autre, elle modifiera non seulement les deux phénomènes du mouvement, mais aussi ceux que respectivement manifestait leur étendue. Quand, au contraire, les intensités sont égales, elles se neutralisent si elles sont en sens opposés, ou ne réalisent aucun nouvel effet si elles sont dans le même sens. Enfin, en considérant celle des deux intensités qui est moindre, on constate qu'il se produit inversement les mêmes effets que dans le premier cas.

En général, donc, lorsque deux phénomènes de même nature se trouvent en présence, l'un d'eux, suivant les circonstances, peut toujours soit dominer l'influence de l'autre, soit la subir, soit enfin l'égaler.

L'ensemble des êtres dont les phénomènes ont ensemble une influence mutuelle devient alors ce que l'on appelle un milieu. De plus, ce dernier a tour à tour pour centre l'individu, quand le milieu dépend de lui, ou l'espèce, quand son milieu lui est conforme, ou bien enfin la généralité des êtres, quand le milieu domine chacun des êtres qu'il embrasse.

Tout être, avons-nous dit, doit réaliser les conditions essentielles de trois modes d'existence qui sont relatifs à l'individu, à l'espèce et à l'universalité. Mais, de même que les trois genres de besoins qui résultent de la conservation, ceux de la relation, pour des raisons identiques, ont dû prendre en quelque sorte corps dans l'être animé et s'y traduire en sentiments appropriés à chacun de ces modes en question.

Ces sentiments résultent de sensations qui tirent également leur origine de sources internes. Toutefois, ces sensations ne manifestent plus l'état des éléments dont se compose l'être animé, mais celui de leurs divers phénomènes. Dès lors, elles doivent aussi se comporter de la même manière qu'eux. En outre, les phénomènes isolés de leur siège ne peuvent plus être envisagés que séparément. Car, comme ils ne concourent plus simultanément en vue de l'équilibre, ils ne s'affirment désormais que successivement dans l'ordre que prescrivent les besoins de la proportion.

Par conséquent, ils ne peuvent non plus donner lieu

qu'à des sensations abstraites dont l'intelligence tire de son côté des notions premières de même nature. Enfin les phénomènes ainsi conçus ne se lient plus par convergence, comme le font les êtres, mais par simple dépendance. En un mot, il y a dans ce cas subordination au lieu d'assimilation. Par cela même les sensations correspondantes exigent également de l'intelligence un mode semblable de liaison.

En résumé, les sentiments de la conservation contemplent les êtres et cherchent à associer leurs similitudes pour arriver ensuite à les généraliser grâce à l'égalité d'influence qu'ils doivent à leurs situations respectives. Les sentiments de la relation, au contraire, contemplent les phénomènes et cherchent à enchaîner leurs différences en une suite de conséquences pour en tirer finalement un système, c'est-à-dire un ensemble constamment lié par des rapports immuables. On voit aussi par là que l'être animé parvient avec l'aide des sentiments à réaliser les conditions essentielles de l'existence de la même manière que tout autre être quelconque. Dans le cas de la conservation, la contemplation concrète concerne l'être; l'induction, leur assimilation par suite d'une même convergence; la généralisation, l'égalité des résultats dus à l'équilibre. Dans le cas de la relation, la contemplation abstraite concerne les phénomènes; la déduction, la subordination qu'exige leur différence; la systématisation, l'immuabilité du rapport qu'offre la proportion.

A plus forte raison l'expression, tant naturelle qu'artificielle, des sensations propres aux besoins de la relation doit-elle prendre les mêmes caractères et être à son tour à la fois abstraite et analytique.

C'est alors que les signes de pure convention peuvent devenir tout à fait arbitraires. Il est en effet naturel que par cela même qu'ils ne représentent plus exactement la réalité, puisque celle-ci s'offre à nous sous la forme d'un être, c'est-à-dire d'un ensemble de phénomènes, ces mêmes signes ne soient plus capables de reproduire les phénomènes dès lors qu'ils sont considérés abstraitement; car un état quelconque de l'être ne peut jamais s'exprimer qu'à l'aide du concours simultané des trois propriétés dont la complication plus ou moins grande réalise l'existence. Du moment que les phénomènes perçus isolément ne représentent plus la réalité, à plus forte raison les signes qui les rappellent doivent-ils s'en éloigner. On conçoit sans peine que le défaut de corrélation qui caractérise ce genre de signes nous pousse insensiblement à les remplacer par d'autres qui émanent de moins en moins des phénomènes, tout en continuant à les rappeler avec la même facilité que ceux qui, malgré leur provenance directe, sont néanmoins si peu propres à les représenter fidèlement. Les signes concrets ayant seuls tous les caractères désirables de la réalité, il est donc évident qu'ils les perdent à mesure qu'ils se trouvent soumis à une analyse analogue à celle des images concrètes et que par conséquent ils tendent à ne plus rappeler des êtres, mais de simples phénomènes.

Le genre de signes en question peut d'ailleurs arriver à un tel degré d'imprécision directe qu'il ne représente plus finalement que des dissemblances quelconques. C'est ce qui a lieu pour le langage algébrique. Ce dernier, en effet, non seulement n'attache plus de valeur déterminée aux intensités, mais dans la relation qu'elles ont ensemble, il se borne même à indiquer simplement qu'il y a différence, afin de mieux faire ressortir l'expression de leur dépendance mutuelle.

A plusieurs reprises nous avons déjà pu constater que ce que l'on désigne par phénomènes n'est au fond autre chose qu'une des manifestations de la triple propriété dont un être quelconque se sert pour réaliser l'existence. Le mouvement ni l'étendue ne peuvent s'effectuer l'un sans l'autre. Quant aux multiples apparences que revêtent ces deux premières propriétés, elles proviennent uniquement de l'intervention de la troisième. C'est en effet aux divers degrés d'intensité dont sont susceptibles les deux premières qu'il faut attribuer ce que nous appelons les phénomènes. Le même terme convient d'ailleurs aux diverses variations de l'intensité considérée isolément, lorsqu'à leur tour les deux autres propriétés deviennent secondaires. La préoccupation dominante des phénomènes de l'intensité est alors la même que celle qui a lieu pour les modifications plus ou moins compliquées des deux autres propriétés générales de l'existence.

A plus forte raison, les sensations de l'intensité prévalent-elles de la même manière que celles du mouvement et de l'étendue, quoique ces dernières, devenues désormais secondaires, n'en concourent pas moins à la conception des premières. L'intensité n'étant en somme qu'un certain degré de la manifestation du mouvement et de l'étendue, il est tout naturel qu'elle emploie également les mêmes procédés intellectuels. Il suffit d'ailleurs de se rappeler qu'en général les moyens qu'emploient pour se réaliser les deux premières conditions essentielles de l'existence demeurent les mêmes dans chacun de ces cas, que l'intensité y soit devenue prépondérante ou reste encore secondaire. Il résulte de là que cette dernière propriété peut à son tour être envisagée isolément et faire l'objet d'une étude abstraite.

Bornons-nous à appliquer ces dernières observations à la seconde des conditions essentielles de l'existence. Nous savons que la relation se réalise au moyen de la proportion dont le rapport demeure immuable. Seule l'intensité des phénomènes peut y varier. Dès lors, en ne considérant plus que cette dernière propriété, elle augmente ou diminue simultanément dans les termes de la proportion sans que pour cela leur rapport ait à changer.

Ainsi, pour citer un exemple, il peut arriver que les molécules d'un corps, pour une raison quelconque, acquièrent plus de force de convergence individuellement propre à chacune d'elles. Dans ce cas, pour maintenir l'équilibre qui exige que la convergence du mouvement soit en raison inverse de sa dépendance envers l'étendue, cette augmentation d'intensité doit avoir pour effet la dilatation. Mais il est clair que l'on peut suivre ces diverses modifications en faisant abstraction du mouvement et de l'étendue pour envisager uniquement leur intensité respective.

En appelant généralement phénomène la manifestation d'une intensité déterminée de l'une des propriétés générales de l'existence, nous allons faciliter l'exposé des diverses particularités qu'offre la relation lorsqu'elle s'applique au cas de l'être animé.

Nous avons dit que, lorsque deux phénomènes sont en présence et que de leur influence réciproque il résulte un autre, l'un des deux est nécessairement la cause de l'effet qui se produit dans l'ensemble des trois propriétés dont le rapport reste toujours le même. Cet effet devient la conséquence de la modification subie par le phénomène en contact avec une influence extérieure, et de son côté n'est lui-même que la manifestation plus ou moins compliquée de l'une des propriétés générales de l'existence. En outre, il ne peut se produire qu'après avoir à son tour modifié les phénomènes dus aux autres propriétés dont le concours simultané, je le répète, lui est toujours nécessaire pour arriver à ses propres fins. Dans ces conditions, pour marquer une suite d'événements, on peut se contenter d'attribuer la cause au phénomène extérieur qui provoque la modification et l'effet à celui qui la subit directement.

Lorsque d'ailleurs il s'agit d'une modification tant soit peu compliquée de l'une des trois propriétés générales de l'existence, on arrive difficilement à distinguer celle que subissent les deux autres qui doivent toujours, avons-nous dit, concourir à sa propre manifestation. L'état quelconque d'un phénomène est dû généralement à l'influence simultanée de ceux qui sont compris dans un même être. Ainsi, dans le cas de la dilatation, une modification dans l'intensité du mouvement en a entraîné une analogue dans celle de l'étendue. L'influence extérieure qui a produit le phénomène en question ne peut en effet détruire la relation préétablie des propriétés générales de l'existence, et par conséquent doit affecter plus ou moins directement leur ensemble.

Aussi, pour être plus précis, serait-il préférable de réduire la dépendance mutuelle des phénomènes à celle qu'ont entre eux ceux de même nature, comme c'est le cas, par exemple, en algèbre où, dès qu'une équation est posée, tout se borne ensuite à résoudre une question d'intensités. Pour voir qu'il peut toujours en être ainsi, il suffit d'ailleurs d'observer que, lorsque l'influence mutuelle de deux êtres aboutit à un certain équilibre, il existe en même temps entre leurs trois propriétés générales une proportion qui doit donner un résultat égal pour chacun des deux êtres. Dès lors, d'après la théorie des proportions, il est aisé de se rendre compte que des propriétés de même nature de part et d'autre doit également résulter le même rapport. C'est ainsi que les convergences et leurs distances du centre d'attraction devenant inversement proportionnelles par suite de l'équilibre, les premières ont par cela même entre elles un rapport qui est égal à celui des secondes prises ensemble. A plus forte raison, doit-il en être de même ainsi lorsqu'il s'agit des phénomènes qui dérivent d'une seule des propriétés générales de l'existence. En d'autres termes, dès qu'il y a équilibre, les phénomènes qui de part et d'autre concourent à l'établir sont proportionnels, que leur nature soit ou non différente, et par conséquent le rapport dans l'un et l'autre de ces cas demeure toujours le même. C'est là d'ailleurs ce qui a permis de réunir dans une même science les relations que respectivement ont ensemble les phénomènes du mouvement, de l'étendue ou de l'intensité. Nous savons en effet que l'étude abstraite de chacun de ces modes de relations fait l'objet spécial de l'une des trois parties dont se compose la mathématique.

Mais, lorsqu'il s'agit de la relation, l'intelligence ne se borne pas à considérer les phénomènes et à établir les constants rapports auxquels ils sont soumis, elle a de plus pour fonction de discerner quel est, de l'être ou de son milieu, celui qui doit dans un cas donné remplir le rôle de cause ou d'effet. Il est d'ailleurs évident que c'est l'influence dominante de l'un des sentiments de la relation qui seule peut révéler à l'être animé si c'est l'individu, l'espèce ou l'universalité des êtres qui prend l'initiative d'une modification quelconque et devient ainsi la cause de l'effet obtenu.

En général, lorsque deux êtres influent mutuellement l'un sur l'autre, il se produit une certaine oscillation avant que l'équilibre puisse s'établir entre eux. Le même fait a lieu dans le cas où il s'agit de l'être animé. A cet égard, il est bon de rappeler que l'initiative est toujours due à quelque phénomène du mouvement. Les êtres ne peuvent en effet agir les uns sur les autres qu'à l'aide de leur mutuelle convergence. C'est ensuite seulement que les phénomènes de l'étendue entrent eux-mêmes en jeu. Dès que la supériorité d'une convergence a pris l'initiative d'une modification extérieure, il en résulte un rapprochement quelconque. Mais ce dernier doit finalement aboutir à l'équilibre. C'est dans ce but que l'étendue intervient dès lors. Le rôle de la relation consiste en effet à proportionner la force de convergence à la situation que l'être exige de ses éléments en vue de sa conservation. Dans ces conditions, il est tout naturel qu'avant et même pendant l'exécution d'une semblable entreprise il se mêle des moments d'hésitation dans la spontanéité initiale du mouvement. Il en est également ainsi pour l'être animé.

Rappelons-nous d'abord que la relation n'agit qu'à la condition que la conservation existe préalablement. En effet, c'est d'images d'abord concrètes que la contemplation abstraite tire celles auxquelles elle-même donne naissance. Il faut donc attendre que les premières se soient réalisées. Il faut ensuite discerner la différence de nature de ces dernières images et les lier par dépendance pour enfin les réunir dans un ensemble immuable ou système. L'effort mental qu'il s'agit de faire, tant pour constater de cette manière les phénomènes intérieurs et extérieurs que pour en tirer les principes et les conséquences que réclame toute subordination, soit du dehors au dedans, soit du dedans au dehors, cet effort, dis-je, doit évidemment avoir pour résultat de suspendre plus ou moins l'accomplissement de l'acte. Car avant de continuer à agir il devient indispensable de proportionner l'influence du mouvement au degré d'étendue qu'exige la mise en équilibre. Une semblable nécessité suffit donc pour ralentir l'action et nous rendre circonspects dans la conduite à suivre. L'espèce d'ondulation qui se produit dans le mouvement se reproduit alors en nous par une sorte d'indécision qui fait perdre à notre propre initiative de sa spontanéité première. La modification que vient de subir notre conduite donne naissance à la qualité pratique que l'on appelle communément la *prudence*.

Ce nouveau mode d'agir est d'ailleurs le seul qui puisse s'accorder avec le genre de désirs manifestés par les sentiments de la relation. Car, comme ces derniers ne peuvent trouver leurs satisfactions que dans l'affirmation d'une supériorité quelconque, il est donc tout naturel qu'ils ne permettent l'accomplissement d'une entreprise que pour s'en attribuer ensuite le mérite. Toutefois, si les désirs ne consistent plus dès lors dans le succès de l'acte *accompli*, mais dans le plaisir d'en être l'auteur, il n'en faut pas moins pour l'accomplir employer toute la circonspection nécessaire à cet effet.

Comme on le voit, ce n'est pas tant pendant l'élaboration

intellectuelle que la manière d'agir des sentiments de la relation diffère de celle des sentiments de la conservation. C'est au moment où doit s'accomplir un acte que leur conduite doit se modifier. Pour réaliser leurs désirs, les sentiments de la conservation obtiennent, il est vrai, plus facilement de l'intelligence les renseignements utiles et ainsi sont à même d'arriver plus rapidement à l'action. Mais ce qui caractérise surtout leur conduite, c'est qu'ils n'ont plus à se préoccuper que du but qu'ils veulent atteindre. Les sentiments de la relation, au contraire, ne se soucient que des moyens qu'il faut employer pour parvenir à ce même but. Mais pour effectuer ces moyens, qui nous sont offerts par la dépendance des phénomènes, il faut non seulement se livrer à une laborieuse connaissance préalable, mais aussi parcourir pas à pas et avec précaution toute la série des conséquences qui doivent aboutir à la fin désirée. On peut donc voir que des deux genres de conduite que nous venons de comparer, le courage provoque l'action ; la prudence, au contraire, tend à la différer pour permettre à la délibération propre aux sentiments de la relation de prévoir et de réaliser la subordination du mouvement à l'étendue, laquelle est toujours nécessaire à l'équilibre, c'est-à-dire au but final qui est la raison d'être de toute convergence. Ajoutez à cela qu'un sentiment quelconque de la relation doit, avant de laisser agir, être chaque fois certain que l'initiative de la dépendance des phénomènes appartiendra dès lors à l'être dont il est destiné à remplir la seconde des conditions essentielles de l'existence.

Après avoir exposé les caractères généraux des facultés spéculatives et actives dont fait usage l'ensemble des sentiments de la relation, il nous reste maintenant à dire quelques mots sur chacun des cas particuliers auxquels s'appliquent ces mêmes facultés.

L'existence individuelle dépend de l'équilibre de ses

propres éléments, équilibre qui résulte de la subordination de la quantité du mouvement à la grandeur de l'étendue. Dans le cas présent l'initiative d'une semblable subordination doit naturellement appartenir à l'être lui-même. Lorsqu'enfin c'est l'être animé qui s'applique ce privilège, il en résulte des sensations internes dont l'ensemble se résume en un sentiment déterminé, celui du mérite personnel, auquel on donne aussi le nom d'*orgueil*.

Il va sans dire que la supériorité qu'acquiert ainsi l'être animé est plus ou moins sentie, suivant le degré d'énergie que possède l'initiative en question. Ce degré peut d'ailleurs varier d'un organe à l'autre, et c'est à l'ascendant alors obtenu par l'un d'eux qu'il faut attribuer la diversité des aspects que revêt ce sentiment.

De même que les sensations de convergence propres aux instincts de la conservation ne prennent conscience des satisfactions nécessaires aux besoins qu'elles représentent que lorsque l'intelligence les a mises en présence des sensations correspondantes du milieu extérieur, de même aussi les sensations de la dépendance restent indéterminées aussi longtemps que d'autres analogues ne s'offrent pas à elles du dehors. En général, un ordre de sensations internes ne fait seulement qu'indiquer l'une des conditions essentielles de l'existence ; pour réaliser cette dernière, le sentiment correspondant a toujours besoin du concours des sensations externes. En un mot, le sentiment ne trouve la satisfaction des besoins qu'il représente qu'en se mettant, pour ainsi dire, en contact des objets susceptibles de la lui procurer.

N'oublions pas que, si les deux premières conditions essentielles concourent simultanément à la réalisation de l'existence, il est non moins vrai que chacune d'elles poursuit un but spécial. La conservation ne vise que le résultat à obtenir ; la relation, les moyens capables de l'atteindre. Ce qui se passe dans l'existence en général doit également avoir lieu lorsque le centre nerveux devient en quelque sorte le miroir des événements de la réalité. Les instincts de la conservation désirent l'équilibre qui résulte de la convergence ; ceux de la relation, la proportion qu'exige la dépendance. Mais l'union des éléments suppose leur rapprochement, qui par cela même accroît la force de leur convergence. L'assimilation suppose donc une diminution de cette force pour compenser celle de la distance.

En résumé, dans le mode d'existence qui lui est propre, l'individu prend l'initiative de la subordination du mouvement à l'étendue, afin de réaliser l'équilibre des éléments nécessaires à sa conservation. De là résulte une supériorité qui se traduit dans le centre nerveux par des sensations correspondantes, qui de leur côté nous poussent à dominer le monde extérieur. La satisfaction des besoins qui se manifestent dans ce cas consiste à soumettre le mouvement à la loi de l'étendue. Elle ne va pas jusqu'à jouir du résultat obtenu, mais se contente du plaisir de le devoir à l'initiative exigée dans cette circonstance. En d'autres termes, les sentiments de la relation satisfont à leurs besoins par le seul fait d'être devenus la cause de l'effet produit. C'est en effet à la nécessité de subordonner et non à celle d'assimiler qu'il leur faut pourvoir désormais. Mais qu'il s'agisse des sentiments de la relation ou de ceux de la conservation, dans l'un et l'autre de ces cas le monde extérieur est seul capable de fournir des objets d'affection.

Remarquons en passant que la nécessité du concours des deux modes d'intelligence respectivement propres aux sentiments, soit de la conservation, soit de la relation, devient désormais pleinement manifeste. Nous pouvions d'ailleurs soupçonner déjà cette nécessité, sachant que l'une quelconque des conditions essentielles de l'existence ne saurait elle-même se réaliser sans la coopération des deux autres. A plus forte raison en doit-il être ainsi, lorsqu'il s'agit des moyens que respectivement elles emploient en vue de cette même réalisation. Il est clair en effet qu'on peut d'autant mieux réunir en une image concrète l'ensemble des phénomènes dont un être est composé, que l'on a eu préalablement la sensation plus nette de chacun d'eux. De même, on arrive d'autant plus aisément à concevoir l'équilibre qui est le but auquel vise la conservation, que l'on a une notion plus complète de la dépendance mutuelle des phénomènes et par suite de leur rapport.

Appliquons d'abord ces quelques considérations aux concours que prêtent les facultés intellectuelles des sentiments de relation à celles des sentiments de conservation. Nous voyons que dans ce cas l'être animé doit sa supériorité au pouvoir qu'il a de subordonner la première des propriétés générales à l'initiative de la seconde. Plus est grand le sentiment d'une semblable supériorité, plus aussi la contemplation abstraite parvient-elle à distinguer isolément les sensations des phénomènes extérieurs sur lesquels doit s'appliquer son initiative. Nous savons d'ailleurs qu'il est nécessaire que ces dernières s'offrent d'abord simultanément à l'esprit. Il est aussi peu possible de concevoir des sensations abstraites qui n'ont pas été tout d'abord réunies en une image concrète, que des phénomènes sans préalablement les avoir tirés de l'être qui en est le siège naturel. On ne peut agir directement que sur les signes abstraits ; car ces derniers représentent dès lors les résultats d'opérations intellectuelles faites une fois pour toutes sur ces mêmes sensations. Quoi qu'il en soit, une analyse obtenue dans les conditions que nous venons de dire permet ensuite à la contemplation concrète de reformer à nouveau des images plus nettes de leur ensemble.

De même la conscience de la supériorité fonctionnelle des organes doit évidemment réagir sur celle que nous pouvons avoir de leur existence elle-même. C'est à l'intervention secondaire de la contemplation abstraite que l'être animé arrive à acquérir des idées plus réelles de ce qu'on appelle son moi, c'est-à-dire de sa propre individualité.

Ce que nous venons de dire de la contemplation abstraite s'applique également à la liaison par dépendance. Il est en effet d'autant plus facile d'obtenir l'équilibre de l'être qu'on connaît mieux le constant rapport de ses phénomènes.

Si maintenant nous considérons l'influence inverse des facultés spéculatives de la conservation sur celles de la relation, la nécessité en devient encore plus évidente. Qu'il s'agisse en effet de la double contemplation, on verra que dans la réalité les phénomènes proviennent toujours de l'existence d'un être et que l'indépendance de l'un d'entre eux n'est due qu'à l'importance acquise par lui dans le concours simultané de leur ensemble. Le même fait doit se reproduire dans le centre nerveux. Les phénomènes que nous percevons par les sens se réunissent en une image concrète qui de son côté devient dès lors la source à laquelle la contemplation abstraite puise ses propres sensations. Ce n'est donc pas de l'être directement que l'abstraction tire ses matériaux, mais de la simultanéité des sensations que ce même être fournit d'abord à l'intelligence concrète. Dans ces conditions, le rôle de la contemplation abstraite consiste précisément à les discerner les unes des autres dans cet ensemble. De tout ce que nous venons de dire nous pouvons conclure aussi que l'abstrait doit sans cesse être subordonné au concret.

On voit de même que l'induction ou liaison par convergence, en nous montrant la similitude des êtres, fait par là ressortir également le même ensemble de phénomènes dans tous les cas particuliers. Elle nous permet ainsi de mieux apercevoir dans cet ensemble la différence de nature de chacun des phénomènes, et par cela même elle facilite leur déduction ou liaison par dépendance.

On voit enfin que la généralisation, en constatant l'égalité mutuelle d'influence des êtres ou de leurs éléments, s'applique en même temps à l'ensemble de leurs phénomènes. Elle permet ainsi à l'intelligence abstraite de voir que cette même égalité résulte uniquement de l'immuabilité des influences différentes de ces mêmes phénomènes. C'est donc en généralisant qu'on arrive à réaliser la systématisation.

De tout ce qui précède on peut enfin conclure que l'abstrait dépend du concret, la déduction de l'induction, la systématisation de la généralisation.

Mais pour comprendre mieux encore la solidarité qui existe entre les facultés intellectuelles, il ne faut pas perdre de vue que ce qui se passe dans le centre nerveux n'est que la reproduction des mêmes opérations qui s'effectuent pour la réalisation des conditions essentielles de toute existence quelconque. Nous savons en effet qu'un être n'existe que grâce au concours simultané des propriétés générales dont la complication plus ou moins grande peut seule le manifester. Mais l'une de ces propriétés acquiert une importance dominante, suivant que prévaut de son côté l'une des trois conditions qu'elle réalise. Par cela même il devient évident aussi que les sensations qui président en nous à la réalisation de l'une de ces mêmes conditions continuent à avoir besoin de l'assistance de celles des deux autres, malgré l'apparente indépendance de leur manifestation.

Nous savons ausssi que chacune des propriétés générales de l'existence doit posséder un caractère particulier : le mouvement, celui de la convergence; l'étendue, celui de la dépendance. De la convergence résulte la similitude des êtres ou de leurs éléments ; la dépendance suppose la différence de nature des phénomènes. A leur tour, la conservation exige l'union d'éléments ou d'êtres semblables; la relation, la subordination de phénomènes différents. On peut conclure de là que les sensations, internes et externes, doivent également agir ensemble de la même manière. Les sensations concrètes associent leurs similitudes mutuelles; tandis que les sensations abstraites subordonnent leurs différences respectives. Mais aucun de ces deux modes de liaison ne saurait s'opérer sans la coopération de l'autre.

Nous savons enfin que, des deux premières conditions essentielles de l'existence, la conservation se réalise par l'équilibre des êtres ou de leurs éléments; la relation, par la proportion des phénomènes. De l'équilibre naît une influence égale de convergence; de la proportion, un rapport immuable de dépendance. De l'égalité d'influence résulte la généralisation; de l'immuabilité de rapport, la systématisation. Les mêmes remarques s'appliquent aux sensations, soit concrètes, soit abstraites. Elles se généralisent ou se systématisent. Mais, comme dans les cas antérieurs, ces deux nouveaux procédés intellectuels exigent constamment leur appui mutuel.

Pour se convaincre de la nécessité du concours simultané du double mode de l'intelligence, il suffit d'ailleurs de se rappeler que l'être n'est au fond qu'un composé de phénomènes dont la conservation apprécie le résultat d'ensemble, et la relation l'influence réciproque. La conservation a tout autant besoin de connaître le phénomène isolé qui domine l'état concret que la relation, l'ensemble des phénomènes dont on considère abstraitement la succession. Il faut enfin ne pas oublier que les facultés spéculatives de l'un des deux ordres de sentiments secondent celles de l'autre, afin de mieux préparer les matériaux qui conviennent exclusivement à chacun d'eux.

L'orgueil, ou le sentiment du mérite personnel, est également en possession d'idées innées. Pour citer un exemple, ce qu'on nomme le *droit* est du nombre des notions de ce genre. Elle donne à l'individu la conscience de sa propre supériorité. Dès qu'on l'adopte pour principe de la relation, on se considère comme l'unique centre auquel tout doit être ramené. Comme d'ailleurs l'individu ne peut satisfaire ses désirs ambitieux qu'à la condition de dominer, la notion première de droit ne peut également lui servir qu'à subordonner le dehors à sa propre existence.

Ce sentiment est nécessaire à l'existence personnelle de l'être animé, puisque cette dernière ne peut arriver à la satisfaction de ses divers besoins qu'en s'adressant au monde extérieur. C'est donc l'orgueil qui est destiné à maîtriser, comme l'on dit, les forces de la nature. Le milieu se montre d'ailleurs en général docile à de semblables impulsions. Pour qu'il se prête à nos propres exigences, il suffit que notre initiative se soumette à son tour à la connaissance réelle des constants rapports qui existent entre les phénomènes qu'il offre à nos méditations.

En résumé, le sentiment du mérite personnel détermine par son propre choix l'action modificatrice à faire subir aux phénomènes, tant intérieurs qu'extérieurs, et c'est en quoi consiste le caractère qui lui est propre. L'intelligence a dès lors pour fonction de constater une semblable supériorité, qui d'ailleurs ne peut s'affirmer que par des sensations abstraites, puisque la source d'où elles dérivent se borne elle-même à la simple manifestation de phénomènes. Son rôle consiste également à mettre les sensations internes en présence de sensations externes de même nature, et finalement à choisir entre ces dernières celles auxquelles les premières sont disposées à confier le soin de réagir sur les phénomènes correspondants du monde extérieur. C'est ainsi que ceux-ci deviennent à leur tour la cause secondaire des événements dont nous désirons le mérite d'avoir eu la première initiative.

De tout ce qui précède on peut donc conclure enfin que l'orgueil, pour satisfaire aux besoins qui lui sont propres, fait intervenir la contemplation abstraite qui, je le répète, est nécessaire à la constatation des phénomènes. En outre, il s'adresse à la déduction ou liaison par dépendance, pour suivre la marche des conséquences qui doivent aboutir à l'effet dont le mérite de la production fait l'objet de ses désirs. Il se sert enfin de la systématisation pour exercer son action dominante sur les phénomènes d'après le rapport immuable de leurs différentes influences mutuelles.

***

Quant à l'expression qui convient au sentiment de la domination, elle est due à des réactions de même nature que les impressions correspondantes. Ces dernières étant abstraites, leurs expressions doivent donc l'être aussi. Ce qui veut dire que les réactions auxquelles les premières donnent naissance n'affectent plus que ceux des sens qui ont d'abord fourni à ce sentiment des moyens propres à satisfaire ses désirs de domination.

Mais c'est surtout aux artifices du langage proprement dit que l'on reconnaît alors ce nouveau caractère de l'expression. Les signes synthétiques, oraux ou graphiques, subissent dès lors une analyse semblable à celle que l'on opère sur les images concrètes pour en tirer les images abstraites.

On sait que les images qui naissent de la contemplation concrète sont formées par la réunion des impressions fournies par les phénomènes d'un objet extérieur. Isolée, chacune de ces dernières représente donc un des phénomènes composants et elle finit par devenir à son tour une image abstraite. Le même fait se reproduit lorsqu'il s'agit de l'expression. La réaction simultanée sur les sens se réduit dès lors à celle de la sensation isolée d'un phénomène.

A plus forte raison doit-il en être ainsi pour les signes. Ceux-ci se décomposent à leur tour, et il ne reste plus que celui qui rappelle plus ou moins l'expression naturelle correspondante. Pour citer un exemple, c'est à une semblable opération qu'a été soumis le double procédé, tant oral que graphique, qui constitue le langage proprement dit.

A vrai dire, il n'y a que l'expression synthétique qui

soit la reproduction exacte de l'impression correspondante. Il est aisé de s'en convaincre si l'on se rappelle que les phénomènes conçus isolément n'existent pas dans la réalité objective. L'ensemble de ceux qui composent un être est constamment nécessaire à la manifestation, non seulement de ce dernier, mais aussi de l'un d'entre eux. Par sensations abstraites il faut entendre celles auxquelles nous accordons dès lors toute notre attention, sans que pour cela l'ensemble des autres cesse de concourir simultanément à leur réalisation. Les impressions que nous considérons abstraitement, au sens absolu du mot, n'existent donc pas dans la réalité, et par conséquent ne peuvent pas donner lieu non plus à une expression naturelle. Cette dernière même rappelle déjà moins fidèlement un phénomène dès que celui-ci prend une plus grande importance au milieu de ceux qui contribuent à sa manifestation. Elle reste alors confuse ou devient vague suivant le degré d'abstraction qu'elle atteint. En d'autres termes, une expression est la représentation d'autant moins exacte d'une impression que celle-ci devient plus abstraite. Elle l'est d'autant moins que les sensations abstraites, n'étant pas perçues directement des phénomènes, mais tirées des sensations concrètes, doivent par cela même devenir moins vives et moins nettes et par conséquent réagir dans les mêmes conditions sur les sens correspondants.

C'est le sentiment de domination individuelle qui donne naissance à la partie analytique du langage humain ; de même que précédemment le premier des sentiments de la conservation, ou l'instinct nutritif, en inaugura la partie purement synthétique. Mais, dans le cas présent comme dans l'autre, et précisément pour les mêmes motifs, l'expression n'eut encore que peu d'occasions de se développer. Toutefois, il faut convenir que, par cela même que la relation commence à entrer en jeu, l'expression trouve un terrain plus favorable à son essor.

Quoi qu'il en soit, c'est à partir de la contemplation abstraite et de la liaison par dépendance qu'il surgit des mots qui ne rappellent plus des êtres, mais uniquement leurs phénomènes. Ces mots eux-mêmes se trouvent ensuite modifiés de manière à pouvoir à leur tour rendre la variété des nuances, non seulement des sensations correspondantes, tant internes qu'externes, mais aussi toutes les circonstances de la subordination dont ces deux ordres de sensations sont susceptibles. Ainsi, par exemple, le mot *envie* exprime une de ces circonstances; il indique l'impuissance de l'orgueil à satisfaire ses désirs de domination.

* * *

Quant à la conduite qu'adopte ce sentiment, elle se caractérise par la lenteur que l'on met aux décisions en vue de dominer à coup sûr, par l'inquiétude que l'on déploie pour conserver la domination, par le refus même d'action et jusque par l'isolement où l'on se retire quand on se sent incapable de dominer. Bref, c'est la prudence qui se révèle par l'infinité de nuances qu'elle peut comporter.

* * *

Après ce que nous venons de dire, il est aisé maintenant de suivre la marche que suit le dedans pour arriver à dominer le dehors. Les sensations internes propres à ce cas poussent l'intelligence à s'intéresser spécialement aux sensations externes correspondantes. Ces dernières ainsi sollicitées réagissent sur les sens ; ceux-ci, par suite, influent à leur tour sur les phénomènes du monde extérieur dont elles proviennent, et les provoquent ensuite à prendre l'initiative qui doit réaliser la satisfaction des désirs propres à ce cas. L'individu ne peut procéder de la sorte qu'en éprouvant lui-même la supériorité qu'il doit à son organisation. C'est en exagérant l'influence de certaines des fonctions de son mode d'existence qu'il se crée des besoins exceptionnels de domination.

***

Mais la plupart des avantages dont se targue l'être animé sont plutôt des privilèges de son espèce, n'ayant été acquis qu'à la suite d'une longue évolution de sa propre nature, tant égoïste qu'altruiste. Ils se sont par cela même inégalement développés chez les individus, tout en s'imposant à leur ensemble comme la marque de la supériorité spécifique. C'est ainsi que le désir de se faire valoir aux yeux des autres en paraissant doué de qualités qui n'appartiennent qu'à l'espèce donne naissance à un nouveau sentiment de la relation auquel on a donné le nom de *vanité.*

On peut dès maintenant observer que tant que l'orgueil et la vanité restent dans les limites normales de leur fonctionnement, lequel consiste à assurer à l'individu ou à l'espèce l'initiative de la subordination du mouvement à l'étendue, leur légitime influence s'exerce si naturellement qu'elle passe même inaperçue, comme d'ailleurs c'est aussi le cas pour les instincts analogues de la conservation. Ces deux ordres de sentiments ne doivent commencer à être pris en mauvaise part que lorsque, s'exagérant leur propre importance, ils empêchent ainsi l'ascendant final du sentiment altruiste de la relation ou de la conservation.

Une différence fondamentale distingue d'abord la vanité de l'orgueil. Ce dernier peut uniquement sentir la supériorité individuelle, la vanité celle de l'espèce. Si donc l'orgueil est réellement en possession de ses qualités, la vanité ne peut au contraire qu'imiter ou simuler celles dont l'espèce tire avantage.

***

Que les sensations du mérite concernent l'individu ou l'espèce, leur source reste toujours la même. Elle consiste dans la supériorité exceptionnelle d'initiative que possèdent déjà naturellement les organes de l'être animé lorsqu'il s'agit de la relation de ses phénomènes. L'individu et l'espèce étant d'ailleurs pourvus tous deux des mêmes organes, particularisés dans le premier cas et généralisés dans le second, il est évident que l'être animé est soit directement doué de ses qualités propres, soit susceptible d'en acquérir d'autres par l'imitation.

Observons enfin que l'orgueil, par cela même qu'il sait suffire à tout par lui-même, n'a nul besoin de se soumettre à l'approbation des autres. Tandis que la vanité ne peut acquérir de nouveaux avantages que s'ils sont approuvés par autrui, puisque c'est à l'espèce qu'elle les emprunte. Quoique tous deux ne visent qu'à des satisfactions purement égoïstes, il y a néanmoins entre eux cette différence à faire, c'est que l'orgueil les tire de l'estime que lui-même accorde à son propre mérite, la vanité de celui qu'il s'attire du dehors en se conformant au mérite de l'espèce.

L'orgueil se sert des sensations externes pour assouvir ses besoins de domination. Il en résulte finalement une subordination du dehors à l'initiative du dedans. Mais cette dernière a pour unique but de maintenir l'existence de l'individu. Il faut conclure de là que l'instinct nutritif et l'orgueil réalisent les deux premières conditions essentielles de l'existence individuelle. Par conséquent l'un et l'autre de ces sentiments doivent également tirer leurs sensations de chacun des organes de la vie animée, que, bien entendu, il ne faut considérer dans ce cas que comme devant contribuer à la conservation de cette même existence. Les sensations de l'instinct nutritif manifestent dans cette circonstance l'état de la convergence des éléments dont se compose l'être animé, celles de l'orgueil l'état de la dépendance de leurs phénomènes.

Qu'il s'agisse maintenant de la vanité, l'on devra la considérer avec non moins de raison comme destinée à réaliser la seconde des conditions essentielles de l'existence de l'espèce, dont les instincts sexuel et maternel effectuent la première. Quant aux sensations qui donnent naissance à ce double sentiment, il est tout naturel qu'elles aient spécialement pour origine les organes propres à la conservation de l'espèce, dont ceux de la vie individuelle ne servent plus dès lors qu'à faciliter la fonction. C'est donc à ces organes que nous devons finalement la conscience de l'initiative qui désormais revient exclusivement à l'espèce en ce qui concerne la relation des phénomènes.

Tant qu'il s'agit de l'existence individuelle, l'initiative de la relation appartient à l'être animé lui-même. Mais il n'en est plus ainsi lorsqu'on envisage l'espèce. Dès lors, c'est cette dernière existence qui préside à son tour à ses diverses relations. L'individu, considéré désormais comme un des éléments de l'espèce, n'a plus qu'à se soumettre à cette nouvelle initiative. Nous savons qu'à l'aide de la relation une existence quelconque modifie la convergence qu'elle imprime à la matière de ses éléments suivant la destination qu'elle leur assigne. Réciproquement, ces derniers doivent dès lors se montrer disposés à une semblable modification qui seule peut les rendre dignes d'être admis à faire partie de cette même existence.

Si nous appliquons cette notion générale au cas particulier de l'espèce, nous verrons que chacun des sexes est en possession d'une certaine substance dont la combinaison doit servir d'élément de la reproduction d'un être. C'est précisément dans la disposition au rapprochement nécessaire à cet effet que consiste la première manifestation de ce qu'on appelle la vanité. Aussi bien, est-ce dans les rapports mutuels entre les deux sexes que la vanité trouve d'abord la meilleure occasion de satisfaire ses désirs. Car il est tout naturel que, né du besoin de se conformer aux exigences les plus essentielles de l'espèce, ce sentiment applique avant tout ses tendances à ce premier moyen de les réaliser. Mais il va sans dire que son influence ne doit pas se borner à ce début. L'espèce applique l'initiative de sa relation non seulement aux besoins de la reproduction, mais à tout ce qui peut assurer la supériorité de son existence. Il est évident que l'ensemble de ceux qui participent à un avantage quelconque obtenu de la sorte ne saurait qu'approuver les efforts faits dans le même sens par chacun d'eux. C'est une semblable approbation qui constitue en définitive la satisfaction que désire atteindre la vanité. Elle consacre, pour ainsi dire, les résultats de leurs communes tendances.

On voit que la vanité consiste dans la disposition que l'être animé doit manifester pour remplir la seconde des conditions essentielles de l'existence de l'espèce dont il se considère comme un des éléments. Le cas est d'ailleurs analogue à celui de l'orgueil. Ce dernier montre également la disposition que possède chacune des cellules de la vie animée à concourir à l'initiative que leur ensemble doit avoir dans la relation de leurs phénomènes. Seulement, comme cet ensemble compose l'être animé lui-même, l'orgueil est d'ordinaire pris pour un sentiment qui concerne directement ce dernier; tandis qu'au contraire il ne fait que révéler les dispositions des éléments de la vie animée envers l'existence individuelle, et cela de la même manière que la vanité dispose l'être individuel à seconder la domination de l'existence de son espèce. De même donc que l'orgueil se prête en toute circonstance à assurer la supériorité d'initiative de l'individu, de même la vanité pousse ce dernier à favoriser tout ce qui peut conserver à l'espèce son légitime ascendant. Aussi, quoique l'orgueil et la vanité ne consacrent d'abord leur influence respective qu'à garantir la nutrition de l'individu ou la reproduction de l'espèce, ils ne bornent pas à cela leur rôle, mais cherchent à satisfaire l'ensemble des besoins que la relation manifeste dans ces deux cas. Toute sensation de provenance extérieure met en éveil le sentiment correspondant et stimule ainsi son désir de réaliser la condition essentielle de l'existence au service de laquelle il est voué. L'orgueil et la vanité généralisent leur influence respective à mesure que l'être animé a besoin lui-même d'étendre la supériorité d'initiative de sa propre relation.

Quelle qu'elle soit, une existence doit toujours la réalisation de ses conditions essentielles aux éléments dont elle se compose. C'est à eux qu'est réservée l'exécution des exigences qu'elles imposent. Chacun d'eux doit se conformer à l'impulsion qui est commune à tous. C'est ainsi qu'il reste en harmonie avec l'ensemble. Voilà ce qui explique pourquoi la vanité nous pousse à l'imitation des qualités qui sont la marque, vraie ou même supposée, d'une supériorité de l'espèce.

En général, qu'il s'agisse de la conservation ou de la relation, dans les deux cas ce sont les éléments qui réagissent les uns sur les autres et leur ensemble sur le monde extérieur. Par exemple, dans le cas de la vanité, les membres d'une même génération se communiquent mutuellement et transmettent aux suivantes la supériorité quelconque que l'espèce, c'est-à-dire l'ensemble de ses éléments, a su conquérir sur les autres, aussi bien inanimées qu'animées.

Pour nous résumer, nous dirons donc que la vanité nous dispose à réaliser la seconde des conditions essentielles de l'existence de l'espèce. Ce sentiment tire ses premières sensations de la supériorité d'initiative des organes de la reproduction de l'espèce, mais trouve ensuite des stimulations dans tout ce qui est capable d'assurer l'ascendant de cette dernière. La vanité, tout en nous disposant à satisfaire les besoins de domination de l'espèce, pousse également chacun de ses membres à acquérir les avantages qui résultent de ces satisfactions, puisque l'espèce ne peut manifester sa supériorité que par l'entremise de ceux qui la composent. Chacun, en remplissant les mêmes conditions exigées de tous, ne peut qu'être approuvé par l'ensemble. C'est dans cette approbation que consiste finalement la satisfaction que désire la vanité ; car elle consacre ainsi la supériorité qu'elle-même ressent déjà par suite de son origine qui a directement trait à la domination de l'espèce, puisque cette origine n'est autre que le double organe de la reproduction.

Quant aux moyens théoriques et pratiques dont la vanité fait usage, ils ne peuvent être que ceux qu'emploie déjà l'orgueil. Nous ne ferions donc que nous répéter en les appliquant à ce nouveau cas, puisque la vanité se sert également de la contemplation abstraite, de la liaison par dépendance, de la systématisation et de l'expression analytique. La tendance de cet instinct consistant en la possession des qualités de l'espèce, qualités qui ne sont elles-mêmes que certaines intensités de phénomènes, il est évident que l'intelligence doit mettre à son service les fonctions spécialement destinées à concevoir de tels désirs et à concourir à leur satisfaction.

Enfin, dans sa conduite, la vanité est tout aussi lente à se résoudre à l'action afin de savoir mieux se conformer aux exigences ambiantes ; elle est sans cesse inquiète dans la crainte de ne pas assez s'y conformer ; elle s'abstient même d'agir et pousse jusqu'à la timidité, dès qu'elle ne se sent pas suffisamment à même de pouvoir provoquer l'approbation.

Il nous reste à dire quelques mots sur le sentiment de la relation altruiste. Les sensations qu'il manifeste proviennent également de notre for intérieur. Toutefois, elles ne lui appartiennent plus en propre. Ce ne sont plus que celles communes aux deux sentiments de la relation égoïste, et par conséquent dégagées de leur destination particulière. Après avoir été généralisées, elles s'appliquent dès lors à réaliser les conditions essentielles d'une existence qui n'est plus celle de l'individu ou de l'espèce, mais de l'universalité des êtres. Le sentiment qui résulte de sensations ainsi détournées de leur double but antérieur porte le nom de *vénération*.

Il se produit d'ailleurs pour ce nouveau mode de l'altruisme ce que nous avons remarqué précédemment à l'occasion de l'attachement. Ce dernier en effet tire aussi ses propres caractères de la même source que les deux autres sentiments de la conservation. Il a suffi pour cela de comparer les deux ordres de sensations qui leur ont donné naissance pour en dégager les notions générales de convergence, de similitude, d'égalité.

Les sentiments de la relation ont eux aussi des caractères communs que l'intelligence parvient également à dégager, à généraliser et enfin à attribuer spécialement à la relation altruiste. C'est ainsi qu'on voit que les éléments exigent la convergence, les phénomènes la dépendance ; qu'il y a similitude entre les uns et différence entre les autres ; qu'enfin l'égalité résulte des premiers, l'immuabilité des seconds. Dépendance, différence et immuabilité sont donc les caractères qui conviennent à ce cas. Par conséquent, pour acquérir sa propre spontanéité, le sentiment de la relation altruiste n'eut qu'à se les approprier et à les consacrer à soumettre l'individu et l'espèce à une existence plus générale que la leur.

Mais, quelle que soit l'existence qui devienne la cause de l'effet qui résulte de la relation des phénomènes, il ne faut pas perdre de vue qu'en aucun cas il ne lui est possible d'altérer en quoi que ce soit leur rapport mutuel qui doit rester immuable. Son intervention doit sans cesse se borner à varier l'intensité de ces phénomènes dont l'ordre ainsi que la marche restent invariablement les mêmes. Ainsi, par exemple, l'être qui préside à ses propres destinées peut bien modifier autour de lui le mouvement de convergence, mais c'est afin d'arriver à lui imposer l'étendue de dépendance favorable à ses desseins. La marche suivie dans ce cas consiste toujours à proportionner la force de convergence au degré de dépendance pour que l'équilibre puisse se produire, ce qui est finalement le but que désire atteindre la conservation.

En même temps que la modification des phénomènes se règle d'après l'immuabilité de leur rapport, il existe aussi une sorte de préséance dans l'ordre que doit suivre son accomplissement. Cette double obligation est toujours indispensable. Ainsi, par exemple, pour qu'il y ait équilibre, il faut non seulement que le mouvement dépende de l'étendue, mais aussi qu'il se modifie suivant les convenances de cette dernière. C'est donc l'étendue qui obtient la préséance lorsqu'il s'agit de la seconde des conditions essentielles de l'existence. Quant au mouvement, il n'a plus qu'à se régler d'après elle. L'immuabilité du rapport est dès lors destinée à maintenir le degré d'intensité que dans chaque cas la proportion exige des deux premières propriétés générales de l'existence.

On voit maintenant à quelle condition un être peut exercer sa faculté d'initiative. Il faut que dès lors il se soumette préalablement aux lois qui régissent la relation des propriétés générales de l'existence. En d'autres termes, quelle que soit la modification qu'il fasse subir à ces dernières, il n'en est pas moins obligé de respecter sans cesse aussi bien l'ordre de leur manifestation que l'immuabilité de leur rapport.

Nous avons dit que l'initiative de la relation revient toujours à l'être qui doit pourvoir aux nécessités de son existence. Pour compléter notre pensée, il faut ajouter qu'en définitive c'est sur un autre être qu'il exerce la supériorité de son influence. En ce cas, la dépendance des phénomènes, ainsi que l'immuabilité de leur rapport, ne peuvent que servir de moyens propres à réaliser la seconde des conditions essentielles de l'existence.

A plus forte raison en est-il ainsi, lorsque l'être animé a besoin d'effectuer sa propre relation. L'élaboration cérébrale ne fait alors que reproduire les mêmes événements qui s'accomplissent pour tout être quelconque. Ainsi, par exemple, tant que la vénération reste prépondérante dans notre nature altruiste, c'est exclusivement à la volonté d'un être suprême qu'elle se soumet. Car dès lors ce qu'elle désire uniquement, c'est réaliser la seconde des conditions essentielles de cette existence.

***

La métaphysique et même la science sont donc dans l'erreur en cherchant à borner l'objet de notre soumission à de simples principes ou lois. Du moment que la vénération devient prépondérante, c'est uniquement, je le répète, la volonté d'un être qu'elle veut subir.

Il en a été d'ailleurs ainsi aussi longtemps que l'évolution altruiste de l'espèce humaine accorda une influence dominante à la vénération. Pour s'en convaincre il suffit de se rappeler que, tout en ayant, sous le nom de destin, su discerner de bonne heure l'immuabilité du rapport des phénomènes, cette phase n'a jamais cherché à en faire une divinité. C'est au contraire à l'influence de la métaphysique qu'est due l'importance croissante acquise par les moyens dont toute initiative de la relation doit se servir pour réaliser l'existence. Elle agit ainsi dans l'espoir de détourner la vénération de son but réel qui est, avons-nous dit, l'être lui-même. Mais aussi longtemps que l'esprit théologique sut se maintenir intact, ce que l'on appelle le destin ne resta qu'une notion subalterne, la vénération préférant dès lors se soumettre aux volontés d'un être suprême. Aussi, l'un des symptômes de la décadence théologique fut dans la substitution de la notion secondaire de l'immuabilité des principes à celle de dépendance directe envers une suprématie divine.

En résumé, la prépondérance de la vénération dans notre nature altruiste suppose nécessairement la soumission à un être suprême. Ce sentiment nous pousse à réaliser les conditions essentielles de cette même existence.

C'est donc directement que nous obéissons alors aux volontés d'un être dont notre altruisme nous dispose à faire partie. L'intelligence que la vénération réclame de nous a pour unique destination de lui permettre de mieux adapter notre conduite à la soumission désirée. Quant aux principes dont ce sentiment fait usage dans ce cas, ce ne sont, je le répète, que de simples moyens qui lui sont nécessaires pour parvenir à cette seule fin. Ce serait donc une erreur de croire que la métaphysique ou la science suffit pour satisfaire aux besoins de la soumission ; car les notions que toutes deux nous offrent ne sauraient jamais être que de simples résultats théoriques dont la vénération se sert pour connaître les volontés de son objet d'affection.

On voit d'ailleurs que, si les conditions essentielles de l'existence ont uniquement l'être en vue, à plus forte raison en doit-il être ainsi pour les sentiments qui sont destinés à manifester ces mêmes conditions dans l'être animé. Qu'ils soient égoïstes ou altruistes, ces sentiments ont également l'être pour seul but. Ceux de la conservation visent directement l'être pour en faire l'élément d'une existence individuelle ou collective ; ceux de la relation ne s'adressent, il est vrai, qu'aux phénomènes, mais c'est dans le but de soumettre l'être qui en est doué ou bien de nous soumettre à lui ; enfin, ceux de la modification considèrent une intensité particulière des phénomènes dans l'être lui-même. Dans les trois cas, c'est donc toujours finalement l'être qui devient l'objet des désirs d'un sentiment quelconque.

Entre la théologie et la métaphysique il y a d'ailleurs à faire une comparaison analogue à celle qui existe entre l'action et l'expression. La théologie nous soumet directement à l'acte de la volonté suprême ; tandis que la métaphysique se borne à nous faire connaître plus ou moins exactement la notion des moyens qu'emploie la manifestation de cette même volonté. Le *Credo*, en proclamant que le Verbe s'est fait chair, a formulé, l'on ne peut mieux, cette double tendance des doctrines absolues. Le Verbe n'est autre chose que l'expression de la volonté divine ; la chair, c'est Dieu lui-même qui peut seul résoudre en acte cette même volonté.

Chaque fois donc que la vénération devient prépondérante dans notre nature altruiste, c'est à l'inéluctable soumission d'une existence extérieure à la nôtre qu'elle doit se vouer. Même si l'on parvenait à remplacer l'antique conception de la divinité par la suprématie de l'existence sociale dès lors conçue dans l'universalité des êtres, cette suprématie serait acquise à la toute-puissance d'un être, et par cela même rentrerait dans le cas normal de la prépondérance de la vénération. Tandis que la métaphysique et la science, en cherchant à usurper la même fonction, ne tarderaient pas à faire dégénérer leurs sophistiques prétentions en une monstrueuse immoralité, puisque, comme nous le verrons bientôt, en niant les réalités sur lesquelles s'appuie l'altruisme, elles nous ramènent insensiblement aux seules préoccupations de notre propre individualité et par conséquent au pur égoïsme.

Après ce que nous venons de dire, on ne doit plus s'étonner que l'on ait attribué à une volonté supérieure à celle de l'individu et de l'espèce la cause de l'ordre que doit invariablement suivre la réalisation des phénomènes quelconques. Il est non moins naturel que la vénération, pour satisfaire à ses besoins de soumission altruiste, ait obéi d'abord aux mêmes inspirations que les sentiments du mérite de l'individu ou de l'espèce, en donnant à ses objets d'affection une forme, soit personnelle, tels que, par exemple, Dieu, la Nature, etc., soit plus ou moins collective, tels que le Panthéisme, l'Humanité, etc.

Quand on adopte la première de ces formes, on se soumet indirectement à l'ordre universel en obéissant aux commandements d'une puissance, soit surnaturelle, soit simplement naturelle, qui l'a créé et le gouverne. C'est alors le sentiment du mérite individuel qui prête à la vénération toute la force de sa logique par une application de l'idée *a priori* de la causalité la plus fondamentale en même temps que la plus simple, puisqu'elle dérive du sentiment qui sert de point de départ à la seconde des conditions essentielles de l'existence. Cette notion est d'ailleurs tellement innée en nous qu'il n'est pas possible de ne pas y avoir recours chaque fois que nous voulons élever jusqu'à l'absolu l'objet de notre suprême soumission, c'est-à-dire arriver au terme au delà duquel il n'y a plus moyen d'expliquer les relations que notre faible intelligence sait apercevoir dans le domaine du monde réel.

En résumé, puisque la soumission ne s'adresse jamais qu'à un être, réel ou fictif, la supériorité individuelle que nous lui reconnaissons est par suite la cause première la plus naturelle qui réponde pleinement à la satisfaction des besoins propres à la prépondérance de la vénération. Quoique en apparence on n'obéisse qu'à l'initiative de phénomènes, cette dernière, toutefois, doit toujours, en dernière analyse, provenir d'une volonté, si nous voulons rester dans la logique essentielle de la seconde des conditions essentielles de l'existence. Aussi, s'arrêter aux principes qui consacrent la supériorité d'un être, sans remonter jusqu'à l'initiative dominante de ce dernier, c'est complètement méconnaître le but réel que se propose la vénération. En effet, lorsqu'un être impose sa supériorité à ce sentiment, ce sont ses propres satisfactions qu'il désire réaliser, en exigeant de nous la connaissance de ses besoins. Ainsi, par exemple, l'existence sociale ne peut maintenir sa suprématie que si nous subissons les lois qui régissent la seconde des conditions essentielles de son être. En un mot, la prépondérance de la vénération a pour conséquence nécessaire une soumission absolue à la volonté d'un être suprême, quelle que soit d'ailleurs la formule intellectuelle dont dans ce but nous nous servions à un moment donné.

***

A cet égard, il y a lieu de remarquer en passant la différence qui existe entre la théologie et la métaphysique. Toutes deux sont des doctrines spécialement destinées à offrir des objets d'affection à la vénération. Mais la théologie attribue directement nos propres sensations du mérite individuel à un être suprême ; et, par cela même, elle ne peut le concevoir que doué d'un ensemble de sentiments personnels analogues aux nôtres, puisque la réalité exige que les trois conditions essentielles de l'existence s'incarnent, pour ainsi dire, dans l'être animé pour que l'une d'elles puisse réaliser sa propre fonction.

La métaphysique, au contraire, se borne seulement à donner l'initiative de la direction plus ou moins universelle aux principes que nous tirons des sensations internes du mérite individuel. Après avoir ainsi donné à ses théories une base plutôt intellectuelle que sentimentale, elle cherche bien ensuite à personnifier ces abstractions pour rester dans la logique de la causalité absolue. Toutefois, ces principes, même personnifiés, par cela seul qu'ils sont isolés de la source affective qui leur a donné naissance, ne peuvent également plus s'appuyer désormais sur les autres impulsions dont nous savons que le concours est toujours nécessaire à l'influence prépondérante de l'une quelconque d'entre elles. Voilà pourquoi la métaphysique conserve un caractère purement spéculatif. Car ses doctrines, en s'écartant de la source affective dont elles ont tiré leur première origine, perdent aussi de vue leur destination sociale et par conséquent finissent par devenir incapables de servir comme moyens propres à réaliser les conditions essentielles de l'existence correspondante. Si l'on ajoute à cela que cette dernière, comme tout être animé, se voit dans la nécessité de remplir ses conditions à l'aide des sentiments personnels, il n'y a plus lieu de s'étonner que la théologie ait été seule dans la vraie logique de la vénération en remontant jusqu'à la cause première la plus naturelle que nous puissions concevoir, celle que fournit le plus personnel des sentiments de la relation. C'est en conséquence ce dernier qui est uniquement à même de satisfaire à notre besoin de suprême explication de toutes choses ; car la causalité individuelle est un principe qui découle directement de l'instinct de la dépendance du dehors au dedans, principe au delà duquel il ne nous est plus possible d'imaginer d'autre initiative à la relation.

En résumé, dans le cas où la vénération devient prépondérante, il est nécessaire que nous nous soumettions directement aux volontés d'un être supérieur, mais semblable à nous. Ce sentiment se voue dès lors directement à la satisfaction des besoins que manifeste celui du mérite individuel de ce même être, et ainsi ne se borne pas à prendre uniquement pour ses objets d'affection les moyens théoriques et pratiques qu'il emploie pour réaliser notre dépendance à son égard. Aussitôt que cette indispensable subordination immédiate cesse d'exister, non seulement la vénération ne se trouve plus sous l'influence directe de la volonté de son objet d'affection ; mais les deux autres sentiments personnels du même être à leur tour n'ont plus d'efficacité sur les inclinations altruistes correspondantes. D'une part comme de l'autre, il n'y a donc plus le concours nécessaire de la triple impulsion, pour que puisse se réaliser les conditions essentielles de l'existence. Il est en effet tout naturel que la vénération n'obtienne plus l'assistance de ses deux congénères, du moment que ces dernières de leur côté ne trouvent plus leurs satisfactions dans l'objet qui dans ce cas devrait normalement les leur fournir. En voulant donner comme aliment à la vénération des principes au lieu de la volonté d'un être suprême, on la prive donc de la seule stimulation qu'elle puisse tirer du dehors ; en même temps qu'on lui enlève l'appui secondaire de nos deux autres inclinations altruistes. Il en résulte une sécheresse de cœur qu'il n'est que trop facile de constater chez ceux qui, bien qu'uniquement dominés par la vénération, ne la cultivent qu'au moyen de pures abstrations.

Auguste Comte a dit qu'une loi doit toujours être complétée par une volonté. C'est cette dernière que la métaphysique tend à supprimer, en offrant pour but à la vénération de simples principes. Elle oublie que l'existence sociale est un être qui, comme tout autre, exige la réalisation de ses conditions essentielles. Ce qui aggrave encore son erreur, c'est qu'avec des notions absolues elle aspire néanmoins à continuer à faire prévaloir la vénération dans notre nature altruiste. Mais en nous les imposant comme seules règles, elle empêche de nous soumettre aux volontés réelles de l'existence sociale, volontés que cette dernière a sans cesse besoin, au contraire, de modifier à mesure que le demandent les circonstances. La seule utilité qu'ait eue l'influence directe de la métaphysique, c'est de rendre impossible le retour de la prépondérance bienfaisante, mais temporaire, de la vénération en dissolvant les dogmes théologiques et en nous habituant à l'immuabilité des rapports réels, condition indispensable à l'essor de l'ascendant définitif de la bonté. Car celle-ci ne peut améliorer quoi que ce soit qu'en se soumettant d'abord aux relations invariables qui existent entre les phénomènes.

Pour ce qui est de la science, elle est encore moins capable que la métaphysique d'assurer la prépondérance de la vénération. Car, loin de stimuler cette impulsion, elle tend au contraire à l'affaiblir en exaltant notre propre orgueil. C'est que, tout en perdant également de vue l'être lui-même, elle ne s'adresse plus à des principes de causalité, mais se borne dès lors à considérer le rapport immuable qui existe directement entre les phénomènes. La seule préoccupation des phénomènes qu'elle nous inspire, non seulement n'a plus pour but de nous soumettre à un être suprême, mais finit même par nous rendre indifférents à l'existence qui les manifeste. Au moins, la métaphysique arrive-t-elle à atténuer son vice fondamental par l'institution des entités ou abstractions personnifiées. Il ne faut donc pas s'étonner que, par cela même qu'un sentiment quelconque ne saurait exister qu'en vue de satisfaire aux besoins d'un être, la vénération prête si peu d'intérêt à la science purement abstraite. Au lieu d'aider à son essor, ce sentiment ne tarde pas au contraire à céder la place à l'orgueil que surexcite la possession si laborieusement acquise d'une semblable connaissance. C'est alors aussi que nous retombons dans le cas normal de l'intelligence qui n'a d'autre utilité que d'aider les sentiments à satisfaire les besoins de l'existence pour laquelle ils sont respectivement destinés. La science est d'ailleurs d'autant plus favorable à l'exaltation de la personnalité qu'elle peut indistinctement être utilisée par l'ensemble des sentiments de la relation, aussi bien par ceux de l'égoïsme que par celui de l'altruisme. Grâce au concours des sentiments de la modification, elle sert en effet à la domination de l'individu et de l'espèce tout autant qu'à celle de l'être universel.

De tout ce que nous venons de dire il ressort bien clairement que la vénération ne saurait devenir prépondérante dans notre nature altruiste qu'à la condition de se consacrer à la suprématie de l'existence sociale, personnifiée soit par la théologie, soit par la métaphysique, suivant les notions plus ou moins précises qu'elle a des moyens intellectuels dont cette existence fait usage pour parvenir à ses fins.

Quant à la science, par cela même qu'elle n'envisage plus l'être, mais uniquement l'immuabilité des relations existant entre les phénomènes, elle devient incapable de servir d'aliment à la prépondérance de la vénération. Aussi, ce sentiment, dès qu'il s'applique à la science, doit-il se borner à nous soumettre à ses lois comme condition indispensable de l'amélioration des êtres. Mais il est évident que dans ce cas la vénération ne peut plus servir qu'à seconder la prépondérance de la bonté. Dès lors, elle deviendra son plus précieux auxiliaire. Car, pour améliorer un être quelconque, la bonté a besoin sans cesse de s'appuyer sur l'invariabilité des relations qui existent entre ses phénomènes. Le règne de la bonté suppose donc nécessairement l'intervention de la science. Aussi bien, la meilleure preuve des progrès de son ascendant dans notre nature altruiste se manifeste par la croissante confiance que l'instinct populaire accorde aux découvertes de la science, dès que celles-ci servent de base théorique aux modifications utiles. Aucun novateur, mieux qu'Auguste Comte, n'a compris la véritable importance du savoir réel dans la sentimentalité définitive de l'humanité. En le systématisant, il n'a eu d'autre but que d'asseoir sur des fondements inébranlables la prépondérance normale de la bonté. Ne voir dans son œuvre qu'une tentative pour restaurer la suprématie de la vénération, ce serait tomber dans la même erreur que ceux qui aspirent à continuer son règne avec l'appui des principes absolus de la métaphysique. Ce qu'on appelle le positivisme ne peut donc consister en un retour à la sentimentalité dominée par la vénération, mais en l'avènement de celle où prévaudra la bonté.

Les considérations dans lesquelles nous venons d'entrer prouvent aussi que la méthode sentimentale, en attribuant à toute affection un mode spécial de spéculation, est la seule qui reconnaisse sincèrement la prépondérance du cœur sur l'esprit. Les conceptions auxquelles elle donne lieu ne sauraient donc être confondues avec les tentatives philosophiques que l'on a faites jusqu'à ce jour dans le même sens.

Ainsi, pour citer un exemple, la cosmogonie sur laquelle cette méthode s'appuie est uniquement destinée à doter d'une même nature l'ensemble des êtres et par ce moyen à développer l'attachement. Une semblable théorie découle directement des sensations internes propres à cette inclination altruiste, et par cela même possède toutes les qualités nécessaires à la fois à la culture de l'attachement et au maintien de la conservation de l'existence sociale conçue alors dans sa pleine généralité. Nous savons que dans ce dernier cas la conservation consiste dans la solidarité et la continuité de l'universalité des êtres qui dès lors doivent être pris pour les éléments composants d'une semblable existence. La théorie de la convergence universelle, qui ne nous avait d'abord servi qu'à expliquer l'identité de nature des êtres, devient dès lors, aussitôt qu'on l'applique à l'altruisme, la notion la plus fondamentale de la doctrine de l'attachement.

Il faut d'ailleurs distinguer ici l'existence que conçoit la mathématique de celle qui est l'objet de la sociologie. Celle dont cette dernière s'occupe a pour éléments l'ensemble des espèces d'êtres dont chacune est en possession de ses phénomènes plus ou moins compliqués, tandis que celle qu'étudie la mathématique ne considère plus les êtres que relativement aux propriétés générales de toute existence, dès lors dépouillées des complications qu'elles doivent subir par la suite.

Quoi qu'il en soit, une notion qui a pour but de rattacher la première des conditions essentielles de l'existence au sentiment qui doit concourir à la réaliser ne saurait être taxée de métaphysique, puisque, s'il en était ainsi, elle se bornerait à rester purement intellectuelle, et par conséquent ne pourrait plus servir à aider l'attachement à faciliter notre assimilation à l'existence sociale conçue dans sa pleine universalité.

En résumé, dès qu'une doctrine tire de la simple réalité les généralisations et les coordinations dont elle se sert ensuite pour construire la philosophie, tant de l'union que de la soumission, cette doctrine, dis-je, doit être considérée comme pleinement positive; car alors elle peut être utilisée pour la fin dernière de l'altruisme, laquelle consiste dans l'amélioration réelle de l'existence sociale.

La répugnance à admettre l'explication générale des conditions essentielles de l'existence provient d'ailleurs d'une cause très naturelle. Pendant la phase de la prépondérance de la vénération que nous continuons à parcourir, la conception de l'existence sociale, loin de pouvoir être étendue à l'universalité des êtres, est à peine parvenue à embrasser notre seule espèce. Bien plus, aussi longtemps que cette conception se bornera à ces dernières limites, elle ne saurait admettre les autres êtres, tant animés qu'inanimés, que comme des moyens secondaires pour réaliser l'ascendant exclusif qui devient alors la seule préoccupation de notre espèce. En d'autres termes, la culture de l'impersonnalité n'est pas encore arrivée à comprendre la plus vaste extension que doivent atteindre les objets d'affection de l'altruisme. Aussi la théorie que nous préconisons semble-t-elle actuellement privée de l'appui sentimental qui serait indispensable à son adoption ; et dès lors il ne faut pas s'étonner qu'on puisse la confondre avec d'autres spéculations analogues auxquelles l'esprit a plus de part que le cœur.

Après la digression à laquelle nous venons de nous livrer, il nous reste à dire quelques mots sur les tentatives que certains philosophes ont faites pour satisfaire à l'impérieux besoin de la causalité qui se manifeste dans notre nature altruiste. Dans ce but, ils se sont adressés soit au sentiment du mérite de l'espèce, soit à une combinaison plus ou moins intime des deux sentiments de la relation égoïste. De là, comme nous l'avons remarqué plus haut, l'origine du panthéisme et de la religion de l'humanité. La première de ces deux tentatives de déification subit encore principalement l'influence du sentiment du mérite individuel en faisant Dieu l'être substantiel lui-même ; la seconde, au contraire, suit plutôt les inspirations de l'instinct du mérite de l'espèce en rapportant toute cause à la volonté collective, actuelle et continue, de la nature humaine.

Mais de semblables conceptions ne contenteront jamais pleinement la vénération pure. Cette dernière ne peut s'arrêter à mi-chemin, son seul désir étant de remonter à une cause qui ne soit plus l'effet d'aucune autre. L'initiative individuelle est la seule qui soit parfaitement absolue, car au delà de cette origine on ne peut plus concevoir d'autre raison logique à donner à la volonté suprême. On peut aussi conclure de là que la seule divinité dont nous puissions nous faire une image réelle consiste dans l'existence sociale conçue dans la plénitude de son universalité. C'est d'elle en effet dont tous les autres sont finalement les éléments. Ainsi devient-elle également le suprême objet d'affection qu'il nous soit possible d'offrir tout ensemble à l'attachement, à la vénération et à la bonté.

Une divinité de cette nature serait d'ailleurs douée du même altruisme auquel elle servirait d'aliment le plus pur. Nous savons en effet qu'en remplissant ses propres conditions essentielles, l'existence universelle, simplement conçue sous le rapport mathématique, rend possibles la formation et le développement d'autres êtres. L'équilibre initial qu'elle imprime rend ses éléments en quelque sorte disponibles pour de nouvelles convergences. La proportion qu'elle établit dans certains cas entre le mouvement et l'étendue, leur permet de prendre eux-mêmes l'initiative de la relation ; enfin, leur modification dépend de celle qu'elle apporte à son propre ensemble. Ce serait donc le seul être pour qui l'égoïsme n'est plus en contradiction avec l'altruisme, puisque le premier dès lors est directement destiné à la satisfaction du second.

C'est en attribuant à l'ensemble des autres existences les mêmes conditions essentielles qu'à l'être animé, c'est ainsi, dis-je, que nous parviendrons à satisfaire de nouveau l'antique besoin que manifeste notre altruisme pour une causalité suprême. Cette notion nous mettrait dès lors à même de rattacher notre propre nature à celle des autres êtres et de la dégager ainsi de l'égoïsme propre tant à l'individu qu'à l'espèce. Dans ce cas nous ne nous considérerions plus que comme des éléments de l'existence sociale conçue désormais dans sa pleine généralité. En un mot, une semblable notion nous permettrait d'atteindre jusqu'au plus pur altruisme.

La doctrine sincèrement impersonnelle surpasse donc toutes les autres, en nous enseignant la suprême connaissance, celle des conditions essentielles de l'universalité des êtres dont, par cela même que nous en sommes une des parties composantes, nous devons être disposés sans cesse à satisfaire les besoins.

L'idée première d'une existence qui a toutes les autres pour éléments ne peut d'ailleurs provenir que de notions d'abord suggérées par les sentiments de notre personnalité. Car, une fois conscients des besoins de notre propre être, nous devons aussi par comparaison arriver à la connaissance de ceux de l'existence sociale, puisque les êtres se comportent envers leur ensemble de la même manière que nos éléments à notre égard. Les conceptions que nous tirons des sensations de notre vie individuelle, quoique purement subjectives au début, doivent donc finalement devenir objectives en s'appliquant graduellement, d'abord à l'espèce, ensuite à la totalité des existences.

Dans l'impossibilité d'arriver à la notion d'une cause suprême par la voie de la science, puisque celle-ci ne s'intéresse qu'à des relations immédiates de phénomènes, les esprits préoccupés avant tout de réalités se sont enfin résignés à ne s'en tenir qu'aux seules lois de l'ordre universel, tout en se refusant à nier que ces dernières puissent à leur tour être reliées à une cause première qui nous est cachée, et dont ils croient plus sage de se borner à constater les effets les plus immédiats. C'est donc par une sorte de vénération passive qu'ils se soumettent à rester dans les limites que la nature de notre esprit assigne à la science de l'ordre universel. Ils sont d'ailleurs loin de chercher à se révolter contre un tel état de choses comme le font ceux qui professent l'athéisme. Ils reconnaissent au contraire que l'adoption du théologisme est une des nécessités propres à l'être animé, puisque le principe de la causalité individuelle dérive directement du premier des sentiments de la relation dont nous puissions avoir conscience, c'est-à-dire de celui du mérite personnel. Cette prudente conduite présente en outre un immense avantage moral, celui de permettre au cœur de continuer à sympathiser avec les esprits qui désirent offrir à la vénération un objet d'affection qui ait sincèrement tous les caractères de l'absolu.

La vénération, quand elle se borne à nous soumettre aux lois du réel, manifeste d'ailleurs aussi les caractères de la double causalité due à l'initiative soit de l'individu, soit de l'espèce. Grâce à l'influence secondaire qu'elle possède, alors, d'une part, nous continuons à subir l'irrésistible ascendant de l'ordre universel, et, d'autre part, nous nous efforçons à nous rendre les diverses catégories d'êtres favorables dans la pratique, en les imitant dans les multiples applications qu'il nous est permis de faire de leurs cas particuliers.

Mais, quel que soit l'objet d'affection auquel se soumette la vénération, elle emploie les mêmes procédés théoriques et pratiques que les deux autres sentiments de la relation. Soit qu'elle envisage une volonté supérieure, un principe absolu, ou simplement une relation constante de phénomènes, ce sentiment ne se préoccupe que des événements qui doivent en résulter, et par conséquent n'a besoin de faire usage que de la contemplation abstraite. Car n'importe quelle soit l'une de ces causes en question, elle produit toujours un effet déterminé. De même la vénération se sert, d'une part, de la liaison par dépendance pour suivre les conséquences, et, d'autre part, de la systématisation pour enchaîner l'ensemble de ces mêmes conséquences par d'immuables rapports. Elle n'a besoin non plus que du langage analytique pour exprimer et communiquer les impressions de l'une des causes ci-dessus énumérées. Enfin, c'est dans la prudence que consiste le seul mode de conduite qui convienne à cette même inclination altruiste, puisque nous n'agissons plus dès lors que sous l'influence d'une volonté, d'un principe ou d'une relation de phénomènes.

En résumé, les sentiments de la relation concernent l'individu, l'espèce ou l'universalité des êtres. Comme moyens théoriques, ces mêmes sentiments emploient la contemplation abstraite, la déduction, la systématisation et l'expression analytique. Tous trois, enfin, se servent également de la prudence comme unique règle de conduite.

Pour terminer la série des conditions essentielles de l'existence dans le cas où elles s'appliquent à l'être animé, il ne nous reste plus qu'à examiner la troisième, qui est en même temps la plus décisive, puisqu'elle a pour but de modifier les deux autres. Ainsi que nous l'avons fait pour ces dernières, nous allons l'envisager isolément pour mieux saisir les caractères propres à sa seule spontanéité.

Mais auparavant précisons davantage ce qu'il faut entendre par modification.

En général, la modification consiste en une augmentation ou diminution soit du mouvement, soit de l'étendue. C'est d'ailleurs uniquement par un certain degré d'intensité que les deux autres propriétés générales de l'existence parviennent à se manifester. Mais tant qu'on ne considère chacune de ces dernières que dans sa propre sphère, les questions d'intensité n'y interviennent que très secondairement. S'il est vrai que dans le mouvement on a égard alors à l'accélération ou au ralentissement, et, dans l'étendue à l'éloignement ou au rapprochement, cependant il ne faut pas oublier que c'est parce qu'aucune des trois conditions essentielles de l'existence ne saurait se réaliser sans le concours des deux autres. Mais, tant qu'il ne s'agit que de la conservation ou de la relation, chacune des propriétés correspondantes n'en continue pas moins à prévaloir exclusivement. On peut donc faire abstraction, dans le premier cas, de l'idée de quantité pour étudier les questions de résultantes et d'équilibre, et, dans le second cas, de l'idée de grandeur pour étudier les questions de rapport et de proportion. C'est, au contraire, à ces connaissances préalables qu'il faut d'abord avoir recours pour mieux connaître ensuite les caractères propres à la modification, puisque cette dernière ne peut montrer son efficacité qu'après s'être appropriée ceux des deux autres conditions essentielles de l'existence. La modification n'est en effet possible que parce qu'elle applique sa propriété à celles qui sont spécialement affectées à la conservation et à la relation. Dans ces conditions, elle doit également faire usage des mêmes moyens que ces dernières emploient pour se réaliser.

Étant également destinée à ces deux cas, il est tout naturel aussi que la modification conserve les caractères qui sont communs à tous deux. En d'autres termes, pour l'intensité, il ne s'agit plus de mouvement ni d'étendue, mais du plus ou moins d'intensité qu'ils peuvent acquérir.

Si maintenant l'on compare les trois propriétés générales de l'existence, nous verrons qu'elles se caractérisent respectivement d'abord par la convergence, la dépendance, ou par ce qu'on pourrait appeler la convenance ; ensuite par la similitude, la différence ou le degré ; enfin par l'égalité, l'immuabilité ou la variabilité. Il faut de plus ajouter que si les deux premières aboutissent à la masse ou à la forme, de la troisième résulte à son tour le nombre.

Il est certain que cette dernière notion n'a pu se développer qu'avec le premier essor de l'altruisme. Aussi longtemps d'ailleurs que les éléments ne concourent qu'à réaliser l'existence individuelle, l'adhérence que produit leur assimilation empêche qu'on puisse se faire une idée précise, tant du nombre que de la forme et de la masse. Une semblable idée ne peut véritablement surgir que d'êtres assez indépendants pour pouvoir être distingués au milieu d'un ensemble. C'est à partir des instincts de la conservation de l'espèce que nous commençons à avoir la sensation explicite d'un concours d'existences individuelles. Ce sont ces instincts qui nous ont enfin permis d'avoir conscience des plus simples réunions de choses auxquelles d'ailleurs nous participons nous-mêmes : d'abord celle de deux, laquelle résulte du rapprochement des deux sexes ; ensuite, celle de trois lorsqu'un produit en résulte. La première de ces notions nous est donc fournie par l'instinct sexuel, la seconde par l'instinct maternel. On constate en effet que les animaux dont les sentiments de la conservation ne se sont guère développés au delà se bornent en général à ces premiers degrés de la connaissance numérique. C'est seulement avec l'essor de l'attachement et des objets d'affection qui lui appartiennent en propre que la contemplation concrète a pu étendre ses observations à de nouvelles réunions de choses semblables et finalement en généraliser la connaissance. C'est en effet pendant la phase de la prépondérance de l'attachement, c'est-à-dire celle du fétichisme, que l'intelligence propre aux instincts de la conservation s'est appliquée à tout ce qui est susceptible d'union dans l'espace et dans le temps.

Mais il ne faut pas oublier que les notions ainsi acquises demeurent purement concrètes. De même l'attachement accroît ses connaissances à cet égard en comparant de nouvelles collectivités du dehors avec les deux nombres qui, pour lui, symbolisent désormais la solidarité et la continuité. C'est par ce moyen que ses spéculations numériques purent enfin atteindre les plus lointaines généralisations.

Le fétichisme ne nous a pas laissé d'histoire de ses conceptions sur les nombres. Nous ne pouvons donc sur ce sujet que nous livrer à de simples conjectures. Sans qu'on puisse jamais arriver à suppléer à cette regrettable lacune, il est du moins permis de faire sur ce point des hypothèses assez vraisemblables pour nous initier à la manière de penser de nos premiers ancêtres altruistes.

Nous avons dit que le nombre deux est le symbole le plus simple de la solidarité, et le nombre trois celui de la continuité. Mais le nouvel être peut à son tour réaliser l'union des sexes. Dès lors le nombre quatre exprime une solidarité plus considérable. De même le produit de cette nouvelle union étend l'idée de continuité au nombre cinq. On peut conclure de là que les nombres pairs manifestent en général la solidarité et les nombres impairs la continuité.

Je vais citer encore deux exemples qui montrent à quel point le sentiment a été nécessaire pour la formation des nombres. On sait l'importance que, de nos jours, on continue à accorder aux nombres sept et treize. C'est, si je ne me trompe, à l'époque du fétichisme qu'il faut remonter pour avoir l'explication de la popularité qu'ils ont conservée jusqu'à nos jours.

Au fond, le nombre sept peut représenter trois générations d'êtres vivants. Il est successivement composé d'une triple solidarité suivie chaque fois d'une nouvelle étape dans la continuité. Si l'on songe ensuite qu'une vie humaine ne peut durer au delà de trois générations qui, réduites à leur plus simple expression, réunissent précisément un ensemble de sept personnes, on comprendra sans peine que ce nombre ait pris théoriquement une si grande importance. Il constitue, en effet, la limite extrême, tant de solidarité que de continuité, dont l'homme pendant sa vie puisse jouir dans l'existence domestique.

Quant au nombre treize, il est composé de ceux de sept et de six, qui représentent, d'une part, la continuité la plus étendue, et, d'autre part, la plus vaste solidarité que le cours d'une vie puisse atteindre dans la famille. Ce nombre rappelle par conséquent le prochain terme de l'existence humaine. De là les tristes pressentiments qui hantaient les premières réunions de ce genre et la répugnance que depuis on a conservée pour ce nombre.

La théorie réelle des nombres doit donc se rattacher directement au sentiment. C'est cette influence initiale qu'Auguste Comte a fait si clairement ressortir dans sa *Synthèse subjective.*

En résumé, le rôle de l'attachement a pour but de constater des réunions d'êtres et de les lier par similitude à celles qui satisfont directement ses propres tendances à la solidarité et à la continuité. De la sorte il les généralise pour permettre ensuite aux sentiments de la relation de dégager la notion de nombre de celle de la forme aussi bien que de celle de la masse. Pour parvenir enfin à envisager l'intensité dans sa seule spontanéité, il faut, en effet, distinguer préalablement entre elles les deux premières propriétés générales de l'existence. Ensuite seulement il est possible de se rendre compte que de la modification dépend finalement la relation et la conservation.

Tant que le nombre reste sous l'influence des sentiments de la conservation, il tire son origine de la masse ou de la quantité, car alors il ne représente encore qu'une réunion de choses concrètes. Mais aussitôt que les sentiments de la relation interviennent, l'intensité dès lors concerne aussi l'étendue, et par suite le nombre s'applique également à la grandeur. Grâce donc à la seconde des propriétés générales de l'existence, le nombre pénètre dans le domaine de l'adhérence des éléments d'un être, et ainsi peut s'adresser à la forme. Nous savons d'ailleurs que cette dernière ainsi que la masse varient suivant les besoins de la proportion. Ce qui prouve que toutes deux sont sous la dépendance du nombre, et que ce dernier, pour s'appliquer à ces cas particuliers, est lui-même préalablement en possession de caractères qui lui appartiennent en propre. Par conséquent il est possible également de faire une étude isolée du nombre en faisant abstraction de sa double destination.

C'est donc au fétichisme, c'est-à-dire à la phase pendant laquelle l'attachement reste prépondérant dans notre nature altruiste, que le nombre doit son élaboration concrète et sa généralisation. L'époque du théologisme où prévaut la vénération, en favorisant ensuite l'abstraction et la systématisation des deux premières propriétés générales de l'existence, rendait par cela même également possible leur application à la troisième. Mais ce ne fut qu'au déclin de cette dernière phase que le nombre put à son tour devenir une science entièrement distincte et procéder à sa propre constitution.

En résumé, si l'on ne considère dans l'intensité que le concours secondaire qu'elle apporte aux deux autres propriétés générales de l'existence, on voit que pour le mouvement il consiste en une accélération ou un ralentissement; pour l'étendue, en un éloignement ou un rapprochement.

Dans les deux cas, la modification remplit son rôle qui est d'augmenter et de diminuer; mais alors l'intensité conserve encore l'aspect dominant de l'une des deux autres propriétés. Tout au plus s'y annonce-t-elle déjà comme un de leurs cas particuliers. C'est pourquoi, tant que prévaut l'idée de mouvement, il ne peut être question que de résultante ou d'équilibre. De même, aussi longtemps que domine l'idée d'étendue, celles de rapport et de proportion doivent continuer à manifester la relation. Lorsqu'enfin on n'envisage plus que les variations subies par le mouvement ou l'étendue, l'intensité prend à son tour une importance prépondérante. On ne s'occupe plus dès lors que de son caractère propre, qui consiste à augmenter ou à diminuer. Mais, comme ce même caractère ne peut montrer sa propre efficacité qu'à la condition de s'appliquer aux deux autres propriétés générales, il s'ensuit évidemment que l'équation, c'est-à-dire le moyen que l'intensité emploie pour réaliser la troisième des conditions essentielles de l'existence, doit de son côté participer des qualités que possèdent en commun l'équilibre et la proportion. En un mot, l'intensité s'applique désormais indistinctement au mouvement et à l'étendue; l'équation, à l'équilibre et à la proportion. C'est-à-dire que la modification s'approprie les caractères qui appartiennent également à la conservation et à la relation.

De tout ce que nous venons de dire on peut conclure enfin que le mouvement et l'étendue deviennent secondaires dès que prévaut la considération de leur intensité. C'est alors à cette dernière propriété que les deux autres doivent en quelque sorte céder le pas. Mais un semblable changement ne s'opère qu'en réduisant en nombres les intensités quelconques: ce qu'on obtient en rapportant ces dernières à d'autres de même nature prises pour unité.

Nous savons que l'équilibre indique qu'il y a proportion, non seulement entre les trois propriétés générales de l'existence, mais également entre celles de même nature de part et d'autre. Donc aussi l'une des intensités est contenue dans l'autre ou la contient dans la même proportion. En prenant l'une d'elles pour terme de comparaison, on obtient par ce moyen une quantité purement abstraite qui marque le rapport qu'ont ensemble les deux intensités considérées isolément. Par conséquent, le nombre consiste dans ce rapport et l'unité dans chacune des intensités en présence. D'après la valeur de l'unité relativement au nombre, on arrive alors à former un nombre plus grand ou plus petit que l'unité.

Aussi bien que l'intensité peut remplacer le mouvement et l'étendue, il est également possible de changer en équation l'équilibre et la proportion. Les diverses parties dont ces derniers se composent sont hétérogènes. Pour les rendre homogènes, il suffira de réduire en nombres les degrés de l'intensité de la même manière que nous avons transformé en masses les quantités du mouvement et en formes les grandeurs de l'étendue.

Les éléments ou les êtres que comprend la masse peuvent être considérés comme égaux, puisque, par suite de l'équilibre, ils exercent les uns sur les autres une même influence qui se neutralise mutuellement. Mais, suivant la quantité de ces éléments, la masse sera de son côté en possession d'une convergence plus ou moins grande. Il est donc possible de représenter cette dernière par l'ensemble des êtres ou des éléments qui concourent à la réaliser. Leur réunion est alors ce qu'on appelle un nombre dont chacun d'eux constitue l'unité.

Par un procédé semblable on parvient à réduire en nombres les grandeurs de l'étendue. L'une quelconque de ces dernières prise pour unité sert dès lors à montrer combien de fois les autres la contiennent ou bien y sont contenues, et ainsi donner naissance à des nombres plus grands ou plus petits qu'elle.

L'équation est donc finalement le moyen dont la modification se sert spécialement pour remplir sa fonction, moyen qui s'applique indistinctement à l'équilibre et à la proportion, ou, plus généralement, à n'importe quelle égalité. De même que le nombre substitué à l'intensité concerne indifféremment la masse ou la forme, qui de leur côté représentent soit le mouvement, soit l'étendue.

Il est aisé de voir combien cette manière d'envisager l'intensité simplifie en même temps les questions d'équilibre et de proportion. Elle permet de s'affranchir de toute considération de mouvement et d'étendue, en transformant ces deux propriétés en nombres ou en rapports de nombres. L'équilibre devient alors une égalité de deux combinaisons numériques, que les intensités représentées par les nombres concernent le mouvement ou la masse, l'étendue ou la forme. Comme l'équilibre, l'équation est due à des proportions dont elle peut introduire les rapports ou les simples éléments destinés à les produire. Mais, dès que ces derniers sont parvenus à en faire partie, ils ont perdu le caractère qui est propre à leur nature. Désormais c'est l'idée de l'intensité qui domine celle des autres propriétés de l'existence.

L'équation se comporte d'ailleurs de la même manière que l'équilibre et la proportion, puisque ceux-ci ne sont eux-mêmes que deux aspects différents d'une même égalité. Dans l'équilibre, on n'envisage que le résultat nécessaire de la convergence ; dans la proportion, que les propriétés qui concourent à l'obtenir. En d'autres termes, dans le premier cas, on a en vue le rapport qui résulte de la proportion ; dans le second cas, les éléments qui le produisent. Ainsi, par exemple, l'équilibre n'est dû finalement qu'à une égalité de deux forces, mais chacune de celles-ci provient à son tour du rapport que doivent avoir toujours ensemble les propriétés générales de l'existence. L'équation ne fait qu'appliquer indistinctement ces diverses particularités, mais en enlevant toute attribution spéciale aux intensités quelconques, grâce à leur réduction en nombres.

De leur côté, les deux forces qui se font équilibre peuvent être le résultat d'autres qui soient elles-mêmes de sens opposés, pourvu que la différence reste identique de part et d'autre de l'égalité. Toutes ces complications sont permises dans une équation, mais à la condition qu'elles n'y servent plus qu'à des intensités dépouillées de tout caractère déterminé.

Nous allons d'ailleurs montrer par un exemple de quelle

manière le nombre peut changer en équation l'équilibre et la proportion d'abord uniquement propres à la masse et à la forme. L'égalité d'influence mutuelle suppose de part et d'autre une diminution de la force respective de convergence dont primitivement avait joui chacun des êtres ou de leurs éléments. Il en résulte déjà l'introduction des signes plus ou moins entre les termes d'une équation. Mais chacun de ces derniers est le résultat de la proportion des deux premières propriétés générales de l'existence. L'une d'elles donc est contenue dans l'autre ou la contient le même nombre de fois que l'indique leur rapport. Les termes peuvent aussi, par conséquent, être multipliés ou divisés, élevés ou réduits à une autre puissance, etc. En général, une équation est toujours composée d un ensemble de termes qui se modifient les uns les autres, soit directement par l'addition ou la soustraction, soit indirectement par les divers procédés plus ou moins compliqués de la multiplication ou de la division.

Comme on le voit, l'équation, tout en ne se rapportant plus spécialement à l'un des deux premiers modes d'égalité, est toutefois à même de s'approprier les formes diverses qui les caractérisent. Ainsi, par exemple, il est certain que l'équidifférence ou proportion arithmétique tire sa première origine de l'équilibre. Les termes dans ce cas, ne sont autres choses que des rapports qui, diminués par d'autres, donnent de part et d'autre des différences égales, lorsqu'il s'agit de l'équilibre. L'équation réalise ce même genre de proportion, mais par l'entremise des nombres à l'aide desquels il nous est uniquement possible d'arriver à l'évaluation des divers éléments en sens opposés dont l'ensemble constitue chacun des deux membres qui concourent à produire l'équation.

En général, quelque compliquée que soit la composition d'une égalité d'intensités, il est nécessaire d abord de réduire ces dernières en nombres, avant de pouvoir déterminer la valeur de l'une ou l'autre de ses deux combinaisons.

L'égalité de quantités, à laquelle on donne le nom d'*équation*, est donc le moyen que l'existence emploie pour réaliser la modification; de même qu'elle se sert de la proportion ou égalité de rapports pour effectuer la relation, et de l'équilibre ou égalité de résultantes pour maintenir la conservation.

A l'aide de ce procédé l'on peut modifier n'importe quelle intensité. Car, dans l'existence individuelle ou collective, tout, étant mouvement et étendue, pourrait se mettre en équation s'il était toujours possible de trouver la valeur numérique des éléments qui doivent y entrer. Les termes qui composent les deux membres d'une équation reproduisent les influences en sens divers d'où résulte finalement l'équilibre. Chacun d'eux manifeste son influence sur l'ensemble par un signe correspondant. L'équation, une fois construite, nous met ensuite à même de connaître la valeur d'intensité que représente chacun de ses termes. Il suffit de faire passer tous les autres dans l'un des membres, en ayant soin après chaque transposition de remplacer le signe par son inverse, afin de ne pas détruire l'égalité. L'intensité ainsi dégagée aura pour formule de sa valeur l'ensemble des termes modifiés de l'autre membre, et pourra dès lors subir toutes les modifications possibles. On n'aura qu'à attribuer à ceux compris dans la formule les nombres appropriés à la modification que l'on veut obtenir.

C'est d'ailleurs l'équation qui, seule, est capable de fournir une notion complète de ce qu'on appelle une loi. Dès qu'il y a proportion, il existe aussi un rapport qui reste invariable, quelle que soit la valeur attribuée aux quantités qui le forment. Ce nombre constant représente la partie immuable des lois qui régissent les êtres d'après les phénomènes. Mais une loi ne doit pas se borner seulement à l'invariabilité d'un rapport, mais exiger aussi la variabilité des termes qui entrent dans la proportion. C'est cette dernière condition que l'équation met pleinement en évidence.

⁂

Mais, sauf quand les propriétés générales de l'existence se manifestent par les phénomènes les plus simples, et par suite les moins compliqués, le nombre et l'équation deviennent le plus souvent impraticables pour réaliser une modification. On est alors forcé de se contenter des indications que fournit directement l'expérience et de se servir ainsi de procédés empiriques, seuls guides qui nous permettent de changer dans les cas particuliers soit l'état de convergence d'un être, soit le degré de dépendance d'un phénomène.

En résumé, la modification consiste soit à augmenter ou à diminuer certaines intensités d'après d'autres, soit à combiner ces deux moyens pour arriver à effectuer l'union ou la subordination. Dès que les deux premières conditions essentielles de l'existence se trouvent de nouveau remplies, le rôle de la modification doit cesser, n'ayant dès lors plus de raison d'être. C'est donc seulement lorsque l'existence n'est plus dans son état normal que l'intervention modificatrice devient indispensable.

Les sensations que les besoins de la modification fournissent au centre nerveux proviennent également d'une source intérieure qui consiste dans les variations que subit l'état de la convergence ou de la dépendance des divers éléments dont est composé l'être animé. Elles concernent d'ailleurs, suivant le cas, soit l'individu, soit l'espèce, soit l'universalité des êtres ; ou bien, en d'autres termes, l'un des trois modes de l'existence, dont les deux premiers sont égoïstes et le dernier altruiste.

La modification, avons-nous dit, est aussi nécessaire à l'être que la conservation et la relation. Car le mouvement et l'étendue supposent toujours une certaine intensité. On peut conclure de là que l'équation doit également être en possession de termes qui aient une valeur quelconque. Elle n'aurait, en effet, plus aucune raison d'être, si ses termes restaient inconnus, puisque les variations partent toujours d'un certain degré d'intensité même indéterminé. On peut donc dire qu'en général, dans une équation, tous les termes sont connus, y compris celui qui est censé ne pas l'être, car ce dernier se trouve à son tour déterminé par l'ensemble des autres.

Il faut d'ailleurs remarquer que, dans une équation, chacun des termes figure le résultat des réactions qui ont concouru à le réaliser lui-même. La formule d'une seule inconnue est donc pour ainsi dire une combinaison de valeurs que l'on a obtenues après avoir fait les diverses opérations respectivement indiquées par leurs formules correspondantes. Car, je le répète, chacun des termes d'une équation est dû à des influences particulières dont il n'est que le résultat. Dans ces conditions, si plusieurs termes étaient inconnus, chacun d'eux pourrait, il est vrai, être tiré de l'équation dans laquelle ils entrent ensemble, mais seulement après qu'on aura déterminé la valeur des autres, en la dégageant des influences spéciales qui doivent la produire. C'est pour cette raison que, lorsqu'il y a une ou plusieurs autres inconnues, il est nécessaire d'établir pour chacune d'elles une nouvelle équation qui contienne sa propre valeur.

***

Lorsqu'il s'agit de l'individu, la modification a pour but de diminuer l'intensité de la convergence propre aux objets qui s'offrent à ses satisfactions. Ce n'est qu'à cette condition qu'il lui est possible de réaliser sa conservation. Cette dernière exige, en effet, que sa convergence individuelle soit supérieure à celle de son milieu. Pour s'assimiler des éléments et leur procurer l'équilibre nécessaire à leur union, il faut donc avant tout vaincre la force de leur propre convergence. Mais, d'après la loi de l'attraction, cette force est en raison inverse du carré de la distance. En rapprochant les éléments on accroît donc leur influence. A cette difficulté il ne peut y avoir qu'une seule solution, c'est de diminuer la masse ou le mouvement de convergence de ces mêmes éléments. C'est en procédant de la sorte que l'on peut continuer à remplir la condition exigée sans compromettre le succès de l'entreprise. En un mot, pour se rapprocher de sa destination, l'élément doit perdre de sa propre convergence. Nous voyons, par exemple, que la nutrition exige que l'être animé supprime d'abord la vie dans l'aliment et lui fasse ensuite subir une série de désagrégations, avant que ce dernier puisse servir à former des cellules assimilables.

On voit donc que, pour se conserver, un être a besoin, soit de dominer son milieu, soit de s'en garantir. En d'autres termes, il faut qu'il soumette d'autres êtres à sa propre convergence, ou qu'au moins il puisse se soustraire à la leur. Pour s'en convaincre, il suffit de se rappeler que les êtres influent continuellement les uns sur les autres, et que c'est à une supériorité de cette influence qu'est due la conservation pour un cas donné. Dans ces conditions, ceux des êtres qui la subissent deviennent de simples éléments ; à moins, toutefois, qu'eux-mêmes ne sachent s'en affranchir en se mettant hors d'atteinte. Il résulte de là que, lorsqu'il s'agit de l'être animé, il peut modifier sa situation en agissant par la force de sa convergence s'il arrive à dominer, ou bien en s'écartant s'il est le plus faible. Dans les deux cas, la modification se fait par diminution, lorsqu'elle s'opère au profit de l'individu. Car que la distance se rapproche ou s'éloigne, elle a toujours comme conséquence pour l'objet convoité un certain amoindrissement de sa propre convergence.

En résumé, le rôle de l'instinct destructeur consiste à modifier les êtres extérieurs, soit pour les amener à se soumettre à notre union ou subordination, soit pour ne pas subir les mêmes exigences de leur part.

Les mêmes observations s'appliquent lorsqu'il s'agit de la relation. Nous savons, en effet, que l'orgueil ou le sentiment du mérite personnel prend l'initiative de la subordination du mouvement à l étendue. Mais c'est là précisément ce qui a lieu pour l'assimilation, où l'individualité de l'élément doit s'amoindrir à mesure qu'on rapproche la distance. Dans ce cas, la modification a donc également pour but une diminution de la convergence propre au milieu.

Mais, dans les deux cas, la modification est seulement utile avant que se soient produites l'assimilation ou la subordination, sa fonction devant cesser aussitôt que ces dernières se trouvent réalisées, puisqu'alors nous retombons dans l'état qui convient à la conservation ou bien à la relation.

On voit donc par là qu'il existe la plus étroite connexité entre les sentiments individuels tant de la conservation que de la relation, et l'*instinct destructeur*, ainsi que l'on appelle la tendance à modifier par diminution.

Les sensations qui donnent naissance à l'instinct destructeur résultent d'ailleurs de la désorganisation, du déblaiement, du drainage, de l'excrétion des substances qui ont cessé de convenir à l'assimilation. Il se fait alors un travail du dedans au dehors qui nuit à la conservation et met l'être animé en état d'infériorité par rapport au monde extérieur. Dans ce cas, la modification doit donc nous faire sentir le besoin de réparer les pertes subies au moyen d'une réaction inverse du dehors au dedans, laquelle consiste précisément à diminuer l'influence du monde extérieur.

Nous venons de constater que ni la conservation ni la relation ne sauraient se concevoir sans la modification. Mais, à son tour, la modification ne pourrait remplir l'office auquel elle est destinée si les deux autres conditions essentielles de l'existence n'étaient pas considérées comme étant sans cesse associées l'une à l'autre. La conservation suppose la relation avec le milieu d'où elle tire les éléments de convergence ; de même la relation n'a de raison d'être qu'en vue de la conservation. Pour qu'une modification puisse donc être effectuée par l'une des deux premières conditions essentielles de l'existence, il faut de toute nécessité que l'autre la complète en la secondant. Nous avons, en effet, pu constater que l'instinct destructeur met toujours simultanément en œuvre la modification d'intensité des deux autres propriétés générales de l'existence pour arriver à diminuer la convergence individuelle des êtres sur lesquels il agit.

A plus forte raison la modification a-t-elle besoin de participer aux moyens intellectuels propres à l'une et à l'autre des deux premières conditions essentielles de l'existence. Il est d'ailleurs aisé de se rendre compte que les sentiments de la modification n'ont pas de fonctions spéculatives qui leur soient propres. Car, tout en ayant également l'être pour unique but, ils n'y considèrent plus exclusivement un aspect spécial, comme chacun des deux autres ordres de sentiments. Nous savons, en effet, que les sentiments de la conservation contemplent les êtres qu'ils lient par convergence, et ceux de la relation les phénomènes qu'ils lient par dépendance, tandis que les sentiments de la modification font usage à la fois du double mode, tant de contemplation que de liaison, afin de varier le degré d'intensité de l'ensemble des phénomènes, et par suite l'état correspondant de l'être lui-même. Dans ces conditions, les fonctions intellectuelles ne secondent plus seulement celles qui doivent prévaloir avec un sentiment, mais concourent directement à l'élaboration d'un cas particulier. En un mot, les sentiments de la modification n'envisagent plus les phénomènes réunis ou isolés uniquement en vue de la conservation ou de la relation, mais pour améliorer l'une et l'autre de ces conditions essentielles de l'existence. C'est ainsi que, par exemple, l'individu se conserve en modifiant sa relation, ou modifie sa relation dans le but de se conserver.

Pour nous convaincre davantage de la nécessité du concours simultané de l'ensemble des facultés intellectuelles dans ce nouveau cas, il suffit de se rappeler que la modification est destinée à maintenir à la fois la conservation et la relation.

La conservation suppose seulement la contemplation concrète et la liaison par convergence. L'équilibre, en effet, ne se réalise que par l'ensemble des propriétés qui, seules, peuvent manifester les êtres. Quant aux mouvements qui effectuent l'équilibre, ils ne sont jamais que semblables, puisque leurs résultantes ne deviennent égales que grâce à la proportionnalité de leurs distances. De même la relation suppose seulement la contemplation abstraite et la liaison par dépendance. Car la proportion considère isolément les propriétés générales de l'existence, et les rapports qu'elles ont ensemble n'indiquent plus que leur subordination mutuelle. Tout au contraire la modification suppose la contemplation tant concrète qu'abstraite, et la liaison aussi bien par convergence que par dépendance. Car l'équation ne se réalise qu'en s'appuyant d'abord sur des données concrètes dont on est censé avoir évalué en nombres les intensités. Ces mêmes nombres se lient entre eux à la fois par convergence et par dépendance, et en variant leur valeur relative, on arrive ensuite à modifier l'être d'après ses phénomènes. Nous savons d'ailleurs que l'équation participe également de la proportion et de l'équilibre. Pour la former il faut donc connaître aussi bien l'ensemble des phénomènes qui constituent l'être que chacun d'eux séparément.

En résumé, les sentiments de la conservation contemplent le concret ; ceux de la relation, l'abstrait ; ceux de la modification, le réel, c'est-à-dire un cas particulier de l'un et de l'autre. De même les premiers lient par convergence ; les seconds, par dépendance; les derniers, par convenance. Ajoutons enfin que, dans le premier cas, on ne peut concevoir que des idées de similitude et d'égalité ; dans le second, que celles de différence et d'immuabilité ; dans le troisième, que celles de degré et de variabilité.

***

De tout ce que nous venons de dire il ressort clairement que l'intervention de l'ensemble des facultés spéculatives est indispensable aux sentiments de la modification. Le plus ou moins d'importance qu'elles acquièrent dépend d'ailleurs de la phase où est arrivé l'accomplissement de leurs désirs. Pour le prouver, il suffit de se rappeler que l'équation est le moyen spécialement propre à réaliser la modification. La question se réduit donc à savoir ce qui se passe dans ce dernier cas.

Tant que l'équation n'est pas posée, c'est de l'être, c'est-à-dire de l'ensemble de ses phénomènes, que se tirent les relations mutuelles des intensités correspondantes. Il est par cela même évident que l'abstrait est dès lors subordonné au concret, la déduction à l'induction. C'est là, comme l'a si souvent répété Auguste Comte, un principe général de logique. S'il ne peut s'appliquer pleinement et jusqu'au bout dans toutes les circonstances, la faute en est uniquement à la faiblesse de notre intelligence. A mesure, en effet, que les propriétés fondamentales de l'existence se compliquent d'une plus longue série de modifications antérieures, leurs intensités sont aussi de moins en moins à même d'être réduites en nombres, et par suite de prendre la forme de l'équation. Au lieu de pouvoir déduire une modification, il faut alors se borner à l'induire, en remplaçant les procédés de coordination par ceux plus simples de généralisation.

Mais aussitôt que la relation des phénomènes a trouvé place dans l'équation, l'intensité de l'un quelconque d'entre eux ne dépend plus que de la combinaison de celles de l'ensemble des autres. Il résulte de là que désormais le concret doit se subordonner à l'abstrait et l'induction à la déduction. Nous avions donc raison de dire que chacun des deux modes de l'intelligence acquiert successivement une influence prépondérante dans l'élaboration intellectuelle propre aux sentiments de la modification.

Lorsqu'après tout ce travail spéculatif on est enfin parvenu au moment de réaliser une modification, c'est alors seulement que les deux modes de l'intelligence concourent simultanément au résultat désiré. Car de la formule abstraite obtenue on peut ensuite tirer toutes les solutions concrètes possibles.

En résumé, si, pour établir la relation des phénomènes, il faut subordonner l'abstrait au concret, le contraire a lieu tant qu'on cherche la formule à l'aide de laquelle devront s'effectuer certaines modifications. Le concret et l'abstrait se confondent seulement lorsque dans l'être il ne s'agit plus ni de concret ni d'abstrait, mais d'un de leurs cas particuliers.

Quant aux signes dont se servent les sentiments de la modification, ils sont à leur tour une combinaison des moyens que respectivement utilisent à cet effet ceux de la conservation et de la relation. C'est à cette fusion que nous devons un langage oral et graphique dont les expressions se prêtent à la communication d'impressions à la fois concrètes et abstraites.

En général, ce qui caractérise la nature de la modification, c'est qu'elle n'a plus en vue qu'un cas particulier où la conservation et la relation doivent se réaliser dans certaines circonstances déterminées. L'image que l'intelligence contemple dès lors n'est exclusivement ni concrète ni abstraite, mais les deux à la fois, puisque, tout en envisageant l'être dans l'ensemble de ses phénomènes, elle ne porte plus son attention que sur l'intensité de ces derniers. La marche que suit le mode de méditation propre aux sentiments de la modification n'est plus à son tour inductive ni déductive, mais productive, si je puis me servir de cette expression. Car elle cherche alors à réaliser un effet déterminé dans l'être à modifier, en le ramenant à une convergence spéciale et en maintenant la dépendance des phénomènes d'après un certain degré de leur intensité respective. A plus forte raison cette même marche de l'intelligence n'aboutit-elle plus à la généralisation ni à la systématisation, mais à la spécialisation, vu qu'elle ne consacre ce double caractère qu'à des êtres se trouvant dans des circonstances particulières. Enfin l'expression dont font usage les mêmes sentiments n'est plus synthétique ni analytique, mais ce qu'à défaut de mot propre j'appellerai technique, puisqu'elle s'applique à la réaction de l'ensemble des impressions que produit un être dans un cas donné.

En un mot, les sentiments de la conservation synthétisent l'impression et l'expression ; ceux de la relation les analysent ; enfin ceux de la modification les particularisent.

***

Quant à la ligne de conduite que doivent suivre les sentiments de la modification, il est tout aussi facile de la comprendre. Ils ont besoin de maintenir la réaction des sensations aussi longtemps qu'elle est nécessaire à la réalisation du résultat à obtenir. Dans ce but, le concours de chacun des moyens pratiques que mettent exclusivement en œuvre les sentiments de la conservation et de la relation leur devient également utile : celui des premiers pour nous déterminer à agir ; celui des seconds afin de viser à coup sûr le but à atteindre. Devant influer à la fois sur la conservation et la relation, il est tout naturel que la modification ait recours à leur double mode d'activité en même temps qu'à leur double intelligence. Le genre de conduite qui lui est propre porte le nom de *fermeté.*

Les considérations générales dans lesquelles nous sommes entrés vont nous permettre de passer rapidement en revue les caractères particuliers de chacun des sentiments qui concernent la modification.

L'instinct nutritif cherche à neutraliser dans l'objet convoité la force de convergence qui lui est propre ; l'orgueil, à la proportionner à la situation qu'il assigne à ce même objet dans le but de se l'assimiler. Dans les deux cas il y a diminution d'intensité obtenue pour réaliser le résultat désiré. Ce qui se passe avant que soit possible la convergence ou la subordination a lieu de même quand il s'agit de rejeter les matériaux non assimilables ou d'écarter ce qui ne peut pas être dominé.

Mais il n'en est plus ainsi lorsqu'on considère les sentiments de la conservation et de la relation de l'espèce, c'est-à-dire, d'une part, l'instinct sexuel et l'instinct maternel ; de l'autre, la vanité. Les éléments de la conservation individuelle, en se rapprochant de l'être auquel ils sont destinés, doivent perdre de leur propre influence. Le contraire arrive lorsque l'espèce préside à sa conservation. Les deux sexes sont dès lors les organes dont elle se sert pour parvenir à ses fins. Mais leur fonction ne consiste plus à diminuer la force de convergence des éléments qu'ils doivent combiner, mais au contraire à l'augmenter par le rapprochement. Les substances nécessaires dans ce cas sont d'ailleurs directement assimilables, tant pour former que pour développer un nouvel être.

Quant à la vanité, c'est l'approbation d'autrui qui l'affecte. Mais, pour la mériter, l'être animé doit s'attribuer les mêmes qualités que son espèce et en accroître ainsi d'autant l'intensité d'une supériorité quelconque. Dans ce cas il y a donc augmentation d'influence personnelle de l'objet d'affection. Tandis que nous avons vu le contraire se produire lorsqu'il s'agit des sentiments purement individuels. Dès lors l'objet d'affection doit perdre de sa propre influence.

Dans le premier cas, les éléments sont par leur nature même disposés à l'union et à la soumission pour conserver l'espèce et maintenir son ascendant, tandis que, dans le second cas, les éléments, pour être assimilés et subordonnés, ont besoin de subir un amoindrissement de leur propre personnalité. En un mot, d'une part, il y a construction, et, de l'autre, destruction.

Mais, dans les deux cas, la modification continue à rester dans son rôle, se bornant à servir de moyen. Quant au résultat réalisé, il ne concerne plus que la conservation ou la relation.

Le sentiment de la modification de l'espèce porte le nom d'*instinct constructeur*. Sous cette expression on comprend un ensemble de sensations qui ont une source interne, comme d'ailleurs celles de tout autre sentiment. Elles dérivent de la constitution même de l'être animé, lequel est dans la nécessité de renouveler sans cesse l'existence de l'espèce et d'en assurer l'ascendant. Elles sont, comme on le voit, analogues aux sensations qu'éprouve l'individu, car ce dernier sent aussi le continuel besoin de renouveler ses éléments et de dominer le milieu.

Pour les mêmes raisons que nous avons déjà développées précédemment, l'instinct constructeur ne possède pas non plus d'intelligence ni de conduite qui lui soient propres, mais combine l'ensemble des facultés spéculatives et actives pour leur imprimer le caractère qui convient à la nature de sa fonction.

***

Qu'il s'agisse maintenant de la modification altruiste, il ne sera pas difficile de reconnaître qu'elle est la plus impersonnelle, la plus variée, et partant la plus étendue, non seulement des trois modes modificateurs, mais aussi des impulsions qui président à l'existence altruiste. C'est la plus impersonnelle, puisqu'elle ne se voue plus à l'animalité, mais à l'universalité des êtres, et qu'en outre elle se met uniquement au service des deux autres conditions essentielles de la vie sociale ; c'est ensuite la plus variée et la plus étendue, puisqu'elle s'applique à tous les modes quelconques d'existence, tant individuels que collectifs, et qu'elle cherche à réaliser tout ce qui peut être utile à chacun d'eux.

Ce nouveau genre de modification se manifeste dans l'être animé par le sentiment de l'amélioration, ou plutôt par ce que l'on appelle la *bonté*. Son principal caractère consiste à vouloir des modifications utiles ou améliorations proprement dites, non plus pour soi-même, mais pour les autres.

La bonté, comme tous les autres sentiments, tire ses sensations d'une source intérieure qui, pour elle, n'est autre que la combinaison de celles relatives à la modification, soit de l'individu, soit de l'espèce. Au fond elle ne fait seulement que les généraliser en les appliquant indistinctement à l'universelle amélioration des êtres.

La conservation a besoin, avons-nous dit, de la convergence. Le mouvement qui en est doué est en rapport inverse avec l'étendue, afin d'aboutir à l équilibre des éléments, ce qui est pour l'être le seul moyen de se conserver. La relation, à son tour, a besoin de la dépendance. L'étendue qui en a l'initiative subordonne le mouvement à son influence en vue d'arriver à la proportion qui sert à réaliser la seconde des conditions essentielles de l existence. Lorsqu'enfin il s'agit de la modification, c'est l'ensemble des moyens propres tant à la conservation qu'à la relation qu'il faut appliquer à un cas particulier de l'être. Ces moyens doivent dès lors être mis en œuvre pour obtenir l'effet d'une intensité déterminée. Si donc, dans les cas précédents, il y a convergence ou dépendance, dans ce dernier se manifeste la convenance. Ce nouveau caractère suppose nécessairement la variabilité. C'est ce que la mathématique a fait ressortir dans ce qu'elle appelle une fonction. Cette dernière est la forme de l'équation qui se prête le mieux aux variations de l'intensité.

En résumé, les caractères propres à la modification consistent dans la convenance, le degré et la variabilité ; ceux de la relation, dans la dépendance, la différence et l'immuabilité ; ceux de la conservation, dans la convergence, la similitude et l'égalité. Ces notions premières, en s'appliquant à d'autres existences que la nôtre, se sont ainsi dégagées du caractère égoïste qu'elles avaient eu d'abord. Mais, à mesure qu'elles s'étendaient à un plus grand nombre d'objets d'affection propres à l'attachement ou à la vénération, elles devenaient également une base intellectuelle pour la satisfaction des besoins d'amélioration de la bonté. Les notions que nous venons d'énumérer ne sont d'ailleurs que les résultats les plus généraux de l'intelligence lorsqu'elle s'applique aux divers ordres de sentiments.

Les instincts modificateurs que nous avons considérés jusqu'à présent tendent par excès ou par défaut à porter remède à une anomalie quelconque. Mais c'est dans la bonté seule que se réunit le double caractère qui précède. Ce sentiment sait en effet tirer l'être d'une infériorité quelconque, soit qu'il en détruise les causes, soit qu'il combine les moyens d'y porter remède. Dans les deux cas, l'amélioration est sa tendance dominante, comme l'union est celle de l'attachement, et la soumission celle de la vénération.

L'influence de la bonté s'exerce sur toute existence et

s'étend même jusqu'à l'égoïsme, mais pour le rendre plus capable de se subordonner à l'altruisme. Toutefois, son activité ne peut devenir efficace qu'en s'appliquant aux cas particuliers. Car chaque être susceptible d'amélioration possède un point faible auquel il faut porter remède avec un degré d'intensité spécial à ce cas. Enfin l'influence de son action doit pouvoir se continuer jusqu'au complet accomplissement de l'amélioration désirée. La bonté exige donc également la fermeté, qui est le mode de conduite commun à tous les sentiments de la modification. Mais cette qualité pratique acquiert dans ce dernier cas son plein développement, par cela même qu'elle doit s'appliquer à l'ensemble des êtres que la bonté est à portée de pouvoir améliorer.

***

Quant à l'ensemble des facultés spéculatives dont cette affection fait usage au même titre que les deux sentiments de la modification égoïste, la nécessité de leur simultanéité dans ce cas ressort désormais avec une parfaite évidence. A ce propos, je citerai de l'*Imitation de Jésus-Christ* un passage qui résume admirablement le rôle de l'intelligence, lorsque cette dernière s'applique à la bonté. Au commencement du chapitre III du livre Ier, l'*Imitation* dit : « *Felix quem veritas per se docet, non per figuras et voces transeuntes, sed sicuti se habet* : Heureux celui que la vérité instruit elle-même, non par des figures et des paroles qui passent, mais en se montrant telle qu'elle est ».

C'est, en effet, la bonté qui, seule, voit directement les choses dans leur spécialité, et non à travers des généralités ou des systèmes. Elle ne les voit pas exclusivement à l'état, soit concret, soit abstrait, mais à la fois dans l'un et l'autre, tous deux étant également utilisés à un certain degré d'intensité. C'est alors aussi que l'être apparaît dans toute sa réalité, puisque les trois conditions essentielles de l'existence participent à sa manifestation. En d'autres termes, ce n'est plus isolément, sous un aspect quelconque, que l'on considère la conservation ou la relation, mais toutes deux à la fois, dans un certain cas de la modification. C'est grâce à ce triple concours qu'il nous est enfin possible d'avoir une idée précise de l'être, lequel, je le répète, ne se manifeste à nous que par un certain degré d'intensité de ses phénomènes.

La bonté exige donc un égal concours des fonctions de l'âme. Elle fait d'abord intervenir l'attachement et la vénération ainsi que le mode d'intelligence propre à chacun de ces deux sentiments. Ces derniers, de leur côté, lui procurent indirectement l'aide des sentiments égoïstes, tant de la conservation que de la relation, puisque l'attachement et la vénération, après tout, ne manifestent que les caractères qui respectivement sont communs à chacun d'eux. A son tour, enfin, la bonté émane des deux sentiments de la modification égoïste. C'est en appliquant chacun de leurs moyens spéciaux à l'universalité des existences qu'elle achève de nous mettre en rapport avec le monde, tant intérieur qu'extérieur, et par suite de nous en faire saisir la pleine réalité. Les instincts de destruction ou de construction ne peuvent, en effet, opérer au dehors ou au dedans de nous que des modifications, soit par diminution, soit par augmentation. Il ne leur est donc pas possible de nous faire embrasser dans un seul être la totalité des aspects dont il est susceptible.

Seule aussi la bonté comprend la véritable destination de l'être, laquelle doit être altruiste, tandis que les instincts de la modification égoïste ont pour unique but la satisfaction des besoins de l'individu ou de l'espèce. Aussi modifie-t-elle un être quelconque en comprimant son égoïsme et stimulant son altruisme. Mais, pour arriver à ce double résultat, il faut nécessairement qu'elle possède une notion précise de la pleine réalité, notion qu'elle seule peut acquérir en sentant ce qui convient à chacun des êtres pour qu'ils deviennent de meilleurs éléments de l'existence sociale conçue dans son entière généralité.

C'est donc à la prépondérance de la bonté que nous devons le concours simultané de nos facultés affectives, spéculatives et actives. Cette impulsion, en effet, a besoin de connaître en même temps et l'être qu'elle désire améliorer et les lois qui régissent ses phénomènes. Elle ne fait, au fond, qu'appliquer à une existence particulière cette double connaissance à la fois concrète et abstraite.

Il en est tout autrement lorsque prévalent l'attachement ou la vénération. Dans le premier cas, l'abstrait se contente de seconder le concret dont le point de vue doit rester dominant. Dans le second cas, au contraire, le concret sert de base à l'élaboration de l'abstrait, ce qui veut dire qu'il est dès lors nécessaire de subordonner l'abstrait au concret, l'analyse à la synthèse, la déduction à l'induction.

En reprenant donc les termes de l'*Imitation de Jésus-Christ*, nous pouvons enfin conclure que la vérité se montre telle qu'elle est lorsque nous subissons l'influence prépondérante de la bonté. Car cette dernière, devant dans l'être modifier les phénomènes, ne peut se contenter de l'expression figurée ou verbale de principes absolus, mais exige la formule réelle de la constance des rapports immédiats qui existent entre ces mêmes phénomènes. C'est là d'ailleurs la seule base solide sur laquelle elle puisse s'appuyer pour parvenir à modifier l'être dont l'état d'infériorité quelconque l'a affectée. La bonté ne peut améliorer que ce qui existe déjà préalablement. Voilà pourquoi elle n'envisage d'abord l'être que dans l'ensemble actuel des conditions essentielles de l'existence, pour le perfectionner ensuite dans la mesure du possible. En d'autres termes, elle part toujours d'une intensité quelconque des phénomènes, afin de les modifier en vue du bien général.

Quoique les trois sentiments de la modification emploient les mêmes moyens théoriques et pratiques, toutefois, c'est celui de la modification altruiste qui peut, seul, leur fournir l'occasion d'un plein essor ; car, en assumant les caractères propres à chacun des deux autres, la bonté parvient enfin à concevoir l'entière réalité de l'être en même temps qu'à faire usage du double mode de modification jusqu'alors appliqué séparément. Sa puissance d'influence, tout en étant par cela même la plus complète, devient aussi la plus étendue, puisque cette impulsion s'adresse indistinctement à tous les êtres, tandis que, dans les mêmes circonstances, les instincts de la modification égoïste se bornent uniquement soit à l'individu, soit à l'espèce.

Pour résumer les caractères de l'intelligence propre à chacun des trois ordres de sentiments, nous dirons donc que les sentiments de la conservation ne contemplent que le concret, et par suite tendent à la synthèse; ils induisent pour généraliser; leur expression représente l'impression des êtres, c'est-à-dire de l'ensemble de leurs phénomènes. De leur côté, les sentiments de la relation ne contemplent que l'abstrait, et par suite tendent à l'analyse; ils déduisent pour systématiser; leur expression représente l'impression de phénomènes isolés. Enfin les sentiments de la modification contemplent le réel qui doit être à la fois concret et abstrait, et leur tendance est tout ensemble synthétique et analytique, c'est-à-dire positif; ils produisent pour spécialiser, puisqu'ils ne s'occupent plus que d'un cas particulier de l'être, et par conséquent de ses phénomènes; leur expression représente un certain degré d'intensité des deux autres propriétés générales de l'existence dont les impressions sont désormais à la fois simultanées et distinctes, puisqu'ils ne séparent plus les phénomènes de leur siège, tout en agissant sur chacun d'eux en vue de modifier leur ensemble, c'est-à-dire l'être lui-même.

Le bien que désire la bonté n'est que l'amélioration réalisée dans un cas particulier. Les circonstances qui causent l'infériorité d'un être limitent seules sa puissance de modification. Pour changer le bien en beau, il suffit donc de s'affranchir des contingences du cas particulier en généralisant ce dernier, et le résultat d'abord obtenu de bon deviendra beau. La bonté, ne pouvant améliorer que dans un but altruiste, aura dès lors produit un objet d'affection dont l'attrait devient irrésistible pour l'attachement. Un résultat dont la perfection stimule ce dernier sentiment n'est plus positif, mais esthétique. Il n'est plus spécial, mais idéal ; l'expression n'est plus, pour ainsi dire, technique, mais devient poétique.

Les divers aperçus que nous venons de donner suffiront, je l'espère, pour nous convaincre que l'intelligence est exclusivement destinée à se mettre au service d'un sentiment, en vue de l'aider à se connaître lui-même et à connaître ses objets d'affection.

III

RELATIONS MUTUELLES DES DIVERSES PARTIES DE L'AME.

Nous venons d'envisager isolément les fonctions, affectives, spéculatives et actives, qui sont propres à chacune des conditions essentielles de l'existence, lorsque ces dernières s'appliquent à l'être animé. Nous nous sommes livrés à cette analyse dans l'unique but de faire ressortir davantage les caractères qui conviennent exclusivement à ces divers cas. Mais, en même temps, nous avons eu soin d'avertir que dans la réalité ces mêmes fonctions agissent de concert et qu'il n'est permis d'en négliger aucune, car toutes sont simultanément nécessaires. Bien que chacune d'elles n'opère que d'après des procédés qui n'appartiennent qu'à elle seule, il lui serait cependant impossible d'atteindre le but auquel elle est spécialement destinée, si elle se bornait uniquement à ses ressources. Au résumé, pour que l'être animé ne se consume pas en efforts stériles, il faut de toute nécessité qu'il ait recours à l'ensemble des divers moyens qu'il possède pour remplir à son tour les conditions essentielles de l'existence.

On sait d'ailleurs que le cerveau reflète ce qui se passe au dedans et au dehors de nous C'est ainsi que les sentiments ne sont autre chose que la manifestation des conditions essentielles de l'existence, lorsqu'elles s'appliquent à l'être animé. De leur côté, le résultat fourni par chacune de ces mêmes conditions et le moyen spécial qu'elle emploie pour le réaliser subissent tous deux également une transformation analogue.

Nous voyons, en effet, que la conservation doit en général aboutir à l'équilibre des éléments, grâce au mouvement de convergence. Mais, dans le cerveau, les éléments sont remplacés par les sensations concrètes; la nécessité de s'assimiler des éléments du dehors, par l'induction ou liaison par convergence; l'égalité d'influence qu'obtient l'équilibre, par la généralisation. Quant à l'activité propre aux sentiments de la conservation, elle possède tous les caractères de la spontanéité du mouvement de convergence.

En comparant ensuite les opérations d'une relation quelconque avec celles de nos sentiments correspondants, nous verrons que des deux parts les êtres ne peuvent agir les uns sur les autres que par l'entremise des propriétés générales de l'existence dont ils sont tous indistinctement doués. Pour les sentiments de la relation il ne peut donc être question que de sensations abstraites, de même que, dans la seconde condition essentielle de toute existence, il ne s'agit plus que de phénomènes. En outre, la nécessité de subordonner le mouvement à l'étendue est remplacée par la déduction ou liaison par dépendance; l'immuabilité des rapports qui existent entre les phénomènes, par la systématisation ou un ensemble de notions coordonnées d'après des principes invariables. Enfin la prudence a la même influence sur le courage que l'étendue sur le mouvement.

La modification en général et les sentiments correspondants qui nous animent donnent également lieu à une comparaison analogue. Dans le premier de ces deux cas, il ne s'agit plus que d'un être dont chacun des phénomènes est doué d'un certain degré d'intensité; dans le second, nous nous bornons à constater un ensemble de sensations qui se manifestent avec un caractère déterminé.

De même l'emploi simultané de l'assimilation et de la subordination dans une circonstance donnée est remplacé dans le fonctionnement cérébral par ce qu'on pourrait appeler la production, où la double faculté de liaison, tant par convergence que par dépendance, s'applique à un cas particulier ; l'équation dans laquelle se combinent l'équilibre et la proportion fait place à la spécialisation, où la généralisation et la systématisation concourent ensemble à trouver une certaine solution.

Si maintenant on se rappelle que l'existence d'un être quelconque dépend toujours nécessairement du concours simultané des mêmes conditions essentielles de l'existence, on n'aura plus de peine à se convaincre, qu'à plus forte raison il doit en être ainsi lorsqu'il s'agit des sentiments dont elles sont la source. Il résulte donc de là que de même que l'ensemble des conditions essentielles de l'existence seconde sans cesse la réalisation des besoins dominants de chacune d'entre elles, de même aussi chacun des trois ordres de sentiments exige le concours des deux autres pour arriver à satisfaire ses propres désirs.

Remarquons aussi que les conditions essentielles de l'existence ne peuvent s'entr'aider mutuellement que si chacune d'elles remplit sa fonction au moyen des procédés qui lui appartiennent exclusivement en propre. De cette dernière observation, qui acquiert surtout une grande importance lorsqu'on l'applique au fonctionnement du cerveau, on peut enfin conclure que, seules, les facultés affectives influent directement les unes sur les autres, laissant chacune d'elles maîtresse de l'exercice de ses moyens spéculatifs et actifs. Il ne faut, en effet, jamais perdre de vue que c'est en remplissant d'abord leur rôle particulier que les sentiments parviennent ensuite à rendre la tâche plus facile à celui d'entre eux dont la satisfaction des désirs devient dominant.

***

Mais, pour rendre plus évidentes les remarques que nous venons de faire, nous allons les appliquer à un exemple.

Les sensations internes qui donnent naissance à l'instinct nutritif fixent l'attention sur l'état actuel de notre conservation. On a d'ailleurs donné le nom général de contemplation à l'aptitude que les sentiments ont de nous intéresser uniquement à un certain aspect du monde, tant intérieur qu'extérieur.

L'existence du sentiment suppose donc celle de la contemplation, et réciproquement. On voit aussi par là que les fonctions intellectuelles n'existent pas par elles-mêmes, mais qu'elles ne sont au fond que des émanations du sentiment correspondant. Ce dernier, en effet, ne nous impose-t-il pas exclusivement les besoins qu'il représente en même temps que les seuls objets qui puissent les satisfaire ? Et par cela même n'implique-t-il pas aussi la liaison de leur commune tendance selon le moyen qui est propre à sa nature ? Il n'y a pas de sensation sans cause intérieure ou extérieure. Grâce à l'intelligence correspondante, la sensation devient ensuite l'image de l'objet qui en est l'origine aussitôt que cette même sensation acquiert assez d'énergie pour nous imposer ses désirs ou sa manière de les satisfaire.

C'est d'ailleurs ce qui se produit également lorsqu'il s'agit de l'existence en général. Prenons encore pour exemple l'être individuel. Dans le cas de sa conservation, les phénomènes, c'est-à-dire les propriétés générales plus ou moins compliquées de l'existence, agissent simultanément, et il ne peut plus alors être question que d'équilibre. Dans le cas de sa relation, les phénomènes agissent successivement, et il ne peut plus alors être question que de proportion. En outre, l'être qui possède la supériorité de la convergence a par cela même aussi l'initiative de la dépendance des phénomènes. Il diminue la quantité de mouvement en même temps que la grandeur de l'étendue, pour arriver à neutraliser l'influence croissante que la convergence opposée acquiert par suite du rapprochement.

En résumé, la seule présence d'une sensation suffit pour attirer l'attention vers l'objet dont elle procède. Les sensations internes de la conservation individuelle nous rendent attentifs à l'état de convergence et par suite d'équilibre des éléments dont se compose notre être. Mais, en outre, ces mêmes sensations n'auraient aucune raison d'être si elles ne nous incitaient par en même temps à réaliser la première des conditions de l'existence qui consiste à tirer du milieu ambiant des éléments d'union.

Après ce que nous venons de dire, il est aisé désormais de se convaincre que les opérations auxquelles se livre l'intelligence sont identiques à celles qu'effectuent également ceux qui en sont privés. La seule différence qui existe pour ces derniers, c'est que, par suite de la moindre complication des phénomènes intérieurs et extérieurs, ils n'ont pas besoin d'avoir conscience de la marche à suivre pour réaliser les mêmes conditions essentielles de l'existence. Au contraire l'être animé, par cela même qu'il se trouve en possession d'organes destinés à effectuer ces mêmes conditions, doit également avoir les moyens propres à diriger leur fonctionnement.

Chacune des conditions essentielles de l'existence a ses tendances particulières, un but à atteindre et des moyens de réalisation qui lui sont propres. Il doit donc en être de même ainsi pour ce qui concerne les sentiments, qui ne sont, après tout, que la manifestation consciente des conditions essentielles de l'existence. Eux non plus ne s'intéressent qu'aux sensations correspondantes qui proviennent du monde extérieur. Aussi, que les sensations soient internes ou externes, la contemplation qui en résulte est-elle toujours de même nature que les besoins signalés par les premières et les satisfactions fournies par les secondes.

En outre, comme les conditions essentielles d'une existence quelconque ne peuvent lier que selon leur tendance les satisfactions aux besoins qu'elles manifestent, il est tout naturel que les choses se passent de la même manière lorsqu'il s'agit du fonctionnement cérébral : les sensations internes ne cherchent, suivant le mode qui leur est propre, qu'à s'associer des sensations externes de même nature. En un mot, les opérations cérébrales ne sont que la reproduction consciente de la marche que même l'être privé de sentiment suit inconsciemment en vue de réaliser les conditions essentielles de l'existence.

Les sensations internes dont chaque catégorie se résume en un sentiment ne peuvent évidemment nous donner que des idées se rapportant à la condition essentielle qu'elles manifestent, c'est-à-dire des idées de convergence, de dépendance ou de convenance, des idées d'équilibre, de proportion ou d'équation, des idées de mouvement, d'étendue ou d'intensité. C'est en les liant à celles provenant des sensations externes que les sentiments y découvrent les satisfactions propres à réaliser la condition essentielle de l'existence qu'elles représentent. On ne peut donc pas dire que les idées fournies par les sensations qui proviennent de l'intérieur restent nécessairement confuses. Elles parviennent au contraire à reproduire très exactement l'aspect des besoins qu'elles nous font éprouver.

Au résumé, il n'y a que deux sortes de sensations : les unes, internes, déterminent l'idée de nos besoins ; les autres, externes, déterminent l'idée de leurs satisfactions. Cette double détermination doit naturellement aboutir à une association d'idées propre à réaliser la condition correspondante de l'existence. N'oublions pas que c'est précisément la difficulté d'effectuer cette dernière qui nous oblige à prévoir et à préparer son accomplissement, nécessité à laquelle ne sont pas astreints les êtres inanimés et même les végétaux, vu la moindre complication de leurs phénomènes, tant intérieurs qu'extérieurs. Ainsi, pour citer un exemple, l'être animé a besoin de se nourrir d'aliments ayant déjà vécu. Il n'y a d'ailleurs à cela rien que de naturel ; il doit non seulement sa vie à d'autres vies, mais encore son propre développement à la substance maternelle. L'être animé est donc un carnassier de naissance, et nous avons eu raison de dire qu'au début l'homme n'a pu connaître d'autre nourriture. Ce n'est qu'à l'essor de l'altruisme que nous devons d'être devenus végétariens, car le nouvel aliment favorisait davantage la subordination des impulsions égoïstes, et surtout la compression de l'instinct destructeur.

La constatation de ce besoin initial de nutrition suffirait à lui seul pour nous convaincre de la nécessité de l'intervention cérébrale. En effet, si nous continuons à prendre pour exemple ce cas particulier de l'instinct nutritif, nous voyons que l'être convoité comme aliment tient de son côté à conserver la vie. Aussi tend-il sans cesse à fuir ou bien à devenir lui-même l'agresseur. Pour réaliser l'une ou l'autre alternative, la faculté de se mouvoir devient une des premières nécessités de l'être animé. Quant à la possession des éléments de convergence, elle n'est plus directement possible, comme dans les cas moins compliqués. Il est nécessaire de prévoir et de préparer les moyens de vaincre de semblables résistances. Il faut, pour cela, commencer par établir la supériorité de notre influence en nous associant d'autres êtres, tant matériels que vivants. C'est ainsi que nous parvenons à remédier à notre infériorité naturelle. Grâce à ce concours, les besoins de la conservation individuelle sont à même de pouvoir se satisfaire, d'abord en privant de la vie l'être qui s'oppose à notre convergence, puis en diminuant progressivement sa masse ou sa quantité de mouvement propre en même temps que diminue la distance, jusqu'à ce qu'enfin l'élément soit suffisamment assimilé pour faire partie intégrante de notre être.

Pour arriver à ce résultat, l'instinct nutritif a besoin de l'intervention du sentiment de la relation individuelle, c'est-à-dire de l'orgueil. Car, je le répète, on ne peut s'assimiler le milieu qu'à la condition de l'avoir préalablement dominé. Ce premier soin est indispensable pour que la conservation puisse satisfaire à ses propres nécessités. Dès qu'il devient conscient de sa supériorité, le sentiment du mérite personnel subordonne à son initiative une des sensations extérieures que lui seul peut concevoir isolément et lier par dépendance. La notion qui en résulte donne aussitôt à l'ensemble des sensations de l'objet convoité un aspect qui stimule les désirs de l'instinct nutritif. C'est donc grâce à ses propres opérations intellectuelles que le sentiment de la relation a pu seconder directement l'usage des fonctions théoriques de ce dernier. La contemplation concrète devient, en effet, plus active aussitôt que l'objet convoité, par suite de la coordination de ses sensations obtenue par l'intelligence de la relation, nous apparaît plus susceptible d'assimilation. On voit donc que c'est par l'entremise directe de l'orgueil que la contemplation abstraite a pu être utilisée par celle qui n'est que concrète.

Pour bien comprendre le fonctionnement cérébral, il suffit de ne pas perdre de vue qu'il est destiné à parcourir les mêmes étapes que chacune des conditions essentielles de l'existence suit généralement pour arriver à ses fins. Mais, pour mieux nous convaincre de cette vérité fondamentale, nous allons chercher à préciser encore davantage la comparaison que nous venons de faire entre les fonctions directrices de l'être animé et les moyens semblables que tout être emploie pour atteindre au même but.

Rappelons-nous d'abord que, dans l'univers, tout est convergence mutuelle ; mais que l'union qui en résulte est d'autant plus intime que la distance est moindre. Lorsque, par suite de l'influence combinée du mouvement et de l'étendue, des éléments sont parvenus à se mettre en équilibre, il s'est alors formé ce que l'on appelle un être.

Les diverses réactions mutuelles s'étant neutralisées dans ce cas, la consistance qui résulte d'un semblable état de choses donne naissance à la masse. Cette dernière, en effet, n'est autre chose qu'une réunion d'éléments qui, tout en n'agissant plus individuellement les uns sur les autres, n'en continuent pas moins chacun à imposer sa convergence propre au milieu qui l'entoure. Il est dès lors évident que plus la masse est composée d'éléments, plus aussi sa force de convergence augmente, et qu'entre deux masses, c'est la plus petite qui subit l'influence dominante de la grande. Aussi les êtres dont la masse est plus faible n'ont pour se maintenir d'autre ressource que celle de contrebalancer la convergence opposée par le moyen de la distance. C'est là le cas qui se produit ordinairement pour les corps inanimés. Mais les êtres animés qui ont sans cesse besoin de renouveler leurs éléments, sont en même temps dans la nécessité de les puiser à des sources dont la puissance vitale est égale, sinon supérieure à la leur. La question se réduit donc à savoir comment, malgré leur infériorité naturelle, ces êtres peuvent quand même parvenir à remplir les conditions essentielles de leur existence.

Il est d'abord évident qu'ils ne sauraient s'assimiler de nouveaux éléments qu'en arrivant à vaincre la convergence individuelle de ceux de l'objet convoité. Il faut ensuite que les éléments, une fois attirés, se neutralisent dans les limites de son propre être, c'est-à-dire qu'ils y restent en équilibre. L'être animé doit donc posséder non seulement la supériorité de sa convergence, mais aussi l'initiative de la mise en équilibre. Nous savons, d'une part, que l'équilibre se réalise grâce à la proportionnalité réciproque du mouvement et de l'étendue, et, d'autre part, que l'espace où doit se neutraliser la convergence mutuelle est compris dans les limites de l'être qui cherche à se conserver. Ce dernier doit donc pouvoir diminuer l'augmentation d'influence convergente qu'elle obtient par suite du rapprochement. C'est seulement à cette condition qu'il lui est possible de conserver intact son ascendant, et par suite de l'exercer pour fixer à sa convenance la place des éléments qu'il s'incorpore.

Observons en passant que, dans ce cas, il existe un rapport qui s'opère dans le sens strictement étymologique de ce mot. Aussi bien voit-on par là combien nous avions raison de dire que l'étendue est la propriété spécialement affectée à la seconde des conditions essentielles de l'existence. Le caractère principal de la relation se manifeste, en effet, par la distance que deux êtres prennent en vue d'obtenir l'égalité d'influence mutuelle malgré l'inégalité de leur convergence respective. Il est d'ailleurs évident que l'initiative d'une semblable relation doit appartenir à celui des deux êtres qui se conserve aux dépens de l'autre. C'est à lui que revient le privilège de régler la situation de ses éléments d'après le degré de convergence nécessaire à leur union.

Il faut donc que, pour maintenir sa conservation, l'être animé, non seulement soit en relation avec le milieu, mais encore qu'il sache le dominer. Mais, en même temps qu'il s'en assimile certains éléments, c'est-à-dire qu'il les soumet à sa propre convergence, il faut aussi qu'il assure à leur union une stabilité convenable. C'est dans ce but qu'il fait intervenir l'équilibre. Ce dernier est, on le sait, le résultat d'un concours proportionnel du mouvement de convergence et de l'étendue de dépendance, double propriété dont il fait un usage dominant.

Nous avons déjà montré comment l'être animé procède pour s'assimiler des éléments. Par cette opération il doit arriver à les unir à lui. Mais comme, à mesure que la distance diminue, la force de convergence mutuelle augmente, il est nécessaire de trouver les moyens qui, tout en continuant à rapprocher l'objet convoité, soient capables d'amoindrir sa croissante influence.

Ces moyens consistent au fond dans la supériorité de sa

convergence individuelle. S'il ne la possède plus naturellement, il doit donc d'abord l'acquérir en cherchant autour de lui, chez d'autres êtres, tant matériels que vivants, des concours dont l'association lui procure un tel avantage sur l'objet convoité. Ces concours sont eux-mêmes en quelque sorte des assimilations à son propre être en vue d'en augmenter la force de convergence. Grâce à un tel appoint, l'objet convoité doit nécessairement perdre enfin son influence, non seulement sur l'être qui la neutralise, mais aussi sur ses propres éléments qui subissent à leur tour la même supériorité. Aussi se désagrège-t-il peu à peu, et à l'aide de cette graduelle diminution de masse l'être animé parvient ensuite à se l'assimiler par les seuls moyens dont il dispose personnellement. C'est ainsi que nous voyons l'aliment se modifier du dehors au dedans et finir par faire partie de notre corps.

En résumé, les conditions essentielles de l'existence se réalisent de la même manière dans tous les cas. C'est uniquement la complication des phénomènes qui met l'être animé dans la nécessité d'avoir le sentiment et la connaissance des moyens que tout être quelconque emploie à cet effet. Il faut que les sensations que l'être animé tire de sa propre convergence s'équilibrent, pour ainsi dire, avec celles des objets extérieurs susceptibles de contribuer à sa conservation. Mais il est non moins indispensable que, pour faire prévaloir sa convergence, l'être animé possède le sentiment de sa supériorité individuelle, afin de subordonner les sensations des phénomènes extérieurs à sa propre initiative. Par cela même que nous avons le sentiment de l'une des trois conditions essentielles de notre existence, d'une part, nous ne voyons plus que d'après elle les choses, tant intérieures qu'extérieures ; d'autre part, nous cherchons par des procédés intellectuels à connaître les mêmes moyens que pour n'importe quel être elle met en œuvre en vue de sa réalisation. Bref, en contemplant et liant des sensations, nous opérons de la même manière que les objets eux-mêmes qu'elles manifestent en nous.

On voit par là combien la connaissance de la marche générale que les conditions essentielles de l'existence suivent pour arriver à se réaliser est nécessaire à celle du fonctionnement cérébral. Elle nous prouve aussitôt que les sentiments sont solidaires tout autant que ces mêmes conditions dont ils sont destinés à nous rendre conscients. La contemplation concrète propre à la conservation ne nous donne que l'image de sensations d'êtres ou d'ensembles de phénomènes. Mais la contemplation abstraite, en offrant l'image isolée de chacune des sensations de ces mêmes phénomènes, nous permet de voir plus distinctement leur ensemble, et par là facilite la tâche à la contemplation concrète. De même, après avoir lié les phénomènes par dépendance, on parvient également à mieux savoir si leur ensemble est susceptible de liaison par convergence.

En résumé, les sensations ne sont que les manifestations des phénomènes ou propriétés générales plus ou moins compliquées du monde, tant intérieur qu'extérieur. Si, d'une part, ces derniers cherchent à agir, soit simultanément en vue de l'équilibre, soit successivement en vue de la proportion, soit enfin dans un cas particulier en vue de l'équation, d'autre part, nous sommes amenés également à voir et à lier de la même manière les sensations correspondantes. Comme, d'ailleurs, ni les conditions essentielles de l'existence ni les moyens et les propriétés qu'elles emploient pour s'effectuer ne sauraient arriver à leurs fins que grâce au concours de leur ensemble, il est tout naturel aussi que les résultats obtenus par chacune des facultés affectives, spéculatives et actives soient uniquement dus à la coopération plus ou moins directe de toutes les autres.

Pour compléter ces quelques notions sur la solidarité des fonctions cérébrales, il faut ajouter qu'elle se produit à l'égard de tous les sentiments, de quelque nature qu'ils soient, qu'il s'agisse de ceux de l'individu, de l'espèce ou de l'universalité des êtres. En effet, que l'on ne perde pas de vue que c'est toujours en faveur d'un être que s'effectuent les conditions essentielles de l'existence. Les sentiments qui résultent de ces dernières ont donc, en général, une commune origine. C'est uniquement leur destination qui change suivant l'existence à laquelle s'appliquent ces mêmes conditions. A cet effet, il leur suffit de faire ressortir dans les caractères propres à leur catégorie ceux qu'exige le cas particulier qu'ils doivent contribuer à satisfaire. Ainsi, par exemple, le sentiment de la conservation individuelle éprouve le besoin du concours des autres, tandis que le sentiment de la conservation altruiste nous pousse à concourir à la réalisation d'une autre existence que la nôtre. Quel que soit donc le but à atteindre, qu'il soit égoïste ou altruiste, les sentiments d'un même ordre emploient indistinctement les moyens théoriques et pratiques qui leur appartiennent en propre.

Il est non moins évident que les divers sentiments qui naissent d'une même condition essentielle de l'existence sont également solidaires entre eux, par cela même qu'ils possèdent des caractères communs. Ainsi, pour citer un exemple, nous voyons que l'instinct nutritif provient des sensations de la convergence égoïste. Mais ces dernières éveillent l'idée de concours, idée que l'attachement rend altruiste en l'appliquant à l'existence sociale. On voit donc que si le sentiment de la conservation altruiste parvient finalement à se subordonner celui de la conservation égoïste, c'est néanmoins à ce dernier qu'il doit la première manifestation de ses propres tendances.

Un sentiment quelconque, aussi bien égoïste qu'altruiste, a donc besoin que sa propre fonction soit secondée plus ou moins directement par l'intervention des autres, et c'est grâce à cela que les facultés spéculatives et actives arrivent elles-mêmes à coopérer au résultat spécialement obtenu par chacune d'elles.

***

De tout ce que nous venons de dire nous pouvons conclure enfin que si chacune des trois catégories d'affections conserve inaltérablement sa spontanéité, tant spéculative qu'active, elle ne saurait toutefois la développer qu'en ayant recours aux deux autres, ainsi qu'à leurs procédés respectifs, aussi bien théoriques que pratiques.

Cette loi fondamentale du fonctionnement de l'âme acquiert surtout une importance capitale lorsqu'on l'applique à l'évolution altruiste de la nature humaine. Mais, pour avoir une notion plus précise de la marche que suit une semblable évolution, il est bon de la rattacher d'abord à celle q 'exige le développement graduel des conditions essentielles de l'existence d'un être quelconque, même quand il est privé du sentiment.

Tout être, pour se former, a besoin de traverser autant de phases qu'il y a de propriétés générales de l'existence dont la prépondérance devient successivement indispensable. Au début c'est la supériorité de son mouvement de convergence qu'il doit faire prévaloir, puisque les éléments ont d'abord à la subir avant de pouvoir être incorporés, et par conséquent acquérir la stabilité d'équilibre qu'exige leur assimilation. Aussi, dans la première phase de son développement, l'être cherche-t-il uniquement à vaincre les convergences opposées. De là proviennent les sortes de conflits qui naissent entre les éléments qui sont en voie de se combiner. Mais aussitôt que l'intimité de l'union s'est produite, commence aussi pour l'être une nouvelle phase. Il a dès lors obtenu tous les résultats que nécessite sa conservation. Désormais il n'a plus qu'à les maintenir et à les consolider, en continuant à imposer à chacun de ses éléments la distance qui rend égales leurs influences malgré l'inégalité des mouvements de convergence mutuelle. Dans cette phase prévalent donc et l'initiative qui lui permet d'assigner l'étendue de la dépendance, et son aptitude à régler la proportion ; de même que dans la première dominaient la supériorité du mouvement de sa convergence et son aptitude à provoquer l'équilibre. Une fois que sont parvenues à s'établir et l'égalité de convergence des éléments et l'immuabilité de dépendance des phénomènes, il ne reste plus qu'à varier l'intensité du mouvement et de l'étendue suivant les modifications qui se produisent soit dans l'être, soit dans son milieu. Cette dernière phase est donc caractérisée par l'application de l'intensité à la variabilité de convenance qui existe entre les phénomènes dès que dans l'être on n'envisage plus qu'un cas particulier.

***

Il est d'ailleurs évident que les dispositions que les éléments manifestent en faveur de l'être qu'ils doivent former suivent la même évolution que les conditions essentielles de l'existence qu'ils sont destinés à réaliser. De ces dispositions c'est celle qui pousse à l'union, c'est-à-dire à la stabilité de la convergence, que l'élément tend à montrer tout d'abord. Ensuite se révèle l'importance de la soumission ou de l'immuabilité de la dépendance. Enfin, après avoir développé ces deux premières dispositions, il n'y a plus qu'à les varier suivant que les conditions essentielles de l'existence qui leur correspondent ont elles-mêmes besoin de se modifier. C'est dans cette dernière disposition que l'élément se prête aux nécessités de ce que nous avons appelé la variabilité de la convenance.

Ce qui se réalise en général pour l'évolution des conditions essentielles d'un être et des dispositions correspondantes de ses éléments doit, à plus forte raison, s'observer dans le cas particulier de l'être animé.

En effet, si l'on ne considère d'abord que les sentiments égoïstes, ceux par exemple qui sont propres à l'existence de l'individu, il n'est pas difficile de constater que c'est successivement qu'ils font leur apparition dans le cours de la vie. L'instinct nutritif s'affirme surtout au début, pendant que les divers organes ont besoin de se développer. Lorsque ce développement atteint un certain degré, le sentiment du mérite personnel ou l'orgueil se manifeste à son tour. Enfin, c'est après un suffisant essor successif que les deux premiers intincts sentent aussi le besoin d'exercer celui de la destruction pour continuer à réaliser leurs propres désirs.

Il est tout aussi facile de s'apercevoir qu'une semblable évolution n'a pas atteint le même développement dans les diverses espèces d'êtres animés. Il suffit de citer l'exemple du lion ou du tigre. Ce dernier peut être considéré comme le plus parfait modèle de l'égoïsme, puisqu'il va jusqu'à répandre le sang pour le seul plaisir de détruire. Tandis que le lion, au contraire, est plus orgueilleux que cruel.

Les mêmes remarques s'adressent aux sentiments altruistes, surtout lorsqu'il s'agit d'animaux qui se sont associés au sort de l'humanité. Ainsi, par exemple, chez le chat, l'altruisme s'arrête à l'attachement, qui, faute de vénération et surtout de bonté, devient le plus souvent impuissant à s'élever jusqu'à un objet déterminé d'affection, se bornant principalement au milieu pour lequel même l'attachement n'est pas profond. Les chiens, au contraire, peuvent dans certaines circonstances atteindre jusqu'à la bonté, témoin les chiens du mont Saint-Bernard.

Mais le développement de l'altruisme ne peut parvenir à son complet développement que dans l'espèce humaine. Celle-ci doit cet heureux privilège à la conscience qu'elle prend graduellement des conditions essentielles de l'existence sociale, seul objet d'affection qui soit capable de donner un plein essor aux dispositions altruistes correspondantes.

Chez les animaux, ce même objet d'affection ne consiste plus que dans des individualités, ou tout au plus dans le milieu domestique. Le peu d'altruisme qui se manifeste dans certains animaux, nous le devons à l'époque du fétichisme, lorsque l'homme s'intéressait aux animaux par amour pour eux-mêmes et non pour l'utilité qu'il sait en tirer.

***

Nous allons maintenant appliquer au cas de l'humanité les divers aperçus que nous venons de donner sur l'évolution progressive des conditions essentielles de l'existence sociale, ainsi que des dispositions altruistes qu'elles exigent. Nous verrons ainsi que les unes et les autres manifestent aussi successivement leur importance suivant la nécessité plus urgente de leur réalisation.

Qu'il s'agisse d'ailleurs d'un système d'astres, d'une espèce d'êtres matériels ou vivants, de l'humanité ou de l'existence universelle, les caractères propres à la conservation s'y manifestent toujours avant ceux de la relation, et finalement se complètent par ceux de la modification. Ainsi, pour citer un exemple, c'est à la suite de bien des péripéties que, dans le monde solaire, l'astre central put enfin s'assurer la supériorité de sa convergence. De même, ce n'est qu'après cette première phase de développement du système que la constance des rapports entre les astres a pu se régler à son tour d'après la seule initiative du centre devenu dès lors immuablement prépondérant.

Mais hâtons-nous de dire que ce serait une erreur de croire que, pendant l'une des phases du développement, égoïste ou altruiste, les résultats qu'elle obtient soient dus à une influence unique. Nous savons, au contraire, qu'aucune des conditions essentielles de l'existence ne peut arriver à ses fins sans le concours des deux autres ; que le moyen qu'elle emploie à cet effet suppose toujours une intervention analogue ; et qu'enfin c'est à l'influence simultanée de l'ensemble des propriétés générales de l'existence qu'est due la manifestation de l'une d'entre elles. De même on ne saurait non plus concevoir l'une des dispositions correspondantes de l'élément sans l'existence des deux autres. L'union s'effectue grâce à la soumission, et cette dernière n'a d'autre raison d'être que de faciliter la réalisation de la première. Toutes deux, en outre, ont besoin de la disposition à l'amélioration pour pouvoir elles-mêmes mieux accomplir leurs propres tendances.

⁂

Il nous reste maintenant à dissiper l'apparente contradiction qui existe entre la nécessité d'une constante coopération et l'influence qui semble devenir unique pendant chacune des phases du développement de l'être. Pour concilier cette double notion, il suffit de se rappeler que, dans le cours de ce même développement, il y a simplement prépondérance et non action isolée de l'une des conditions essentielles de l'existence, en même temps que de la disposition correspondante. Ainsi, par exemple, dans le cas de l'être animé, quelle que soit l'importance acquise par l'une des conditions essentielles de l'existence, cette dernière néanmoins ne peut remplir sa fonction propre qu'à l'aide du concours de leur ensemble. En d'autres termes, du moment que ces mêmes conditions doivent coopérer à la réalisation de l'une d'elles, les moyens affectifs, spéculatifs et actifs dont elles se servent pour s'effectuer dans le cas de l'être animé sont par cela même dans la nécessité d'agir également de concert. Surtout n'oublions pas que les fonctions cérébrales sont destinées à remplir les conditions essentielles de l'existence, soit individuelle, soit collective, et que leur association est indispensable pour atteindre ce but. Lorsque l'une d'elles semble ne devoir qu'à sa propre initiative les résultats qu'elle opère, c'est qu'alors son influence est devenue prépondérante ; car, tout en ayant sans cesse à remplir ses trois conditions essentielles, l'être a généralement besoin d'abord de l'impulsion de l'une d'elles pour que leur ensemble puisse ensuite continuer à développer ou maintenir son existence. A plus forte raison doit-il en être ainsi des fonctions cérébrales qui ne sont, après tout, que les moyens dont se servent ces mêmes conditions lorsqu'elles doivent réaliser l'existence de l'être animé. La coopération de leur ensemble est toujours indispensable au résultat spécial que doit obtenir chacune d'elles.

***

Les notions générales que nous venons d'acquérir en suivant une existence quelconque dans le développement graduel de ses conditions essentielles et des dispositions correspondantes qu'elles font naître dans ses éléments, ces notions générales, dis-je, nous allons voir qu'elles s'appliquent en tous points au cas particulier de l'évolution altruiste de la nature humaine.

Nous savons que les dispositions dont sont doués les éléments d'un être n'atteignent le plein essor de leur spontanéité propre que l'une à la suite de l'autre, et dans l'ordre que nécessite la manifestation des conditions essentielles de l'existence auxquelles elles correspondent.

Les choses se passent également ainsi pour les sentiments qui nous rendent conscients des nécessités d'une existence supérieure à la nôtre. Les inclinations altruistes nous disposent à en devenir de simples éléments, et par là nous destinent à servir aux satisfactions de ses propres besoins. Elles continuent donc à avoir uniquement en vue l'existence d'un être, et emploient dans ce but les moyens théoriques et pratiques dont elles peuvent respectivement faire usage. Qu'il s'agisse de l'union, de la soumission ou de l'amélioration, les sentiments qui nous disposent en leur faveur n'auraient plus aucune raison d'être si ces résultats n'étaient consacrés finalement à développer et consolider l'existence sociale. Inconsciemment, d'ailleurs, nous subissons déjà l'inéluctable ascendant de notre propre espèce, du milieu physique et vital de notre planète, du monde solaire, et enfin de l'universalité des êtres existants. Les sentiments bienveillants ne font, en somme, que nous rendre conscients d'un semblable état de choses pour nous amener à y conformer volontairement notre conduite.

De son côté, l'évolution altruiste éveille graduellement en nous la conscience des nécessités d'existences dont nous faisons déjà partie et celle des impulsions propres à nous mettre à même d'y satisfaire de plein gré. C'est donc directement à une collectivité quelconque que les sentiments altruistes cherchent à nous vouer en nous disposant à y participer sans contrainte. Comme d'ailleurs l'être est toujours un composé d'éléments, qu'ils soient adhérents ou non, il résulte de là que les tendances de notre altruisme poursuivent également dans n'importe quel cas la réalisation des conditions essentielles d'une existence collective.

***

Pour mieux faire comprendre que les sentiments bienveillants ont uniquement en vue un être collectif, citons l'exemple de la vénération. Envisagé dans sa seule spontanéité et non comme auxiliaire de l'attachement ou de la bonté, ce penchant nous soumet sans détour à l'ascendant de l'être dont il a reconnu l'irrésistible supériorité. La vénération ne saurait donc se borner à s'offrir comme objets d'affection de simples principes, résultats théoriques des moyens qu'elle emploie pour assurer la toute-puissance de ce même être.

De ce qui précède nous pouvons conclure enfin que, si les conditions essentielles de l'existence et les dispositions correspondantes de ses éléments se manifestent successivement suivant le degré de leur importance, l'évolution altruiste de notre nature, de son côté, nous rend graduellement conscients des nécessités de l'existence sociale et des dispositions bienveillantes qu'elle exige de nous pour y satisfaire. Aussi, quoiqu'elle développe spontanément ses conditions essentielles, notre propre volonté qui contribue à les réaliser nous fait dès lors agir comme si nous créions nous-mêmes une semblable existence, à mesure qu'un sentiment altruiste acquiert un essor croissant dans notre propre être.

Il ne faut pas oublier que l'existence sociale, même conçue au seul point de vue humain, possède une constitution qui lui est exclusivement propre, à laquelle par conséquent chacun de ses éléments n'apporte que sa part d'union, de soumission ou d'amélioration. Comme tout autre être, l'existence sociale réalise par elle-même ses propres conditions essentielles, notre fonction consistant dès lors uniquement à mettre nos sentiments, notre intelligence et notre activité à son service. En fait de contrat social, le seul qui puisse se faire entre elle et nous, c'est que, par la stimulation de notre altruisme, elle nous mette à même d'avoir sans cesse plus conscience des obligations que nous avons nécessairement envers elle.

Car, en général, plus un sentiment devient vif, mieux aussi nous rend-il capables d'entrer en possession de l'objet qu'il désire. A plus forte raison en doit-il être également ainsi lorsqu'il s'agit de l'existence sociale. Celle-ci fait en quelque sorte d'autant plus partie de nous-mêmes que, purifiées davantage de l'égoïsme, nos impulsions altruistes savent en acquérir une impression plus nette. Dès lors, possédés, pour ainsi dire, de cette même existence, nous pouvons aussi lui appliquer plus facilement les notions d'union, de soumission et d'amélioration qu'elle exige de nous pour réaliser elle-même ses conditions essentielles. Car, je le répète, c'est elle seule qui peut accomplir ses propres nécessités. Dans ce but, elle ne demande de nos dispositions favorables à cet égard que d'en avoir conscience. C'est d'ailleurs à cette sublime compréhension des choses que l'humanité s'est élevée peu à peu, grâce aux progrès de l'évolution de notre nature altruiste. Sans ce dernier développement, une semblable connaissance aurait sans cesse surpassé notre faible intelligence, comme il arrive d'ailleurs pour les êtres animés qui n'ont pu atteindre notre degré d'altruisme. Ceux-ci, ainsi que les êtres inanimés, ne font que participer inconsciemment à l'existence sociale. L'homme seul est à même de pouvoir l'évoquer en lui, et parvenir ainsi jusqu'à cette suprême connaissance.

On ne saurait assez admirer avec quelle profondeur de vue le Catholicisme a symbolisé ce privilège de l'humanité en instituant le sacrement de l'Eucharistie. Pour recevoir en nous le divin Maître, il faut également se rendre digne de sa possession en nous purifiant d'abord de tout péché. L'espèce sous laquelle il s'offre à nous ajoute encore à ce qu'il y a de sublime dans cette institution. C'est sous la forme de pain qu'il se donne à nous, montrant ainsi qu'il devient un aliment à notre altruisme.

Nous savons que les sentiments altruistes sont au nombre de trois : l'attachement, la vénération et la bonté. Il en existe donc autant que de conditions essentielles à satisfaire dans l'existence sociale. Mais, de même que cette dernière a d'abord besoin de développer les moyens qui doivent lui assurer sa conservation, de même aussi la prépondérance de l'attachement devient avant tout nécessaire pour nous disposer à l'union, c'est-à-dire à la stabilité de notre convergence altruiste. Sans l'essor primordial de cette impulsion, nous ne pourrions pas concevoir d'existence sociale, puisque, pour en avoir conscience, il faut nécessairement que nous nous conformions d'abord aux exigences de la première de ses conditions essentielles. Il est donc tout naturel que le développement successif des sentiments altruistes commence par l'essor de l'attachement, dont la prépondérance, quoique provisoire, reste indispensable aussi longtemps que ses caractères n'ont pas acquis assez de spontanéité pour nous mettre à même de concourir volontairement à la conservation de l'existence sociale.

Pendant que domine l'attachement, prévalent aussi les moyens théoriques et pratiques dont indistinctement les sentiments de la conservation font usage pour arriver à la satisfaction de leurs désirs. Ce sentiment ne peut donc donner lieu qu'à la contemplation concrète, celle qui nous fait voir l'image des sensations dans le même ensemble que les phénomènes de l'objet qui a donné naissance à ces mêmes sensations. Il ne peut non plus lier que par similitude ces mêmes images, puisque les objets extérieurs dès lors sont eux-mêmes semblables, ayant tous, bien qu'avec des intensités inégales, des mouvements de convergence dans le même sens. De la liaison par similitude des sensations concrètes résulte finalement la conception de leur égalité, lorsque la proportion inverse de la distance est parvenue à compenser l'inégalité de leur convergence. Dans la liaison par similitude consiste l'induction et dans celle par égalité, la généralisation.

Pendant la même phase altruiste prévaut enfin la qualité pratique spécialement affectée à l'accomplissement des désirs du sentiment de la conservation en général. Dans le cas particulier de l'attachement, cette même qualité nous permet de provoquer par notre propre initiative le mouvement de convergence qui est la propriété la plus nécessaire au début de la formation d'un être quelconque.

Avant de nous occuper de l'appui successif que chacun des deux autres sentiments bienveillants accorde directement à celui qui est devenu prépondérant dans le cours de l'évolution altruiste, nous allons continuer à rappeler d'abord les phases successives auxquelles donne lieu la spontanéité du premier essor des deux autres inclinations altruistes.

Nous savons que la convergence doit finalement aboutir à l'équilibre des éléments, ce qui n'est possible qu'à l'aide de l'étendue, c'est-à-dire de la propriété spécialement affectée à la relation. Dès lors apparait aussi la nécessité de faire dépendre de cette dernière celle qui est propre à la conservation. De là résulte la proportion dont l'existence sociale doit naturellement posséder l'initiative, puisque, devant remplir les conditions essentielles de son être, elle doit par cela même pouvoir réaliser l'union de ses éléments, et conséquemment fixer à chacun d'eux la place qui convient à la stabilité de son équilibre.

C'est ainsi que surgit la seconde phase altruiste, pendant laquelle les besoins de la dépendance deviennent à leur tour prépondérants. Il est d'ailleurs évident que ces derniers ne pouvaient se faire sentir qu'après que ceux de la convergence se fussent d'abord suffisamment développés. C'est seulement alors qu'il nous est possible de prendre également conscience des nécessités de la relation pour nous y soumettre volontairement. La supériorité de la convergence ne suffit pas pour réaliser l'union qu'exige la conservation ; il faut aussi que l'être possède l'initiative de la dépendance. C'est lui qui, je le répète, assigne aux éléments préalablement disposés à l'incorporation la place qui doit leur assurer la stabilité de leur équilibre, sans laquelle aucune union ne saurait se maintenir. Si la conservation tend à équilibrer la convergence mutuelle des éléments, la relation, de son côté, cherche à proportionner la dépendance des propriétés générales de l'existence. Cette dernière opération devient nécessaire pour la formation de l'être aussitôt que ses éléments sont prêts à subir la supériorité de sa convergence. Il est par conséquent tout naturel que la phase de la prépondérance de l'attachement soit immédiatement suivie par celle de la prépondérance de la vénération. Elle devra durer également aussi longtemps que ses caractères propres n'auront pas acquis assez de spontanéité pour nous rendre capables de subir de plein gré l'initiative de la relation qui, dès lors, doit appartenir à l'existence sociale.

La prépondérance de la vénération exige à son tour l'emploi dominant des moyens théoriques et pratiques dont font exclusivement usage les sentiments de la relation. Pour arriver à proportionner la force de convergence mutuelle au rapprochement nécessaire à l'union, il est évident qu'il faut tout d'abord constater isolément chacune des deux premières propriétés générales de l'existence, à quelque degré de complication que nous les considérions sous le nom de phénomènes. De là résulte la nécessité de la contemplation abstraite qui nous permet de les voir toutes deux séparément l'une de l'autre. Etant de nature différente, elles ne peuvent d'ailleurs plus être liées ensemble que d'après une dépendance dont, dans ce cas, l'initiative appartient à l'existence sociale. Cette dernière se sert donc de la vénération pour nous amener à déduire la force de convergence qui convient au degré de rapprochement qu'exigent les besoins de sa conservation. L'intelligence propre à la vénération doit aussi chercher à trouver l'immuabilité du rapport qui existe dans une semblable proportion, pour en tirer le système de dépendance des deux propriétés générales de l'existence ou des phénomènes plus ou moins compliqués auxquels elles donnent naissance. Dans l'opération qui a pour but de les lier par différence consiste la déduction, et le résultat d'une semblable liaison donne lieu à une systématisation.

Quant à la qualité pratique que développe la prépondérance de la vénération, il est aisé de se rendre compte qu'il ne s'agit plus dans ce cas de pousser au mouvement, mais simplement de le proportionner à la situation que les éléments doivent occuper pour concourir à l'union.

L'éducation altruiste de la nature humaine pourrait s'arrêter à cette dernière phase de son développement, si sa mission devait se borner à généraliser ou à systématiser les besoins de l'existence sociale. Mais il reste encore à les spécialiser, c'est-à-dire à varier dans un système donné les phénomènes que manifeste la complication plus ou moins grande des deux premières propriétés générales de l'être.

Une dernière phase devient donc nécessaire, celle de la prépondérance du sentiment de l'amélioration altruiste ou de la bonté.

Après avoir successivement pris conscience des nécessités d'abord de la conservation, ensuite de la relation de l'existence sociale, et développé les moyens affectifs, spéculatifs et actifs propres à chacun de ces cas, l'évolution altruiste doit enfin parfaire sa tâche en établissant la seule suprématie sentimentale qui soit finalement légitime. De même que les deux premières conditions essentielles de l'existence se réalisent d'autant mieux que leurs propriétés respectives sont plus modifiables, de même aussi l'union et la soumission se perfectionnent à mesure que nous devenons plus aptes à les améliorer. A quelque degré d'intensité que toutes deux se produisent, il est d'ailleurs possible toujours d'en concevoir un autre plus approprié à cet effet. Enfin, ce qui prouve que la prépondérance de la bonté est destinée à être le règne définitif de l'altruisme, c'est qu'ayant désormais pleine conscience des deux premières conditions essentielles de l'existence sociale, ainsi que des dispositions et des moyens propres à les réaliser, il ne s'agit plus que d'en perfectionner les résultats déjà acquis.

Développer en nous le sentiment de l'amélioration et les moyens théoriques qui lui sont propres, telle est donc l'œuvre à laquelle doit finalement se consacrer l'évolution altruiste. La bonté ne peut surgir que si nous sentons autour de nous les mêmes besoins de modification que nous éprouvons déjà quand il s'agit de notre propre être et de notre espèce. Elle doit donc appliquer à cette nouvelle destination les mêmes procédés spéculatifs et actifs que les autres sentiments de la modification. Nous savons d'ailleurs que chacun de ces nouveaux procédés n'est qu'une combinaison de ceux analogues dont font usage les deux autres catégories de sentiments. Cette dernière condition essentielle de l'existence devant désormais, non seulement être secondée plus ou moins directement par ses deux congénères, mais les embrasser sous un aspect déterminé, il est évident que les sentiments qu'en a l'être animé, ainsi que leurs moyens théoriques et pratiques, doivent également résulter d'une simultanéité semblable.

Si les sentiments de la modification, outre l'égal emploi que désormais ils font des moyens théoriques et pratiques des deux autres catégories de sentiments, continuent à demander le concours secondaire de ceux de l'une d'elles, c'est surtout pendant la phase de leur propre développement, afin de nous rendre plus aptes à nous servir de leurs diverses combinaisons dont ils devront normalement faire ensuite un continuel usage. Ainsi, par exemple, la prépondérance de la bonté ne deviendra définitive que lorsqu'elle se sera successivement appuyée sur la vénération et l'attachement. La bonté, tout en ayant besoin d'un égal concours des deux autres ordres de sentiments, devra d'abord rendre subalterne la vénération pour obtenir d'elle la soumission aux relations immédiates entre les phénomènes, seul résultat théorique que nécessite l'accomplissement de sa propre tâche. Mais, dès que son règne sera suffisamment assuré, la bonté dès lors se fera directement seconder par l'attachement. Car il est clair que, pour modifier un être quelconque dans le sens altruiste, il faut avant tout connaître ses propres tendances à la convergence sociale. Par suite de l'évolution, le premier des sentiments altruistes a déjà parfait sa subordination naturelle envers la bonté. Il ne s'agit donc plus que d'obtenir du second la même destination.

De même que l'instinct destructeur et l'instinct constructeur, le sentiment de l'amélioration ne contemple plus isolément le concret ou l'abstrait, mais la réalité. Il ne se contente pas de l'induction ou de la déduction : il s'en sert à la fois pour faire ressortir certaines circonstances de phénomènes dans un cas particulier. On pourrait appeler *production* ce nouveau mode de liaison. Au lieu de seulement généraliser ou systématiser, il spécialise. En outre, l'expression n'est dès lors plus uniquement synthétique ou analytique, mais devient pour ainsi dire technique.

Enfin la fermeté est la qualité pratique qui doit dominer dans la phase de la prépondérance de la bonté. Elle participe également du caractère des deux précédentes, en nous poussant à appliquer tant le courage que la prudence à la réalisation d'un cas particulier et à tendre tout l'effort utile vers un but ainsi limité. Ce mot de fermeté suffit à lui seul déjà pour caractériser le mode d'activité spécialement propre à cette phase. La fermeté nous astreint, en effet, à maintenir l'influence des deux premières qualités pratiques sur le terrain de l'objet spécial que nous désirons améliorer.

En résumé, de même qu'un être quelconque ne se forme qu'en développant l'une à la suite de l'autre les conditions essentielles de l'existence, de même aussi l'être altruiste n'acquiert que successivement la conscience des conditions essentielles de l'existence sociale, ainsi que des dispositions et des moyens théoriques ou pratiques qu'elles exigent de nous pour se réaliser. Ce n'est qu'après l'entier accomplissement d'une semblable évolution que prévaudront enfin les seuls besoins de l'amélioration et que, par conséquent, l'influence de la bonté deviendra définitivement prépondérante dans notre nature altruiste. Ayant désormais pleine conscience de l'existence sociale et de nos dispositions bienveillantes à son égard, il est tout naturel que notre principale préoccupation consiste finalement à les perfectionner toutes deux. On peut aussi conclure de là que nous ne deviendrons individuellement des éléments parfaits de la sociabilité que lorsque la bonté aura définitivement acquis son légitime ascendant sur les deux autres sentiments bienveillants.

L'espèce humaine renouvelle d'ailleurs ses éléments

altruistes de la même manière que ceux de la vie. Dans ce but, l'homme, celui des êtres animés qui seul a pu prendre pleine conscience de l'existence sociale ainsi que des dispositions bienveillantes qu'elle exige, a recours à des organes analogues. Leur ensemble constitue un mode particulier de cette même existence, mode auquel on a donné le nom d'humanité. Leur destination consiste dès lors à remplir envers l'existence sociale conçue dans sa pleine universalité les mêmes fonctions que celles des organes de l'être vivant.

A plus forte raison, ces organes doivent-ils également servir à réaliser successivement une des conditions essentielles de cette existence, en même temps qu'ils nous élèvent ainsi d'un nouveau degré dans la sociabilité.

Mais ces organes, comme ceux de la vie, sont eux-mêmes des composés d'éléments, et par conséquent possèdent une manière d'être qui leur est propre. Quoique chacun d'eux s'astreigne à remplir une seule des conditions essentielles de l'existence sociale, cette dernière n'en suit pas moins la loi commune qui veut que toutes concourent à la réalisation de l'une d'elles.

Pendant qu'ils se forment, ces mêmes organes ont aussi besoin de la coopération de la triple condition, tout en conservant la prépondérance à celle qu'il doit réaliser, ainsi qu'au sentiment altruiste qui lui correspond.

C'est grâce à de pareils organes que l'espèce humaine a pris graduellement conscience des conditions essentielles de l'existence sociale et des dispositions qu'elle exige de ses divers éléments. Ce sont eux également qui fournissent à l'individu les moyens de se subordonner à la collectivité.

En résumé, l'humanité est en possession d'organes dans chacun desquels prévaut un sentiment altruiste. Pour se former ils ont eu successivement besoin de l'assistance directe des deux autres. Ces organes sont destinés à rendre l'individu aussi bien que l'espèce graduellement conscients des conditions essentielles de l'existence sociale, ainsi que des dispositions et des moyens, tant théoriques que pratiques, qui appartiennent en propre à chacune d'elles.

Après ces préliminaires, il ne nous reste plus qu'à passer rapidement en revue les divers organes du développement de l'altruisme. Ces organes sont au nombre de trois : la famille, la religion et la patrie. La famille nous habitue à l'union et à l'attachement ; la religion, à la soumission et à la vénération ; la patrie, à l'amélioration et à la bonté.

Dans l'existence domestique, l'attachement reste l'impulsion prépondérante, et pendant qu'il se développe, ce sentiment s'appuie directement d'abord sur la vénération, ensuite sur la bonté. L'attachement nous dispose à la convergence en vue de la conservation d'une existence collective dont nous aspirons à faire partie. Il est évident qu'il faut qu'un mouvement propre à cet effet dirige chacun des éléments d'une semblable union. C'est à remplir cette tâche initiale que l'attachement nous convie et que l'existence domestique est destinée. Le fait seul qu'il y a attachement suppose qu'il y a convergence dans le mouvement. Mais ce caractère ne suffit pas pour produire l'union, c'est-à-dire l'égalité d'influence mutuelle dans une collectivité. Il faut, en outre, que le mouvement devienne inversement proportionnel à l'étendue ,afin que de la convergence résulte l'équilibre. C'est à l'existence sociale qu'appartient l'initiative d'une semblable intervention. Il est par conséquent nécessaire que nous nous soumettions d'abord à cette condition pour obtenir l'égalié d'influence mutuelle sans laquelle il ne saurait exister d'union.

On voit aussi par là que l'attachement a d'abord besoin de s'appuyer directement sur la vénération, car l'union ne peut naître qu'à l'aide de la soumission. Mais ce résultat une fois obtenu, grâce à ce concours, il ne reste plus qu'à le maintenir et à le consolider. C'est alors que l'amélioration devient à son tour l'auxiliaire immédiat de l'union, et la bonté celui de l'attachement.

L'évolution altruiste ayant débuté par l'essor de l'attachement, il est tout naturel que l'embryon d'existence sociale dont ce sentiment nous donne conscience se soit d'abord réduit au seul organe de la famille. Nulle autre organisation sociale ne pouvait se concevoir à ce moment, mais cet état de choses préparait l'attachement à des unions plus vastes.

Ce qui a lieu pour l'espèce se reproduit également chez l'individu, car l'éducation domestique ne fait que rendre ce dernier apte à s'unir à des collectivités plus nombreuses. L'existence domestique a donc surtout pour but de faire de nous des éléments qui sachent réaliser dans la vie collective, de quelque nature qu'elle soit, la première de ses conditions essentielles, c'est-à-dire la conservation tant actuelle par la solidarité que durable par la continuité.

Mais la famille possède à son tour des organes destinés à réaliser les deux autres conditions essentielles qui doivent seconder celle qui domine dans ce cas. La famille doit donc être considérée plutôt comme un appareil qui a pour fonction de nous préparer à remplir la première des conditions essentielles de l'existence sociale, c'est-à-dire celle de sa conservation. Cet appareil comprend deux organes, celui de la soumission et celui de l'amélioration. L'autorité paternelle, qui est le premier de ces organes, a en effet pour but de régler la situation de chacun des éléments de l'existence domestique suivant le degré de sa convergence. De son côté, l'influence maternelle représente le second de ces organes, puisqu'elle tend à perfectionner sans cesse chacun des résultats de l'union d'abord obtenu à l'aide de la soumission.

Comme la famille a été primitivement l'unique manière de concevoir l'existence sociale, ses divers organes secondaires ont dû par cela même acquérir dans l'espèce la même importance directe que successivement ils prennent encore aujourd'hui que l'existence domestique n'est plus destinée qu'à la culture individuelle de l'attachement.

C'est ainsi que les mœurs patriarcales s'imposèrent dans

la première phase de l'évolution domestique. Cette époque, pendant laquelle la prépondérance de l'attachement s'est directement appuyée sur la vénération, fit surtout ressortir les caractères de l'organe qui, fixant les situations, s'attache de préférence à développer la soumission aux lois qui règlent toute union.

Lorsque ce fut le tour de la bonté de prêter son assistance directe à l'attachement, l'objet d'affection de ce dernier dut par cela même se modifier également. Jusque-là, c'est dans l'existence domestique seule que consista cet objet. Mais désormais l'attachement peut accorder une plus grande importance que par le passé aux éléments dont cette même existence se compose. Ces nouvelles préoccupations sont dues à la croissante influence de la bonté sur le sentiment qui domine alors. Car, pour exercer sa propre efficacité, la bonté a besoin, pour ainsi dire, de se spécialiser, ne trouvant que dans les cas particuliers l'occasion de modifier une intensité, ce qui, comme on le sait, est l'unique but des améliorations qu'elle désire. Par cela même il est tout naturel aussi que la femme, qui est l'organe de ce sentiment, ait pris de plus en plus d'empire dans la famille, et par conséquent dans l'existence sociale.

A mesure que se développe l'existence domestique, l'attachement étend hors d'elle le cercle de ses affections. Mais, par cela même que les objets se trouvent plus éloignés du foyer naturel de la convergence, leur union est par cela même plus difficile à réaliser. Dans ces conditions, l'insuffisance de la conception familiale de l'existence sociale devient évidente. Le milieu domestique dont est issu successivement un ensemble de familles doit tout au moins modifier son caractère fondamental de manière à pouvoir continuer à embrasser ces dernières dans la même union. Il est clair qu'une semblable modification doit en entraîner une correspondante dans la notion de l'existence sociale qui avait été admise jusqu'alors. Désormais nous devons surtout avoir la conscience de la relation qu'exige une semblable existence en vue d'en satisfaire les besoins. En d'autres termes, il faut alors donner la prépondérance à la vénération en même temps que domine la nécessité de la soumission à la seconde des conditions essentielles de l'existence sociale.

Remarquons en passant que lorsqu'il s'agit de la conscience de l'existence sociale et des dispositions qui sont destinées à les remplir, il n'est plus question de réaliser extérieurement ses conditions essentielles par les moyens que chacune d'elles possède, mais simplement de nous les représenter en nous-mêmes. Dans ce cas, nous pouvons donc faire abstraction de cette même réalisation pour ne plus envisager que les tendances nécessaires à cet effet.

Il est clair que ces dernières seront à même de se manifester en nous dans quelque situation ou milieu où nous nous trouvions. Ce n'est que pour effectuer réellement ces mêmes choses que nous devons mettre en pratique les règles que suit alors l'une des conditions essentielles de l'existence. C'est ainsi, par exemple, qu'elle aura d'autant plus besoin d'imposer sa force de convergence que la distance de l'élément sera plus grande. Car dès lors la dépendance envers l'étendue exige plus de convergence du mouvement. Ce qui revient à dire que la vénération doit désormais s'appuyer sur l'attachement pour effectuer la soumission par une plus grande puissance d'union. En effet, il est évident que le mouvement de convergence diminue à mesure qu'augmente l'étendue de la dépendance. Il est donc nécessaire de compenser par les moyens dont dispose l'union le défaut de soumission qui résulterait de cet état de choses.

Il est facile de se rendre compte par quelle nécessité a pu s'opérer la substitution que nous venons d'observer. Pendant que s'accomplit la première des conditions essentielles de l'existence sociale, la spontanéité du mouvement de convergence favorise l'initiative de la seconde dont la propriété générale est nécessaire pour établir l'équilibre sans lequel il ne peut exister d'union. Le rapprochement suffit pour amener les éléments dans la situation d'où résulte ensuite l'égalité de leur influence mutuelle. Mais aussitôt que, par suite même de son essor, l'attachement désire s'unir à de nouveaux objets d'affection, il ne tarde pas à trouver que sa convergence et la leur ne sont plus semblables, ce qui est pourtant la condition indispensable de l'union. On ne peut remédier à cette difficulté qu'en accordant à l'initiative de la dépendance toute l'importance perdue par la supériorité de la convergence. C'est ainsi que prit naissance l'organe de la soumission, ou le mode d'existence auquel on a donné le nom de religion.

Sans détruire le premier mode, le nouveau en résulte tout naturellement, dès que l'exige le développement de l'altruisme. La famille, en multipliant les foyers de convergence, nous empêchait de prendre conscience de l'unité de l'existence sociale ; la religion, en imposant un seul centre à l'union, nous permit enfin d'en concevoir les plus vastes horizons. Et pour opérer ce profond changement, il a suffi d'attribuer à la seconde des conditions essentielles de l'existence, la prépondérance qui jusqu'alors avait échu à la première. L'union qui, dans la famille, résultait de la supériorité de convergence nécessaire à la conservation de tout être, dépendit désormais, dans la nouvelle conception de l'existence sociale, de l'initiative d'une volonté toute-puissante.

Après avoir montré que le second appareil de l'existence sociale est destiné à faire prévaloir la soumission, et par suite la vénération, il nous reste encore à donner quelques notions générales sur les deux organes secondaires dont le concours direct lui est successivement nécessaire.

L'organe de la conservation sociale est le premier de ces auxiliaires. Il consiste alors dans la masse qui est déjà soumise à la nouvelle existence et qui peut, dès lors, se vouer à la conquête de nouveaux éléments d'union. Il arrive d'ailleurs, dans ce cas, un fait analogue à celui qui se produit pour l'être animé, lorsque, dans le but de se procurer des aliments propres à sa conservation, il s'assure d'abord la supériorité de la convergence, en faisant appel au concours d'êtres tant matériels que vivants. L'existence sociale s'agrège également d'abord les éléments les plus favorables à son assimilation, afin de pouvoir ensuite, à l'aide de ce concours, conquérir une domination illimitée qui est la seule raison d'être des tendances de l'impulsion prépondérante à laquelle elle obéit dès lors. Les guerres d'incorporation n'ont pas eu d'autre but que de lui servir de moyens d'embrasser dans une même union l'ensemble de l'espèce humaine.

C'est à ces guerres auxquelles Joseph de Maistre faisait allusion en observant que « lorsque de grandes croyances se sont établies dans le monde, elles ont été favorisées par de grandes conquêtes, par la formation de grandes souverainetés (1) ».

La vie militaire ainsi comprise fut donc l'organe qui d'abord seconda directement celui de la soumission.

Cet auxiliaire perdit son importance première aussitôt que la nouvelle existence eut pris une suffisante extension. C'est alors que l'organe de l'amélioration, qui est dans ce cas spécialement représenté par le sacerdoce, acquit à son tour une influence secondaire dominante. Car il ne s'agit plus désormais que de consolider la nouvelle existence en stimulant la vénération pour rendre volontaire la soumission d'abord obtenue par la contrainte. Dès lors le moyen employé par l'organe de l'union se modifie également : à l'incorporation se substitue la conversion.

Nous avons montré que l'espèce humaine a dû respectivement à la famille et à la religion la possibilité de prendre conscience tant des deux premières conditions

(1) *Considérations sur la France*, Londres, 1797.

essentielles de l'existence sociale que des moyens affectifs, spéculatifs et actifs que chacune de ces conditions exige pour se réaliser. Nous allons voir que la patrie est à son tour l'appareil qui nous a rendus conscients de la troisième condition essentielle de la même existence, ainsi que des moyens qu'elle exige de nous à cet effet.

Nous savons que l'amélioration est la dernière de ces conditions essentielles, et qu'elle a pour but de rendre les éléments plus aptes à maintenir l'existence sociale qu'ils composent. Mais améliorer, c'est par l'intensité chercher à modifier, en vue d'une destination utile, les deux autres propriétés générales de l'existence. C'est donc par une action directe que la bonté doit opérer sur les êtres.

Il résulte de là qu'elle ne peut avoir d'influence que sur ceux qui sont constamment à sa portée.

La constatation de cette dernière nécessité nous permet aussitôt de déterminer les limites exactes que l'existence civique devra prendre lorsqu'elle sera parvenue à son état normal, c'est-à-dire dès que la bonté sera finalement devenue prépondérante dans notre nature altruiste. Ces limites sont d'ailleurs tout aussi naturelles que celles de la famille qui s'étend à l'ensemble des êtres dont la convergence reste spontanée, et celles de la religion qui n'admet dans sa nouvelle union que les êtres susceptibles de pouvoir être soumis à la toute-puissance d'une volonté suprême.

Est-ce à dire que la bonté doive borner ses bienfaits au milieu seul où son influence se fait directement sentir. Pour le croire, il faudrait oublier que la patrie, aussi bien que la religion et la famille, sont des organes spécialement destinés à nous donner la conscience des conditions essentielles de l'existence sociale, et par conséquent à nous rendre aptes à les remplir. Mais si les sentiments altruistes doivent en fin de compte faire bénéficier de leurs tendances l'ensemble de l'existence sociale, il n'en est pas moins vrai qu'ils ont tout d'abord pris naissance dans un milieu déterminé, et que c'est là par conséquent aussi qu'ils doivent préalablement s'être exercés à leur destination générale. Il est certain qu'avant de s'essayer sur un champ plus vaste, ils ont commencé par subir l'influence de l'organe qui les prépare à leur fonction normale. Procéder autrement, ce serait se condamner à l'impuissance, puisqu'on se priverait ainsi des moyens efficaces dont, seule, la marche inverse peut nous mettre en possession.

***

Mais la patrie ne prendra sa forme définitive que lorsque la bonté devenue prépondérante pourra développer à son tour les caractères qui lui appartiennent en propre. Elle se trouvera dès lors dans les mêmes circonstances qui permirent à la famille et à la religion de prendre leur plein essor. Ces deux dernières se sont également constituées à l'époque de la prépondérance des sentiments altruistes qui leur avaient donné naissance.

Si donc la patrie n'est pas encore en possession d'institutions normales, c'est que, d'autre part, la bonté n'a pas atteint le légitime ascendant que, dans ce but, elle doit obtenir sur les deux autres inclinations altruistes. Jusqu'à nos jours, en effet, ce sentiment est resté subordonné à l'influence dominante que successivement ont acquise ses deux congénères. Aussi, par suite même de cette dépendance, la conception de l'appareil correspondant n'a pu non plus se dégager nettement de celle des deux autres.

On voit toutefois se dessiner déjà les caractères propres à l'existence civique pendant que la bonté ne fait encore que seconder directement l'attachement ou la vénération. Ainsi, par exemple, la vie sédentaire doit sans doute son origine au besoin de s'unir davantage au sol en l'améliorant. De même le morcellement des peuples dut suivre de près l'époque où, grâce aux moyens plus doux suggérés par la bonté, l'incorporation forcée ne devint plus nécessaire.

Quoi qu'il en soit, c'est sous le couvert des notions religieuses que celles de l'existence civique se présentent encore aujourd'hui à notre esprit. Aussi, selon les circonstances, les institutions qui en découlent continuent-elles à nous imposer les dogmes de la théologie oude la métaphysique, et même de la science abstraite. Cette manière de comprendre l'existence civique est d'ailleurs en tous points conforme à la logique qui convient à la prépondérance de la vénération. Loin donc de se restreindre et de se localiser, elle cherche au contraire à s'étendre et s'universaliser, suivant en cela l'exemple de la religion dont l'essence même est de forcer à la soumission partout où peut pénétrer une volonté dominante.

Le contraire devra se produire lorsqu'au lieu des désirs de soumission prévaudront à leur tour ceux d'amélioration. Dès lors la patrie se réduira naturellement au milieu où la bonté peut s'exercer avec efficacité ; car, non seulement elle n'agit que sur les êtres eux-mêmes, mais encore faut-il pour cela qu'elle connaisse d'abord leurs divers besoins d'amélioration. Le civisme suppose la solidarité, qui, de son côté, ne se réalise qu'à l'aide d'un continuel séjour dans un même milieu.

Après ce que nous venons de dire, il n'y a plus lieu de s'étonner que les institutions politiques répondent encore si peu aux nécessités de l'existence civique. La métaphysique, en substituant ses principes absolus aux dogmes de la théologie, prétend ainsi pouvoir continuer la phase altruiste où la vénération reste prépondérante. Mais nous avons eu déjà l'occasion de montrer combien cette doctrine est peu capable de prendre une telle succession. Aussi, se trouvant moins à même d'obtenir la soumission, et surtout de la rendre stable, applique-t-elle avec d'autant plus de rigueur le système politique de compression et de centralisation qu'avait jusque-là nécessité l'essor de la vénération.

Mais, au point où est parvenue l'évolution altruiste de notre nature, une semblable usurpation devient une véritable tentative de rétrogradation. Car aujourd'hui que la phase théologique a parfait l'éducation de la soumission, la métaphysique se contente d'exploiter les habitudes ainsi contractées, dans le seul but de continuer à dominer l'espèce humaine. Actuellement les doctrines révolutionnaires sont en train d'appliquer le même système d'abord inauguré par le protestantisme. Ce dernier avait simplement modifié les dogmes théologiques, afin de consolider l'ancienne forme de l'existence civique. La métaphysique, à son tour, nous impose une sorte de patrie religieuse, qui est encore moins favorable à l'ascendant de la sentimentalité définitive dans laquelle la bonté devra prévaloir. Car plus cette doctrine s'éloigne de la conception d'un être suprême, plus aussi perd-elle de vue les conditions essentielles de l'existence sociale qu'il représente, ainsi que les dispositions bienveillantes qu'elle exige de nous pour les remplir.

***

Au fond, la métaphysique n'a eu d'autre utilité sociale que celle d'amener progressivement la vénération au rôle subalterne qu'elle doit remplir dans la sentimentalité finale de l'altruisme. Par cela même, elle favorisait l'essor de la prépondérance que la bonté devra prendre à son tour dans cette même sentimentalité. Dans ce but, elle détourna d'abord la vénération de la suprématie de l'être qui est l'objet le plus normal de son affection, et à la place de ce dernier ne lui offrit plus que des principes absolus qui ne sont que les moyens théoriques de cette même suprématie. Dans ces conditions, tout en perdant de vue la volonté suprême d'un être, et même finalement l'existence sociale dont elle était l'organe, la métaphysique pouvait du moins continuer à se livrer plus ou moins à la culture de la vénération. Mais, en s'adressant ensuite à la science abstraite pour en obtenir une meilleure base dogmatique, elle compromit, non seulement la prépondérance, mais encore l'existence de la vénération. Car la science, en se bornant à l'immuabilité des relations immédiates des phénomènes, d'une part, est incapable de remplacer la volonté suprême ou le principe absolu qu'exige la prépondérance de cette inclination altruiste; d'autre part, devient un aliment pour l'orgueil plutôt que pour la vénération, par suite du mérite personnel que l'on trouve dans sa possession si laborieusement acquise. La science mettrait donc en péril tout ensemble et l'existence sociale et la vénération si son influence destructive ne devait pas au contraire faciliter l'avènement de la prépondérance de la bonté, qui, dès lors, faisant à son tour de la vénération son auxiliaire, rendra cette dernière à sa légitime fonction, celle de lui fournir les conditions réelles de toute amélioration.

Mais, en continuant à offrir à la métaphysique la direction de l'existence sociale, on finirait aussi par compromettre l'ascendant définitif de la bonté. Nous savons que cette dernière inclination se préoccupe surtout des éléments dont est composée cette même existence, son influence devant s'exercer sur des cas particuliers. Mais, sous l'influence de la métaphysique, qui domine encore de nos jours, une semblable tendance ne tarderait pas elle-même à être détournée de son véritable but.

Une doctrine quelconque est toujours le produit d'un sentiment, soit égoïste, soit altruiste. La métaphysique, surtout appuyée de la science, étant de moins en moins inspirée par l'altruisme, doit donc fatalement devenir la proie de l'égoïsme. C'est ainsi qu'elle s'emparerait de l'intérêt naturel que la bonté porte aux éléments de l'existence sociale, pour le transformer en préoccupation uniquement individualiste. Dès lors, elle ne concevrait plus l'existence sociale que comme un moyen de servir simplement aux satisfactions des êtres qui la composent, et par une pente insensible elle nous ramènerait à la doctrine du plus pur égoïsme. C'est d'ailleurs à ce terme fatal que nous voyons sous nos yeux échouer le régime républicain qui n'a consisté au fond que dans une simple application des théories de la métaphysique. A présent que plusieurs générations ont été imbues de ces théories, on peut prévoir à bref délai la dissolution de la France, à moins que les malheurs publics qui seront la conséquence inévitable de la pratique de semblables doctrines ne nous ramènent violemment au vrai point de vue que comporte la prépondérance de la vénération dans la sentimentalité qui continue encore à avoir cours, ou plutôt que, reprenant la marche de l'évolution altruiste, notre patrie n'adopte enfin la forme politique qui convient à la sentimentalité finale.

***

En résumé, pendant la phase de la prépondérance de la vénération, il n'y a de normal que le théologisme. C'est lui seul qui a su dignement présider à l'éducation de la soumission. Tant que la vénération restera prépondérante, c'est donc ce système religieux qui sera le plus logique de tous, puisqu'il nous assujettit directement à des volontés surnaturelles. En supprimant celles-ci, il faut nécessairement les remplacer par des volontés humaines dès lors chargées d'imposer l'immuabilité de principes dont la source reste purement intellectuelle. Une semblable substitution doit fatalement dégénérer en une oppression qui devient d'autant plus arbitraire qu'elle émane davantage des impulsions de l'orgueil.

Pour bien apprécier la métaphysique, il faut d'ailleurs la considérer à un double point de vue. Son influence demeura légitime tant qu'elle s'efforça de diminuer la prépondérance de la vénération à mesure que la soumission put se borner aux lois réelles qui successivement régissent les diverses catégories d'êtres. Dès lors elle seconda l'avènement de la sentimentalité finale en détournant la vénération de l'omnipotence théologique pour la consacrer au rôle secondaire que doit remplir la science. Mais son intervention devint funeste dès l'instant qu'elle chercha à usurper la place des volontés surnaturelles. Car, en prolongeant inutilement la phase de la prépondérance de la vénération, elle faisait ainsi subir une véritable rétrogradation à l'évolution de notre nature altruiste.

Pour ne citer que l'exemple du XVIIIe siècle, il est certain que la métaphysique que propagea Voltaire fut moins nuisible à la sociabilité française que celle qu'a systématisée Rousseau. La première ne tendait au fond qu'à plus de liberté spirituelle, tandis que la seconde remplaça l'ancienne domination religieuse par le despotisme temporel le plus oppressif que l'on ait jamais vu dans le monde. Car, pendant les deux années de la plénitude de son règne, la Révolution a fait en France plus de massacres judiciaires que l'inquisition dans toute la durée de son existence.

La métaphysique, qui domine encore la mentalité de nos jours, peut être considérée comme un acheminement de la phase vénérante de l'évolution de notre nature altruiste vers la phase finale qui sera celle de la prépondérance de la bonté. Si l'on avait à en faire l'histoire, c'est à ce point de vue d'ensemble qu'il faudrait se placer. L'on verrait alors que, tout en voulant maintenir la sentimentalité dans laquelle prévaut la vénération, la métaphysique a cherché à éliminer de plus en plus l'objet d'affection le plus naturel qui puisse s'offrir à la satisfaction de ce sentiment, c'est-à-dire les volontés divines, pour remplacer ces dernières par la simple connaissance des manifestations intellectuelles que la vénération tire de ces mêmes volontés en vue de mieux nous y soumettre. En d'autres termes, la métaphysique se borne à l'expression des conclusions théoriques qui résultent de l'élaboration des motifs de la subordination du dedans au dehors, sans toutefois nous déterminer jusqu'a la soumission directe envers une suprématie extérieure à notre être, soumission à laquelle devrait normalement aboutir dans ce cas le travail de l'intelligence.

Mais cette tendance à ne pas vouloir aller jusqu'au bout est précisément ce qui caractérise le rôle de la métaphysique, qui, je le répète, a pour mission de détruire le seul objet d'affection qui soit naturellement propre à la prépondérance de la vénération, tout en s'efforçant de maintenir cette même prépondérance, mais par de nouveaux moyens.

Nous verrions aussi qu'il y a dans l'histoire humaine deux époques où la métaphysique a cherché à supplanter la théologie : la première au déclin du polythéisme, période religieuse pendant laquelle la vénération s'est appuyée sur l'attachement et la soumission sur l'union ; la seconde au déclin du monothéisme, période religieuse pendant laquelle la vénération s'appuie sur la bonté et la soumission sur l'amélioration. Dans la première de ces époques, la métaphysique s'adresse de préférence aux moyens théoriques propres à l'attachement pour concrétiser, induire et généraliser les êtres de raison qu'elle veut substituer à la conception des dieux. C'est dès lors qu'elle favorisa principalement la création des entités ou abstractions personnifiées. Dans la seconde, au contraire, elle a recours surtout à l'intelligence propre à la bonté pour faire admettre ses principes absolus comme causes de la production des phénomènes réels. Aussi voyons-nous dans ce but la métaphysique présider à l'éclosion des sciences. Ces dernières, en effet, ont toutes commencé par rechercher les causes des phénomènes, avant de se borner à la découverte de l'invariabilité de leurs relations, seule recherche qui puisse être utile à l'ascendant du besoin d'amélioration en vue de donner une base réelle à son action sur les êtres.

On voit donc que, tout en continuant à dissoudre progressivement la conception divine, elle facilitait en même temps l'essor de la connaissance réelle, condition nécessaire à l'ascendant définitif de la mentalité propre à la prépondérance de la bonté. C'est même elle qui devient à proprement parler l'initiatrice des sciences, grâce à sa tendance à nous détourner de la soumission directe à l'être pour nous intéresser uniquement aux conditions théoriques d'une semblable soumission. Elle facilitait ainsi la contemplation des phénomènes en dehors de leurs sièges naturels, tout en ne s'occupant que des causes de leur production pour trouver par elles l'explication du monde tant intérieur qu'extérieur.

L'influence initiale de la métaphysique s'est progressivement étendue à toutes les sciences dans l'ordre de complication des phénomènes qu'elles embrassent. Mais c'est surtout dans les dernières qui viennent de surgir que son empire se fait le plus sentir. C'est d'ailleurs pour cette raison qu'Auguste Comte s'est refusé d'admettre dans la morale la psychologie, qui en est cependant la branche la plus importante.

Après avoir succinctement exposé les caractères généraux que revêt l'appareil de l'amélioration propre à l'existence sociale, il nous reste à dire quelques mots sur ses deux organes secondaires.

Celui de l'union comprend, dans ce cas, l'ensemble des êtres, inanimés et animés, qui séjournent continuellement dans ce même milieu. C'est à cet organe que sont dues la solidarité et la continuité, double point d'appui nécessaire à toute action civique. Car on améliore d'autant mieux l'existence d'un être collectif qu'on éprouve plus d'attachement, tant pour les éléments de son passé que pour ceux de sou présent.

Quant à l'organe de la soumission, il consiste dès lors dans la science qui fournit les lois de la constante relation qui existent entre les phénomènes. Ces lois, d'abord générales, puis particulières, la bonté les applique pour modifier l'intensité de ces mêmes phénomènes et améliorer leur ensemble en vue du bien à effectuer dans l'existence sociale.

***

Nous avons dit plus haut que la patrie, à l'état normal, devra se borner au milieu plus ou moins restreint où il est possible de satisfaire directement nos désirs d'amélioration. Car la bonté ne peut s'exercer que sur les êtres qui sont immédiatement à sa portée, et dont par conséquent elle peut connaître les besoins réels. En outre elle ne saurait améliorer que dans un but altruiste les objets, quels qu'ils soient, qui l'entourent. Pour elle une modification quelconque ne peut avoir d'autre utilité que le bien commun. Qu'il s'agisse des êtres inanimés ou animés, l'altruisme en général ne voit en eux que des éléments destinés à réaliser les conditions essentielles de l'existence sociale. A plus forte raison en est-il de même ainsi pour le triple appareil dont l'humanité se sert pour réaliser cette même existence. Les éléments quelconques qui constituent une patrie ne peuvent donc être améliorés que dans cet unique but.

Mais les milieux où s'exerce la bonté sont eux-mêmes des cas particuliers. Les conditions matérielles et vitales, sociales et morales, varient de l'un à l'autre. Par conséquent le mode d'existence n'y est pas le même non plus. Chacun des êtres qui les composent doit par cela même subir des améliorations spécialement affectées à leur cas. Il est clair que la bonté saura les accomplir d'autant plus efficacement que les objets sont plus directement destinés à maintenir le mode d'existence propre à un milieu. En d'autres termes, nous améliorons les êtres d'autant mieux qu'ils sont plus semblables, c'est-à-dire se rapprochent davantage d'une même manière d'exister.

En résumé, l'existence civique comprend les êtres qui, non seulement sont directement à la portée de la bonté, mais aussi possèdent un mode particulier de réaliser les conditions essentielles de l'existence. En dernière analyse, la patrie s'étend à un ensemble de besoins identiques d'améliorations à réaliser dans l'existence, à la fois matérielle ou vitale, sociale ou morale, d'un certain milieu déterminé.

Mais ce qui délimitera surtout la patrie normale, ce sont ses nécessités matérielles et vitales. Celles qui naissent de l'existence purement sociale et morale résultent, au contraire, du degré de l'évolution altruiste auquel est parvenu un ensemble de patries. C'est alors qu'outre l'union civique ainsi créée, s'en établissent d'autres plus vastes qui sont dues à la phase religieuse de l'humanité. Il est évident que les patries normales qui dans le passé firent partie des agglomérations qu'a instituées l'époque de la prépondérance de la vénération auront ensemble une similitude qui les poussera dès lors à continuer l'union qui a existé entre elles précédemment. Mais une semblable union sera désormais plus analogue à celle que crée l'attachement qu'à celle due à la prépondérance de la vénération. Entre les peuples ainsi réunis, il ne subsistera que le lien provenant d'un égal degré de civilisation. Leur convergence ne sera plus maintenue qu'en vertu d'une sympathie historique que la culture des mêmes mœurs et traditions continuera d'ailleurs à entretenir. Dans ces conditions, l'organe de la volonté supérieure qui a réduit en une unité des populations d'abord disparates doit subir à son tour des modifications correspondantes.

La forme la plus récente des patries étant religieuse, il est clair que l'unité des peuples qui les composent n'a pu se faire que grâce à une puissante initiative. Une semblable direction s'est naturellement créée a l'image de celle qui existe dans la famille, où le rôle de soumettre revient successivement à l'autorité du père. Lorsque naquirent des patries de ce genre, le soin de les développer échut donc à l'une des familles les plus dignes d'une telle mission.

Heureux les peuples qui surent ainsi conserver jusqu'à nos jours des représentants de la famille à laquelle ils doivent leur unité nationale ! Car il n'y a pas eu pour eux de rupture de continuité dans les traditions qu'ils veulent maintenir, tout en les modifiant dans leur forme suivant les circonstances de l'évolution altruiste.

Mais en France, où la rupture de la continuité a creusé un effroyable abîme entre son passé et le présent, la plus noire ingratitude envers ses rois continue à sévir et à faire de nouveaux ravages. En brisant tout lien avec sa tradition monarchique, cette nation oublie que son unite n'a pas résulté, mais émané de la succession de ses monarques légitimes. Car ce sont eux qui ont créé l'incomparable bienfait dont d'infâmes sophismes l'empêchent encore de reconnaître l'origine réelle. Puisse le redoutable avenir qu'elle se prépare ne pas lui faire regretter trop tard le déplorable aveuglement dans lequel elle persiste depuis si longtemps !

Le rôle du roi, conçu sous l'aspect nouveau qu'il prendra, n'aura pas le caractère théocratique que les révolutionnaires, dans l'intérêt de leur propre domination, ne cessent de lui reprocher. Il consistera désormais à stimuler le sentiment de la continuité nationale qui est une des formes de l'attachement. C'est à lui qu'incombera la fonction de renouer le présent à la chaîne des traditions qui font la raison d'être de la variété humaine qu'ont, je le répète, créée ses ancêtres. C'est également à lui qu'échoira la tâche de préserver de tout ferment de dissolution la nation qu'il symbolise. C'est enfin lui qui maintiendra l'unité historique de l'ancienne grande patrie lorsque, par suite de l'évolution altruiste, l'existence civique se sera bornée à ses limites normales. La puissance politique du roi sera dès lors plus morale que matérielle, et par cela même ne pourra plus porter ombrage au dehors.

Mais, tout en devenant surtout désormais un lien de continuité, le roi n'en saura pas moins maintenir la solidarité entre des populations dont ses ancêtres ont créé la nationalité. Par la vertu de son nouveau prestige, il sera d'ailleurs à même de ramener au sein de l'union ainsi modifiée les membres violemment arrachés de la mère patrie. Car, puisque les intérêts matériels sont dès lors exclusivement du ressort de l'existence civique, aucune rivalité de domination industrielle qui existe encore entre les nations ne s'opposera plus alors à ce que retournent à leur affinité naturelle des provinces qu'une politique de conquête, désormais hors d'usage, tient éloignées de leur centre normal d'attraction.

***

Les considérations dans lesquelles nous venons d'entrer au sujet de l'existence de l'altruisme peuvent tout aussi bien convenir à celle de l'égoïsme, soit de l'individu, soit de l'espèce. Dans ces deux cas, nous verrions également que les trois conditions essentielles propres à chacun d'eux ont ensemble la plus intime connexité et se trouvent dans une si étroite subordination mutuelle que la prépondérance de l'une d'elles entraîne fatalement à sa suite les deux autres. De telle sorte qu'elles apparaissent comme étant en quelque sorte confondues en une seule et même chose, avec des aspects qui diffèrent seulement de nuances. En un mot, des trois conditions dont tout être a besoin pour exister, aucune ne peut se passer des deux autres, et dans la pratique on ne saurait même plus concevoir en particulier l'une d'entre elles sans préalablement faire intervenir leur ensemble dont la présence simultanée est toujours nécessaire dès que l'on veut envisager dans sa réalité une existence quelconque. Car, encore une fois, il est aussi peu possible de se faire une idée précise de la conservation de l'être privé de relation et de modification que d'évoquer l'idée de la relation ou de la modification de ce même être sans aussitôt songer à sa conservation dont, après tout, celles-là tirent toute leur raison d'être comme seuls moyens capables de la maintenir et de la développer.

On a donc raison de dire que la conservation, la relation et la modification sont les données fondamentales du problème de l'existence. Car aucune de ces conditions essentielles ne saurait se réaliser sans le concours de leur ensemble. Elles ont d'ailleurs entre elles ce caractère commun, de se servir également pour leur fin particulière de la triple propriété générale de l'existence. Aussi bien ne diffèrent-elles les unes des autres que par l'importance plus grande qu'elles donnent à celles de ces propriétés qui appartiennent en propre à chacune d'elles.

Si dans la conservation prévaut le mouvement de convergence, l'équilibre, c'est-à-dire le moyen spécial qu'elle emploie pour réaliser l'union des éléments, est par contre la même chose que la proportion, mais dans laquelle, au lieu de la dépendance mutuelle des propriétés qui concourent à effectuer l'existence, on ne considère plus que l'égalité des résultats qu'elle produit de part et d'autre. Si dans la relation l'étendue prévaut à son tour, la proportion, de son côté, est la même chose que l'équilibre où domine l'idée du rapport de dépendance que les propriétés doivent conserver entre elles. Enfin, si, dans la modification prévaut l'intensité, l'équation n'est après tout qu'une combinaison des caractères propres tant à l'équilibre qu'à la proportion.

En dernière analyse on peut donc considérer les trois conditions essentielles de l'existence comme une même manifestation de l'être, mais où domine l'influence spéciale que la propriété correspondante acquiert en chacun de ces cas. Dans la conservation on envisage la convergence résultant du concours d'un ensemble de phénomènes ; dans la relation, la dépendance mutuelle de ces mêmes phénomènes ; enfin, dans la modification, leur degré de convenance.

Pour mieux encore se convaincre de la similitude des conditions essentielles de l'existence, il suffirait de les rapporter à la conservation, par exemple, en comparant le moyen de réalisation et la propriété qu'elle emploie avec ceux dont font usage les deux autres. On verrait alors que tout se ramène à une question d'équilibre à établir par la proportion et à rétablir par la modification. On verrait aussi que le mouvement de convergence doit l'équilibre à la proportion inverse de l'étendue de dépendance, ce qui suppose aux deux propriétés en présence des intensités qui varient simultanément, tout en restant semblables.

Le concours des trois propriétés générales de l'existence étant nécessaire pour la manifestation de l'une d'entre elles, on peut ainsi comprendre aussi comment les effets qu'elles produisent, par suite de leur influence mutuelle, arrivent à leur tour à en faire naître d'autres pour lesquels il devient alors difficile et le plus souvent impossible de discerner la part que les propriétés primitives ont prise à ces nouveaux résultats, car ces propriétés se compliquent elles-mêmes à mesure qu'elles contribuent à réaliser de nouveaux phénomènes qui, de leur côté, peuvent ensuite servir à en effectuer d'autres.

*
* *

Pour se rendre compte à quel point devient inextricable la complication des propriétés générales de l'existence, et par suite celle des modifications ou phénomènes dont ces propriétés sont l'origine première, il suffit d'en suivre un moment la marche. Dès le principe chacune de ces propriétés se complique des deux autres. Le résultat donne lieu à un phénomène qui influe à son tour sur un autre aussi simple, c'est-à-dire dû à de semblables conditions. De la dépendance réciproque de ces deux phénomènes en naît une analogue entre la triple propriété dont ils ne sont eux-mêmes que des résultats. Cette complication, qui n'est encore que du second degré, nous rend déjà la tâche difficile pour dégager la part de coopération de chacune de ces propriétés à la formation du nouveau phénomène. L'influence de ce dernier sur un autre donne naissance à un effet dont l'enchevêtrement des causes devient tel qu'il faut dès lors renoncer à y démêler, non seulement le degré de leurs intensités respectives et la valeur qui résulte de leur concours, mais encore quelle a été des deux premières propriétés générales de l'existence celle dont l'intervention dominante a assuré le succès de l'effet obtenu. Aussi se contente-t-on désormais d'observer les phénomènes dus à la complication croissante des propriétés primitives et de connaître leurs divers effets immédiats, sans plus s'occuper davantage de la marche qu'ont suivie ces mêmes propriétés avant d'aboutir à la modification constatée. La série des phénomènes de plus en plus complexes est alors comparable à une suite d'anneaux dont on ignore l'enchaînement.

C'est donc aux phénomènes qu'on s'adresse directement pour connaître la manière dont les êtres qui en sont composés réalisent les conditions essentielles de l'existence. Ainsi, pour citer un exemple, la conservation de l'être animé exige l'assimilation des éléments destinés à renouveler les diverses parties du corps. Pour expliquer la genèse du phénomène de la convergence propre à ce cas, nous nous bornons à lier la suite des catégories de phénomènes de même nature dont il est pour ainsi dire l'aboutissant. Nous négligeons donc toute la série des causes dues à la complication des propriétés primitives, causes dans lesquelles il nous est impossible de déterminer la part de coopération de chacune d'elles. De même, lorsqu'il s'agit de la relation, nous cherchons seulement à discerner l'effet immédiat que produit la dépendance des phénomènes, renonçant à constater la part proportionnelle de chacune de ces mêmes propriétés dont nous savons que l'influence a produit et les phénomènes dépendants et le résultat de leur dépendance.

***

L'intime connexité que nous venons de constater entre les trois conditions essentielles de l'existence, que leur ensemble concerne respectivement soit l'individu, soit l'espèce, soit l'universalité des êtres, cette intime connexité, dis-je, se réalise d'une manière analogue entre les trois cas particuliers en question auxquels chacune de ces mêmes conditions s'applique. Nous savons, en effet, que dans l'être animé la conservation se manifeste par l'instinct nutritif, les instincts de la génération et l'attachement ; la relation, par l'orgueil, la vanité et la vénération, et enfin la modification, par l'instinct destructeur, l'instinct constructeur et la bonté. Chacun de ces trois modes propres à la réalisation d'une même condition essentielle de l'existence se trouve à son tour étroitement lié et subordonné aux deux autres. La prépondérance de l'un quelconque d'entre eux suppose aussitôt l'influence secondaire de ses congénères, surtout lorsqu'on les envisage tous trois dans leur état de complet développement.

Ainsi, par exemple, dans la réalité, il est aussi peu possible de concevoir l'attachement sans la présence simultanée des instincts de la génération et de celui de la nutrition que les instincts de la génération sans la préalable existence de l'instinct nutritif, et même de l'attachement.

Ces derniers, d'ailleurs, tirent tous trois d'une même source intérieure leurs sensations propres, c'est-à-dire celles qui manifestent les divers états de la conservation d'un être.

De là résultent ensuite des notions qui s'appliquent aux objets du monde extérieur susceptibles d'affecter les sentiments de la conservation.

Il arrive d'ailleurs, dans ce cas, ce qui s'est produit pour les trois conditions essentielles de l'existence. Toute la question se réduit également à savoir auquel des trois sentiments de la conservation doit habituellement revenir la prépondérance sur les deux autres. La morale nous fournit la solution d'un pareil problème. Elle nous enseigne, en effet, qu'il y a vertu dès que l'individu se subordonne à l'espèce, et l'espèce à l'existence purement altruiste ; qu'il y a vice, au contraire, lorsque les instincts de la conservation égoïste abusent de leur indépendance, et s'isolent à tel point dans leurs propres satisfactions qu'ils perdent de vue l'attachement auquel ils devraient normalement servir de base en s'y subordonnant.

Mais, quelles que soient les modifications auxquelles on puisse soumettre la relation entre les trois sentiments propres à la conservation, dans aucune d'elles il n'est possible d'annihiler totalement l'un d'eux au profit des deux autres, car nous croyons avoir assez clairement montré qu'une telle suppression ne saurait finalement s'opérer qu'à son propre détriment. Il faut, en effet, ne pas perdre de vue que les sensations internes de l'attachement, par exemple, sont d'une nature identique à celles des instincts de la conservation égoïste, du moins en ce qui concerne leur commune origine. Le sentiment de la conservation altruiste ne fait au fond que généraliser ces mêmes sensations en les consacrant à des objets de plus en plus étrangers aux simples satisfactions de l'animalité. Quand l'attachement s'applique à la généralité des êtres connus, il réalise ce que l'on appelle la sympathie universelle.

De ce que les sentiments sont sans cesse liés et subordonnés les uns aux autres, on peut conclure enfin que le concours de leur ensemble est toujours indispensable au fonctionnement de l'un quelconque d'entre eux, lors même que ce dernier ne cherche qu'à manifester la spontanéité des seuls caractères qui lui appartiennent exclusivement en propre.

A plus forte raison, les facultés spéculatives et actives que chacune des catégories de sentiments a continuellement à son seul service se trouvent-elles dans les mêmes conditions.

Toutefois, il y a dans ce dernier cas une restriction très importante à ne pas perdre de vue. Car, puisque les facultés spéculatives et actives ne sont capables d'agir que sous l'impulsion des facultés affectives qui les dirigent, elles ne sauraient par conséquent être utilisées qu'indirectement : les moyens théoriques et pratiques d'un des sentiments ne peuvent être secondés par ceux des autres que par l'intermédiaire de ces derniers. Seules, les affections sont directement en rapport ensemble ; c'est grâce à la prépondérance continue de leur influence mutuelle que les spéculations et les actions peuvent respectivement influer à leur tour, d'abord sur celles analogues que produit l'une d'elles, et finalement sur leur ensemble. En résumé, les fonctions spéculatives et actives ne peuvent jamais intervenir que par l'entremise des sentiments qui sont eux seuls capables de concourir directement à la manifestation de l'un d'entre eux, soit en lui offrant leurs propres ressources affectives, soit en prêtant à sa manière de penser et d'agir l'appui de leurs moyens théoriques et pratiques.

***

C'est d'ailleurs l'assistance que les facultés spéculatives s'accordent mutuellement par l'entremise de leurs impulsions respectives qui facilite la constatation du monde extérieur et la découverte de ses lois, à mesure que les phénomènes en deviennent plus compliqués. C'est, en effet, grâce à des combinaisons déterminées de ces facultés qu'il nous a été possible d'étendre graduellement la connaissance réelle aux modifications des propriétés générales de l'existence, malgré la complexité de plus en plus grande de leurs manifestations. Ces diverses combinaisons de facultés spéculatives ont, avons-nous dit, donné naissance aux différents procédés d'investigation dont chacune est surtout usitée par une certaine science.

Parmi ces procédés, nous avons cité principalement l'observation directe, l'expérimentation, la comparaison, la filiation. Ainsi, par exemple, en variant l'intensité, l'expérimentation peut enfin mettre en lumière ce qu'il y a de constant dans la relation qui existe entre les phénomènes. On observera d'ailleurs que l'induction joue de plus en plus un rôle prépondérant dans ces combinaisons, à mesure que la complication des phénomènes rend plus difficile la recherche des rapports invariables qu'ils ont ensemble.

***

De ce que nous venons de dire il résulte aussi une notion plus précise de ce qu'il faut entendre par la logique. Seule, la constatation des conditions essentielles de l'existence, lorsqu'on les envisage dans ce qu'elles ont de commun dans l'ensemble des êtres, est capable de nous en donner une connaissance vraiment réelle.

Aussi bien, Auguste Comte, en limitant son domaine à la philosophie mathématique, en a-t-il par cela même caractérisé la nature, la destination, et surtout la marche. Voici, d'ailleurs, comment cet illustre novateur s'exprime à cet égard dès les premières pages de sa *Synthèse subjective:* «... le premier domaine encyclopédique doit normalement fournir l'ébauche décisive de la véritable logique. L'uniformité nécessaire de la méthode positive la rend naturellement appréciable dans son plus simple exercice, où l'attention, moins absorbée par l'objet, peut mieux sentir la marche du sujet. »

Tout ce que nous avons dit dans le cours de cette étude tend même à prouver encore davantage l'intime liaison qui existe entre la logique et la mathématique, ou science de l'existence universelle. En effet, du moment que la prépondérance du sentiment sur l'intelligence est la base fondamentale de la logique, et que, d'autre part, le sentiment manifeste les conditions essentielles de toute existence, il est clair que la science qui nous révèle ces dernières dans leur plus grande simplicité doit par cela même nous enseigner également par ses propres moyens de les réaliser ceux que le sentiment lui-même emploie pour arriver à la satisfaction de ses désirs. Les sentiments sont donc les manifestations animées des conditions essentielles de l'existence, conditions que la mathématique peut seule mettre en pleine lumière A plus forte raison, cette science est-elle aussi seule capable de nous enseigner la marche que, pour se réaliser, suivent ces mêmes conditions et par conséquent les sentiments qui leur correspondent.

C'est à juste titre que la mathématique est la science des sciences, car c'est elle qui nous apprend en quoi consiste le fonctionnement de l'organe le plus essentiel de notre propre être. Par elle, en effet, nous nous rendons compte de ce qui se passe dans le centre nerveux. Grâce à elle, nous savons que nos sentiments ne sont autre chose que les conditions essentielles de l'existence universelle qui est son domaine ; que l'intelligence est la reproduction des moyens à l'aide desquels cette même existence se réalise ; qu'enfin nos qualités pratiques possèdent les mêmes caractères que les propriétés générales dont elle est douée.

Pour se convaincre de la parfaite analogie qui existe entre les enseignements de la mathématique et les diverses parties du fonctionnement cérébral, il suffit d'une rapide comparaison. Nous savons que nos sensations manifestent les conditions essentielles du monde, tant intérieur qu'extérieur. La mathématique étudie l'égalité de l'influence mutuelle des êtres ou des éléments, la différence de celle de leurs phénomènes et le degré de celle qui convient à leurs cas particuliers ; de son côté, le cerveau généralise, systématise ou spécialise. En outre, la mise en équilibre, en proportion ou en équation n'est autre chose que la triple liaison par convergence, dépendance ou convenance. Enfin ce sont nos qualités pratiques qui complètent une semblable analogie. En effet, le courage ou la volonté d'entreprendre rappelle la spontanéité du mouvement dont s'occupe la mécanique ; la prudence ou la circonspection dans l'exécution cherche à proportionner le mouvement à l'étendue qui fait l'objet de la géométrie ; la fermeté ou la ténacité dans l'accomplissement a pour but une solution ou l institution d'une valeur, ce en quoi consiste le calcul. En d'autres termes, le courage tend à provoquer le mouvement de convergence ; la prudence, à le mettre en rapport avec l'étendue dont il dépend ; la fermeté, à maintenir l'intensité qui convient à un cas particulier.

Au résumé, tout se passe dans le centre nerveux de la même manière que dans l'existence universelle. Seulement les conditions essentielles de l'être sont remplacées par les sensations ; le moyen de réaliser ces mêmes conditions, c'est-à-dire l'équilibre, la proportion et l'équation, par les procédés intellectuels ; les propriétés générales, par les qualités pratiques. Dans le petit espace qui préside à la vie animée se condense donc ce qu'il y a de plus essentiel dans l'existence universelle. Il en est du cerveau ce qu'est en géométrie une image raccourcie, mais semblable, qui suffit pour évaluer les figures de dimensions les plus vastes.

On ne peut assez insister sur l'admirable coïncidence qui fait que les propriétés qui sont l'objet de la mathématique se trouvent être précisément celles qui doivent réaliser les conditions essentielles de toute existence, car il devient dès lors possible de rattacher à cette première similitude les manifestations de nos propres sensations.

De la sorte, les sensations respectivement comprises dans les sentiments de la conservation ne sont plus que la manifestation de l'état de la convergence des éléments qui composent l'être, ainsi que de l'état d'équilibre de leur ensemble ; les sensations respectivement comprises dans les sentiments de la relation ne sont plus que la manifestation de l'état de la dépendance des propriétés générales qui réalisent l'existence et du besoin de leur proportionnalité réciproque ; enfin les sensations respectivement comprises dans les sentiments de la modification ne sont plus que la manifestation des degrés d'intensité des phénomènes et de la nécessité de les varier pour continuer à maintenir l'existence.

On peut également conclure de là que l'intelligence a pour but de constater les sensations, tant internes qu'externes, et de trouver entre elles l'égalité des résultantes, l'immuabilité des rapports ou la variabilité des valeurs. En d'autres termes, l'intelligence est destinée à chercher l'équivalence entre les besoins essentiels de la vie animée et les satisfactions correspondantes. Elle ne fait pour cela que reproduire en nous ce qui se passe dans toute existence quelconque. Car le fonctionnement intellectuel est astreint à suivre, à l'égard des sensations, une marche identique à celle que les conditions essentielles réalisent également dans tout autre cas. Nous savons, en effet, par suite de quelle nécessité nous avons besoin d'être préalablement en possession de l'image des événements qui ont lieu dans la réalité. C'est en reproduisant d'abord de cette manière ces mêmes événements qu'il nous est permis de prévoir les étapes qu'il faut parcourir pour arriver à accomplir des effets semblables dans la pratique. C'est en effigie, pour ainsi dire, que l'intelligence est obligée d'exécuter d'abord les mêmes opérations que toute existence réalise effectivement. Elle peut, en quelque sorte, être considérée comme un appareil enregistreur, un miroir qui par les sensations reflète le monde, tant intérieur qu'extérieur.

***

En résumé, l'intelligence a pour fonction de constater les sensations internes et externes que perçoit le cerveau ; d'en trouver, suivant le cas, soit l'équilibre, soit la proportion, soit l'équation ; enfin de les renvoyer aux divers organes qui les ont transmises, autant pour exprimer la convenance ou la disconvenance des objets représentés que pour effectuer ou non l acte que réclame le désir qui l'a provoqué.

On peut donc conclure de là que le cerveau est l'appareil indispensable à la réalisation des conditions essentielles de l'existence lorsqu'elles s'appliquent à l'être animé. L'état quelconque dans lequel se trouvent ces conditions s'y manifeste sous forme de sensations. Ces sensations, dites internes, servent de matériaux dont l'intelligence tire ensuite les notions propres à déterminer les qualités qui appartiennent à chacune de ces mêmes conditions essentielles de l'existence. Les notions ainsi acquises, étant mises en présence de celles que nous obtenons de la même manière des sensations dites externes, nous mettent finalement à même de connaître d'avance comment le milieu pourra satisfaire nos besoins égoïstes ou altruistes. C'est donc grâce au fonctionnement du cerveau que l'être animé parvient à suffire aux mêmes nécessités générales auxquelles doit satisfaire toute autre existence quelconque. En d'autres termes, pour effectuer ses conditions essentielles, il est d'abord forcé de les sentir, de les comprendre et d'en trouver l'expression ou les procédés d'exécution. Mais, en fin de compte, il les réalise identiquement de la même manière que les êtres pour qui l'organe cérébral n'est pas nécessaire.

***

Au point où nous sommes arrivés, il est possible maintenant d'embrasser dans un seul coup d'œil l'ensemble des connaissances réelles.

Nous voyons d'abord que tout, en général, doit son existence à trois conditions essentielles. Les sciences qui s'occupent des êtres doivent donc comprendre à la fois des notions concrètes, abstraites et techniques. En outre, les conditions essentielles de l'existence subissent un ordre déterminé dans leur manifestation définitive. A plus forte raison chaque être, dans la constitution de son individu et de son espèce, suit une évolution commune à tous. Par cela même toute science doit faire connaître, non seulement les lois qui régissent les conditions essentielles de l'existence, mais aussi celles que suit leur développement successif. Enfin, tout être a trois modes d'existence à satisfaire : l'existence de son individu, celle de son espèce et celle de l'universalité des êtres. Ce triple aspect doit être considéré dans la science qui le concerne.

Si maintenant nous appliquons le plan général que nous venons d'esquisser aux diverses catégories d'êtres connus, nous voyons d'abord que leur ensemble constitue deux sciences extrêmes : la mathématique et la sociologie.

La mathématique doit, en effet, être étudiée en premier lieu, car elle nous enseigne les conditions essentielles de l'existence universelle à laquelle est due l'origine de tous les autres êtres.

La science finale ou la sociologie étudie, de son côté, les conditions essentielles de l'existence sociale comprenant désormais l'ensemble des diverses catégories d'êtres auxquelles l'univers a donné naissance dans son sein. La science dont l'existence sociale est le domaine a par conséquent pour but de connaître les lois de l'union, de la soumission et de l'amélioration lorsqu'elles concernent l'ensemble des éléments dont elle est composée.

Mais, à son tour, la sociologie se subdivise en science de l'existence sociale ou sociologie proprement dite et en morale ou science des éléments qui la composent. Cette dernière étudie les dispositions qui sont nécessaires à tout être pour qu'il puisse remplir les conditions essentielles de l'existence sociale.

Il faut observer enfin que chacune des catégories d'êtres doit satisfaire à ses propres conditions essentielles, ainsi qu'à celles de son espèce, suivant la complication de ses propriétés générales.

Quant à l'ordre que doit suivre la connaissance des êtres, il est clair qu'elle doit commencer par ceux qui sont les plus simples. Nous aurons donc à étudier successivement l'existence, d'abord individuelle et spécifique, ensuite sociale et morale, de la série des êtres qui forment l'existence sociale.

Il ne nous reste donc plus qu'à énumérer l'échelle des sciences qui sont, avons-nous dit, à la fois concrètes, abstraites et techniques, pour chacune des catégories d'êtres. Elle comprend la mathématique ou science de l'existence universelle ; l'astronomie ou science des corps célestes ; la science physico-chimique ou celle de la matière proprement dite ; la biologie ou science de l'être vivant ; la science de l'humanité ou celle de l'être animé qui a pris conscience des conditions essentielles de l'existence individuelle, spécifique et sociale, ainsi que des dispositions que leur réalisation exige dans chacun de ces cas.

***

Toutes les preuves que nous venons d'accumuler suffiront, je l'espère, pour nous convaincre enfin que l'intelligence, objet spécial de cette étude, ne doit jamais être considérée que comme un procédé dont le sentiment en général se sert dans le but d'arriver à la satisfaction de ses désirs. Son rôle consiste uniquement à mettre en présence les sensations que le centre nerveux perçoit du monde, tant intérieur qu'extérieur ; à lier entre elles les mêmes sensations, aussi bien celles qui n'appartiennent qu'à l'une de ces sources que celles qui proviennent des deux à la fois. Son point de départ intérieur et sa destination extérieure dépendent donc entièrement de l'impulsion d'un sentiment quelconque auquel, je le répète, elle ne peut servir que de moyen destiné à réaliser la satisfaction des besoins qui lui sont propres. En d'autres termes, ce qu'on appelle la raison consiste dans l'harmonie que crée l'homogénéité de la double sensation des conditions essentielles, tant de notre propre être que du monde extérieur.

Il résulte de tout ce que nous avons dit que la méthode sentimentale est la seule dont l'emploi puisse diriger sûrement l'intelligence dans les diverses opérations de son fonctionnement. Notre tâche se trouve ainsi terminée, car c'est pour arriver à démontrer cette vérité que nous avons consacré les quelques pages que nous venons d'écrire.

Paris, lundi 21 mai 1906.

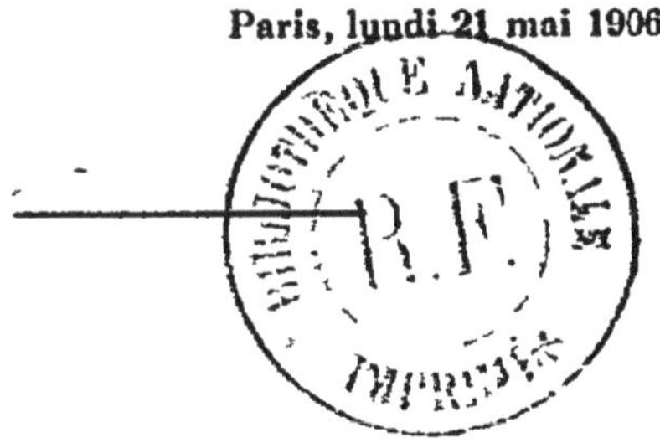

TABLE DES MATIÈRES

Poitiers. — Société française d'Imprimerie et de Librairie

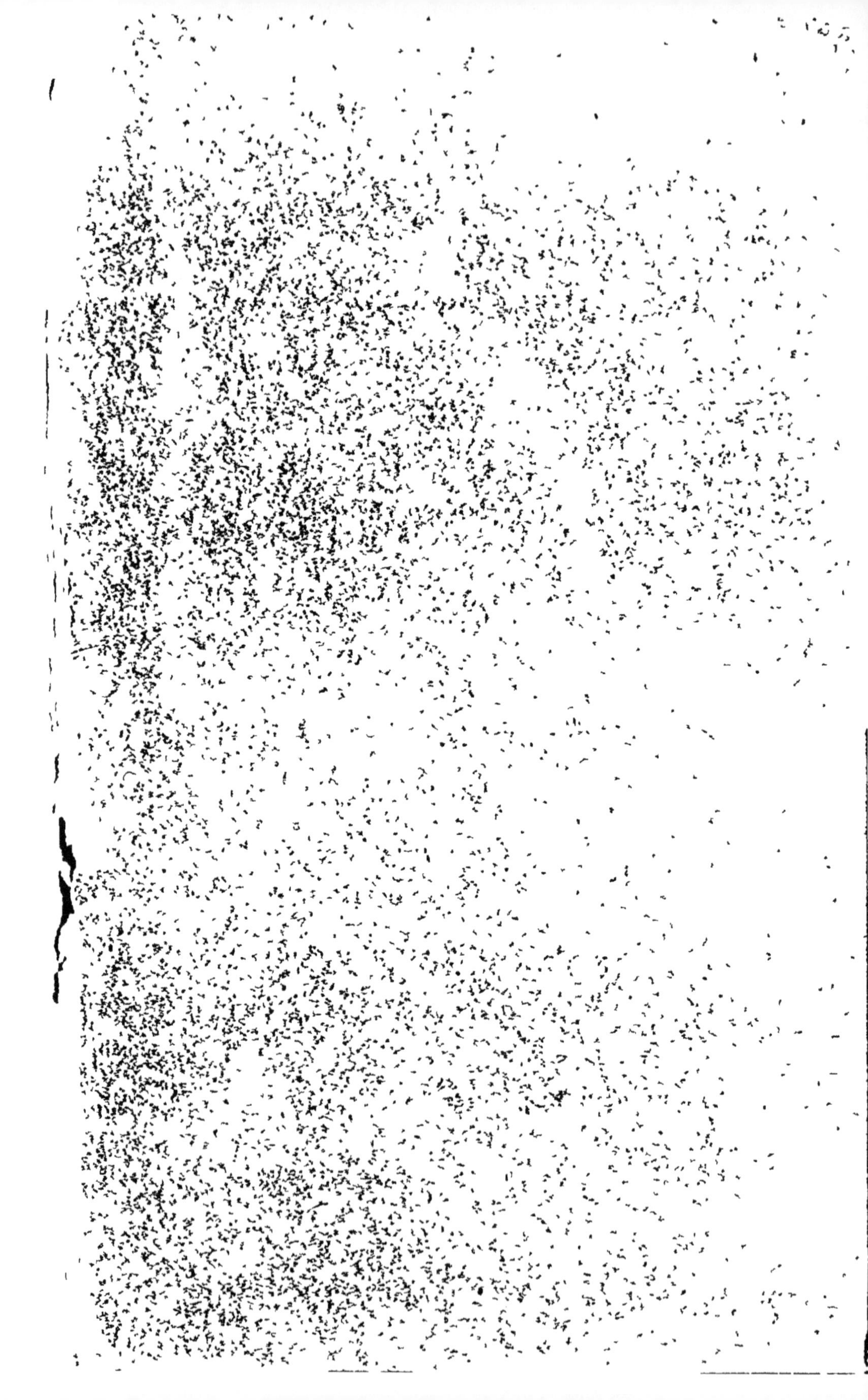

NOUVELLE LIBRAIRIE NATIONALE

PARIS — 85, rue de Rennes — 85

[illegible]

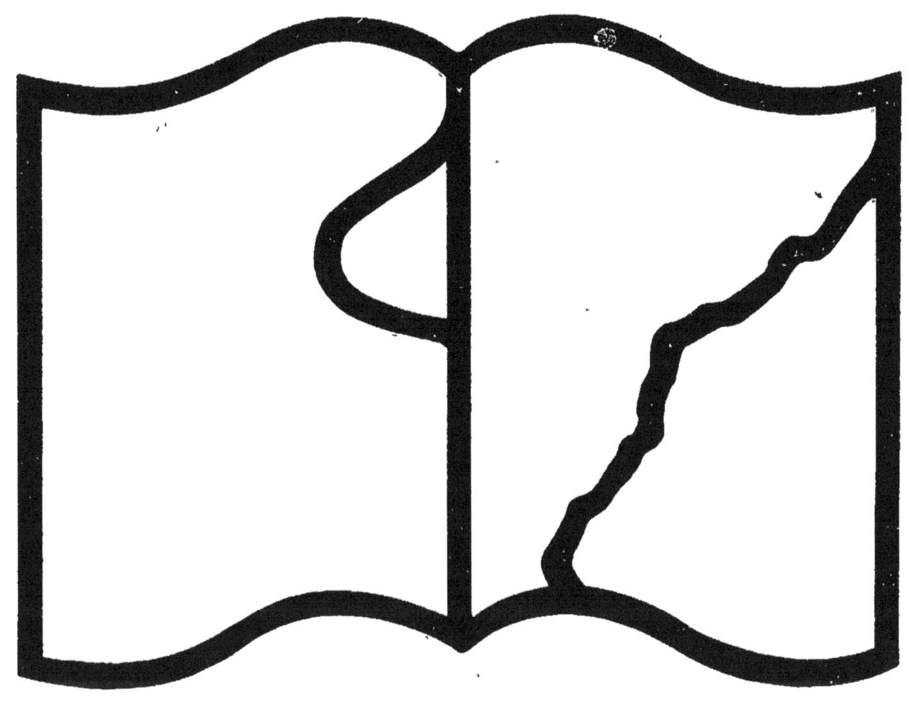

Texte détérioré — reliure défectueuse

NF Z 43-120-11

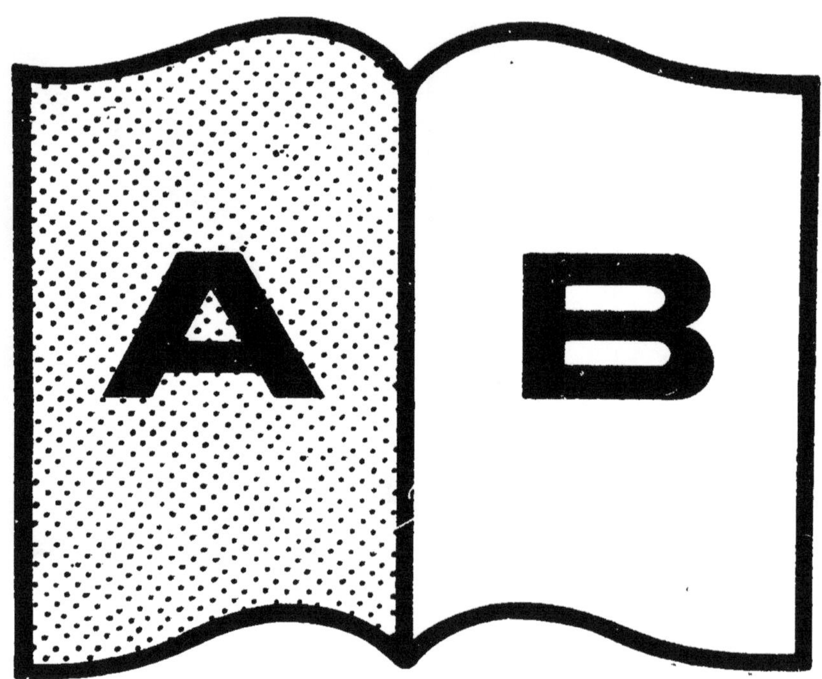

Contraste insuffisant

NF Z 43-120-14

www.ingramcontent.com/pod-product-compliance
Ingram Content Group UK Ltd.
Pitfield, Milton Keynes, MK11 3LW, UK
UKHW012021240726
13965UKWH00002B/494

9 782013 382106